中国历史上的政区厅

金如委 著

燕山大学出版社

·秦皇岛·

图书在版编目（CIP）数据

中国历史上的政区厅 / 金如委著．—秦皇岛：燕山大学出版社，2022.9
ISBN 978-7-5761-0380-9

Ⅰ．①中… Ⅱ．①金… Ⅲ．①政区－历史－中国 Ⅳ．①K928.2

中国版本图书馆 CIP 数据核字（2022）第 142715 号

中国历史上的政区厅

金如委 著

出 版 人：陈 玉			
责任编辑：王 宁		策划编辑：王 宁	
责任印制：吴 波		封面设计：刘韦希	
出版发行 燕山大学出版社 YANSHAN UNIVERSITY PRESS		地　址：河北省秦皇岛市河北大街西段 438 号	
邮政编码：066004		电　话：0335-8387555	
印　刷：英格拉姆印刷(固安)有限公司		经　销：全国新华书店	

尺　寸：170mm×240mm　16 开		印　张：13.75	
版　次：2022 年 9 月第 1 版		印　次：2022 年 9 月第 1 次印刷	
书　号：ISBN 978-7-5761-0380-9		字　数：200 千字	
定　价：55.00 元			

前　　言

　　政区是国家为便于行政管理而分级划分的区域。中国历代王朝把全国领土划分为不同层级的政区。长期以来，古代政区研究始终都是历史地理学的重要研究领域之一。相对于府、州、县等传统政区而言，学术界对厅这种政区关注相对较少。本书以历史地理学视角针对厅这种政区开展研究，并将其称为政区厅，以便将其与其他性质之厅区分开来。

　　本书的研究对象十分明确，聚焦于中国历史上的政区厅。通过查阅大量的实录、档案、方志等历史文献，综合运用文献分析法、统计法、归纳法以及比较法等方法，探讨中国历史上政区厅的概念、出现过程与原因、设置的演变特征及影响因素、时空分布特征、职责、职官及衙署设置以及运行效果。在研究过程中，将历时性考察与共时性考察相结合，既遵循政区厅产生到兴盛再到消亡的纵向时间发展脉络，又关联政区厅空间分布、职责及运行等横向形态；既具备政区研究的一般框架和基本特征，又具有独特样态并自成体系。

　　本书可作为高校历史或地理相关专业本科生、研究生课程教学的参考书，亦可作为历史、地理相关专业教师或研究人员以及其他对历史或地理感兴趣的社会人员的自学用书。由于笔者历史地理学功底尚浅，对于政区厅的认识与探究还不够深入，因而本书在理念、内容、方法等方面均还有许多不太成熟和完善之处。在此真诚地恳请广大读者指正和赐教。

目　　录

第一章　绪　　论

　　自行政区划制度产生以来，行政区划在国家经济与社会发展过程中始终扮演着十分重要的角色。何为行政区划呢？复旦大学中国历史地理研究所周振鹤教授在《行政区划史研究的基本概念与学术用语刍议》一文中指出，"行政区划又可简称为行政区或政区"，"行政区划就是国家对于行政区域的分划"①。秦始皇统一中国以来，历代统治者把全国领土划分为不同层级的政区，授予地方政区一定的行政、军事、司法等权力。中国历史时期行政区划纷繁多变，从秦汉到宋辽金时期经历了两级制和三级制之间的反复，从元代到民国经历三级四级复合制到三级制再到二级制的转变。本书所探索的政区厅产生于清代前期，消亡于民国晚期，历时二百余年。

一、研究目的与意义

（一）研究目的

　　历代政区在处理中央与地方关系、维护整个国家大一统局面等方面具有不可替代的重要作用。历史时期政区的变迁，可以集中反映历代统治者在治国理民、处理中央集权与地方分权关系等方面所作出的努力及其效果。历史政区是历史地理学的重要研究领域之一。相对于府、州、县等传统政区而言，

---

① 周振鹤：《行政区划史研究的基本概念与学术用语刍议》，《复旦学报（社会科学版）》，2001 年第 3 期。

学者们对于政区厅的关注和研究偏少，缺乏系统的研究成果。本书旨在系统地构建中国历史上政区厅的理论体系，进一步丰富历史政区方面的研究成果，为推进中国历史地理学的学科建设尽绵薄之力。

（二）研究意义

1. 理论意义

以历史地理学视角开展中国历史上政区厅的研究，有助于加深对政区厅的认识，阐明政区厅出现的过程与原因，演变特征及影响因素，时空分布特征，职责、职官及衙署设置，以及运行效果等内容，进而推进历史时期行政区划的理论研究。

2. 现实意义

行政区划设置，关系到国家对地方统治力的大小和地方管理效能的高低，关系到经济社会的发展，关系到多民族国家的稳定与团结。本书提示我们以史为鉴，汲取政区厅设置与运行的经验与教训，特别是借鉴其在治理少数民族聚居地、多民族杂处之地以及边疆地区的成功做法，为我国持续优化行政区划设置提供参考。

二、概念界定、文献综述以及研究思路

首先对本书的核心概念——政区厅及其相关术语的概念作界定，然后对政区厅相关文献进行综述，进而在此基础上确定研究思路。

（一）概念界定

本书涉及官署厅、地域厅、政区厅等不同的概念。下面对这些概念分别进行界定。

1. 官署厅

"古者治官处谓之'听事'；后语省，直曰'听'，故加广。"[1]古代官员办公的官署，称为"听事"或"厅事"，后来简称为"听"或"厅"。例如，明

---

[1]（宋）丁度等编：《集韵》，上海古籍出版社，1985 年。

洪武十四年（1381年），"四川布政使司言，重庆府旧治为明氏所居，归附以来但以巴县置府，今已十年，旧治摧毁，惟余厅事，乞仍旧为府治"[①]。"增置太仆寺主簿厅主簿一员。"[②]"兵部议覆南京兵部尚书张溁所陈机务，一外守备厅用审事千百户二人以听词讼，招权纳贿。"[③]再如，清代山东东昌府上河厅作为专门管理河务的官署，负责管理会通河东昌府段及卫河馆陶至临清段河务。我们将主簿厅、守备厅、河务厅这类具有官署性质的厅称为官署厅。

2. 地域厅

从明代中期开始，一些知府的佐贰官同知和通判被派驻到府城以外分管地方政务，其中某些同知、通判分管之地被称为厅。例如，嘉靖四十二年（1563年），设岷州同知驻于岷州卫境内，分管军屯以外的政务[④]。岷州同知的辖地称为"岷州抚民厅"，这些厅代表的是由同知、通判分管的地域，国内一些学者将这类厅称为派遣厅。我们将这种由官员分管某个地域所形成的不具有政区意义的厅称为地域厅，之所以称其为地域厅，一是因为它们指代的是由同知、通判分管的地域，二是因为相对于派遣厅而言，地域厅更易于与同样由同知、通判被派遣到某地而形成的具有政区意义的厅区分开来。

3. 政区厅

20世纪末，周振鹤先生对"厅"进行概念界定。他指出："同知、通判（知府佐官）多被遣到府境内分防，久之，其分防地逐渐形成府以下的一种新的行政单位，称为厅。"[⑤]"厅"这一概念未能使政区意义之厅与其他非政区意义之厅区分开来。2011年，西北大学丝绸之路研究院西北历史研究所副教授席会东在《清代厅制初探》一文中指出，"厅"是清代富有特色的重要行政区划形式之一，按性质可以分为两类：一类是不具有完整政区特征的派遣厅，

---

① 《明太祖实录》卷一百三十八，洪武十四年七月壬戌，台湾"中央研究院"历史语言研究所影印本，1962年。

② 《明英宗实录》卷一百八十九，景泰元年二月甲申，台湾"中央研究院"历史语言研究所影印本，1962年。

③ 《明武宗实录》卷一百一十六，正德九年九月戊寅，台湾"中央研究院"历史语言研究所影印本，1962年。

④ 《明世宗实录》卷五百二十一，嘉靖四十二年五月壬辰，台湾"中央研究院"历史语言研究所影印本，1962年。

⑤ 周振鹤：《地方行政制度志》，上海人民出版社，1998年。

另一类是具有完整政区特征的政区厅①。席会东在文中提出了政区厅的概念，不过仅描述其"具有完整政区特征"，没有对其作完整的概念界定。本书所指的政区厅便是席会东先生所指的第二类具有完整政区特征的政区厅。本书对政区厅的概念界定如下："以厅为称谓，具备幅员、行政中心、边界、层级等要素，由同知、通判专管的拥有独立的行政机构和职官体系，管理一定的人口和土地的政区。"政区厅分为散厅和直隶厅，前者与散州、县同级，后者与府、直隶州同级。

（二）文献综述

界定政区厅的概念之后，需要对政区厅相关文献进行综述，以便掌握现有研究的进展与成果，明确进一步研究的空间。

1. 政区厅相关文献回顾

学术界关于政区厅的研究始于对历史时期地理沿革的研究。早期具有代表性的文献是赵泉澄于 1955 年出版的《清代地理沿革表》。该著作对清代地理沿革作了系统梳理，其中涉及清代各省政区厅的建置沿革②。

从 20 世纪 80 年代开始，学者们针对政区厅展开了专题研究。该时期的研究主要是围绕政区厅的设置问题展开的。1982 年，田志和在《嫩江下游蒙地开发与大赉、安达、肇州三厅的设置》一文中论述了嫩江下游开发为农田并设置大赉等三个政区厅的过程③。1984 年，陆方在《黑龙江呼兰厅建于何时》一文中对呼兰厅的设置时间作了考证，认为该厅建于同治元年（1862 年）④。同年，石湍在《从一方清代铜印看马边厅的设置》一文中，依据出土的清代铜印分析了清代马边地区的开发和马边厅的设置情况⑤。此外，该时期还有政区厅屯兵方面的研究。1987 年，潘洪刚在其论文《乾隆朝四川杂谷厅改土归屯述略》中对杂谷厅"改土归屯"中屯兵的起源、正余名数、交粮、食饷、

---

① 席会东：《清代厅制初探》，《中国历史学会史学集刊》，2011 年第 43 期。
② 赵泉澄：《清代地理沿革表》，中华书局，1955 年。
③ 田志和：《嫩江下游蒙地开发与大赉、安达、肇州三厅的设置》，《黑龙江文物丛刊》，1982 年第 1 期。
④ 陆方：《黑龙江呼兰厅建于何时》，《社会科学战线》，1984 年第 2 期。
⑤ 石湍：《从一方清代铜印看马边厅的设置》，《四川文物》，1984 第 2 期。

管理情况、效果、影响等方面作了深入研究[①]。

20 世纪 90 年代，政区厅研究集中于设置和制度两个方面。在政区厅设置方面，涌现出越来越多的成果。1990 年，牛平汉的《清代政区沿革综表》，涉及清代政区厅沿革方面的内容[②]。1992 年，米寿祺在《盐茶厅概说》一文中对盐茶厅的设立及其改置为盐茶县的过程作了研究[③]。1996 年，张明庚、张明聚的著作《中国历史行政区划（公元前 221 年—公元 1991 年）》，涉及清代政区厅设置情况[④]。在制度研究方面，涌现出两个代表性成果：其一，1995 年吴正心在其硕士学位论文《清代厅制研究》中，围绕厅的意义、设厅原因、厅的功能展开研究，并提出厅制成立包括"积极指标"和"消极指标"，前者包括厅界、分地分民、职官配备、厅学等，后者包括独立的衙署、管理本厅刑名钱粮政务等[⑤]。其二，1996 年真水康树在《清代"直隶厅"与"散厅"的"定制"化及其明代起源》一文中指出，清朝地方行政制度的"直隶厅"与"散厅"是在乾隆三十年代中期成为"定制"，其转折点是"直隶厅"成立，散厅和直隶厅的起源是明代把"同知的派遣"称为"厅"[⑥]。

21 世纪以来，大量政区厅研究成果问世。这些成果可以分为以下三种类型。

第一类是关于政区厅设置及其变迁的相关研究成果，这类研究成果最为丰富。2000 年，郑宝恒在《民国时期行政区划变迁述略（1912—1949）》一文中阐述了民国时期行政区划演变的概况，其中论述了民国前期裁撤府、州、厅的情况[⑦]。2003 年，任玉雪的博士学位论文《清代东北地方行政制度研究》，

① 潘洪钢：《乾隆朝四川杂谷厅改土归屯述略》，《中南民族大学学报（人文社会科学版）》，1987 第 4 期。
② 牛平汉：《清代政区沿革综表》，中国地图出版社，1990 年。
③ 米寿祺：《盐茶厅概说》，《固原师专学报》，1992 年第 3 期。
④ 张明庚、张明聚：《中国历史行政区划（公元前 221 年—公元 1991 年）》，中国华侨出版社，1996 年。
⑤ 吴正心：《清代厅制研究》，台湾中正大学历史研究所硕士学位论文，1995 年。
⑥ 真水康树：《清代"直隶厅"与"散厅"的"定制"化及其明代起源》，《北京大学学报（哲学社会科学版）》，1996 年第 3 期。
⑦ 郑宝恒：《民国时期行政区划变迁述略（1912—1949）》，《湖北大学学报（哲学社会科学版）》，2000 年第 2 期。

涉及清代东北的政区厅，阐述了该地区政区厅从旗厅到民厅的转变过程①。2004 年，林涓的博士论文《清代行政区划变迁研究》，论及清代政区厅的设置与变迁②。2005 年，古琳晖的论文《清代台湾行政区划变迁考略》对台湾省前期、沈葆桢治台时期、建省以来这三个阶段台湾省行政区划的变迁、原因及影响进行分析，其中涉及澎湖厅、埔里社厅等散厅③。2011 年，阿不来提·艾合买提的硕士学位论文《清代吐鲁番厅研究》，对清代吐鲁番厅的设置、与善后局的关系、升为直隶厅、裁厅改县等内容作了梳理④。2013 年，傅林祥等编写的《中国行政区划通史（清代卷）》，对清代地方行政制度与省、府、州、厅、县等行政区划的变迁进行了较为全面的研究，其中涉及各地政区厅的设置情况⑤。同年，王惠的硕士论文《由厅到县——晚清民国时期清水河县行政建置演变与社会变迁研究》，对清水河厅（后升为清水河直隶厅）从政区厅到改置为清水河县的演变过程作了梳理⑥。2014 年，张宁的硕士学位论文《清末镇边厅的设置与西南边疆》，对镇边厅设置及其西南边疆形势演变的关系作了专题研究⑦。同年，胡恒在其论文《清代太湖厅建置沿革及其行政职能变迁考实》中指出，太湖厅设立的时间应该是乾隆三十二年（1767 年）。2015 年，祝太文在《清代浙江省行政区划变动的海防因素》一文中认为，浙江省定海直隶厅、玉环厅、石浦厅、南田厅的设立都着重考虑了海防因素⑧。2016 年，段宏广等的论文《清代口北三厅与察哈尔都统设置史料疏证》对口北三厅的设置时间及其与口北道、宣化府的关系作了考证⑨。2017 年，叶江英在《清代福建云霄厅设置时间考辨——兼谈州县征收钱粮时间在清代政区研究中的

---

① 任玉雪：《清代东北地方行政制度研究》，复旦大学博士学位论文，2003 年。

② 林涓：《清代行政区划变迁研究》，复旦大学博士学位论文，2004 年。

③ 古琳晖：《清代台湾行政区划变迁考略》，《台湾研究》，2005 年第 2 期。

④ 阿不来提·艾合买提：《清代吐鲁番厅研究》，新疆师范大学硕士学位论文，2011 年。

⑤ 傅林祥、林涓、任玉雪、王卫东：《中国行政区划通史（清代卷）》，复旦大学出版社，2013 年。

⑥ 王惠：《由厅到县——晚清民国时期清水河县行政建置演变与社会变迁研究》，内蒙古大学硕士学位论文，2013 年。

⑦ 张宁：《清末镇边厅的设置与西南边疆》，复旦大学硕士学位论文，2014 年。

⑧ 祝太文：《清代浙江省行政区划变动的海防因素》，《求索》，2015 年第 3 期。

⑨ 段宏广、王海虹、张海涛：《清代口北三厅与察哈尔都统设置史料疏证》，《山西青年》，2016 年第 2 期。

作用》一文中认为，云霄厅设于嘉庆三年（1798 年）^①。2019 年，王硕在《清代西宁府厅级政区设立因素探析》一文中提出，险要的地理位置、复杂的民族构成、地方经济的发展是西宁府政区厅设立的影响因素^②。郑维宽在《清代广西政治进程中的政区演变探析——以道、直隶厅州为中心》一文中论述了清代广西道、直隶厅州政区演变的过程及原因，他认为在新改流地区设置直隶厅是清政府对边疆民族地区加强管控的一个重要措施，在沿边地区增置直隶厅州是清末加强边境地带经略的重要行政手段^③。段伟在《清代政区名演化个案研究：从杂谷厅到理番厅》一文中阐述了杂谷厅演变为理番厅的过程^④。2020 年，王启明在《清代西北边疆厅的历史嬗变——以吐鲁番为例》一文中论述了吐鲁番直隶厅设置的历史嬗变过程^⑤。

第二类是关于政区厅制度的研究成果。这类研究成果出现得比较晚，并且数量偏少。2007 年，傅林祥的论文《清代抚民厅制度形成过程初探》，通过对乾隆三十年代以前设立的厅进行分析，揭晓抚民厅制度从明末萌芽到清前期不断发展完善的过程^⑥。2010 年，傅林祥在《清代地方行政制度专题研究》一文中探讨了清代独特的地方行政制度"厅"的形成过程及厅制的多样性，提出抚民厅必须有"专管地方"（一定的"地域范围"）、一定数量的人口（管理对象）、一个行政机构等必要条件^⑦。2010 年，陆韧在《清代直隶厅解构》一文中提出清代的直隶厅具有行政双结构、民族构成多样性、户籍管理分类性、赋役征收的差异性和军事控管等特征^⑧。2011 年，席会东在《清代厅制初探》一文中对清代厅制的制度渊源与类型、设置背景、过程、空间分布、职

---

① 叶江英：《清代福建云霄厅设置时间考辨——兼谈州县征收钱粮时间在清政区研究中的作用》，《历史地理》，2017 年第 1 期。

② 王硕：《清代西宁府厅级政区设立因素探析》，《兰州教育学院学报》，2019 年第 6 期。

③ 郑维宽：《清代广西政治进程中的政区演变探析——以道、直隶厅州为中心》，《广西地方志》，2020 年第 5 期。

④ 段伟：《清代政区名演化个案研究：从杂谷厅到理番厅》，《历史地理研究》，2020 年第 3 期。

⑤ 王启明：《清代西北边疆厅的历史嬗变——以吐鲁番为例》，《中国边疆史地研究》，2020 年第 2 期。

⑥ 傅林祥：《清代抚民厅制度形成过程初探》，《中国历史地理论丛》，2017 年第 1 期。

⑦ 傅林祥：《清代地方行政制度专题研究》，复旦大学硕士学位论文，2010 年。

⑧ 陆韧：《清代直隶厅解构》，《中国历史地理论丛》，2020 年第 3 期。

官与职掌、辖域与治所选址等作了概述①。2013 年，胡恒在《厅制起源及其在清代的演变》一文中，对清代厅制的形成过程、发展演变作了论述，提出厅制的形成经历了三个阶段：由同知、通判分防而有厅之雏形，由同通领有专管之地而具厅之实，由援例添置而厅制形成②。2017 年，张振国在《清代道、府、厅、州、县等级制度的确定》一文中指出，雍正时期把地方官缺划分最要缺、要缺、中缺、简缺四等，推广至道以下、县以上的所有月选官缺，并确立了冲、繁、疲、难四要素制度；乾隆时期将四要素制度与四等级制度分别对应起来③。2019 年，鲁靖康在《清代厅制再探——以新疆为例的考察》一文中对清代新疆厅制进行溯源，并基于新疆厅对清代厅制作了探讨④。2022 年，胡恒在《从理事到抚民：清代归绥地区厅制变迁新探》一文中阐述了清代归绥地区厅制的变迁过程，认为厅在边疆区域正充当了郡县化的过渡性工具⑤。

第三类是政区厅的内部管理运行方面的研究成果。2003 年，周相卿在《清代黔东南新辟苗疆六厅地区的法律控制》一文中指出，清代统治者在苗疆六厅实行灵活务实的法律政策，苗民之间的争讼，由民间依照苗族习惯法处理；苗民与汉民、屯军、熟苗之间的争讼案件，则用清朝律法来处理⑥。2008 年，樊双的硕士学位论文《清末察哈尔口北三厅垦务研究——1902—1908》，论述了清末口北三厅的垦务情况⑦。2009 年，宁宇在其硕士学位论文《清代循化厅管理体制研究》中指出，循化具有多重的复合型权力体系，政府、地方、宗教三种力量相互依存，相互制约，其中部落权力是基础，无论是宗教权力还是政府权力，都要通过它才能发挥作用⑧。2011 年，郭岩伟在其硕士学位论文《清代前期口北三厅地区政区体制研究》中论述了清前期口北三厅的各方

---

① 席会东：《清代厅制初探》，《中国历史学会史学集刊》，2011 年第 43 期。
② 胡恒：《厅制起源及其在清代的演变》，《文史》，2013 年第 2 期。
③ 张振国：《清代道、府、厅、州、县等级制度的确定》，《明清论丛》，2017 年第 00 期。
④ 鲁靖康：《清代厅制再探——以新疆为例的考察》，《西域研究》，2019 年第 2 期。
⑤ 胡恒：《从理事到抚民：清代归绥地区厅制变迁新探》，《清史研究》，2022 年第 2 期。
⑥ 周相卿：《清代黔东南新辟苗疆六厅地区的法律控制》，《法学研究》，2003 年第 6 期。
⑦ 樊双：《清末察哈尔口北三厅垦务研究——1902—1908》，河北大学硕士学位论文，2008 年。
⑧ 宁宇：《清代循化厅管理体制研究》，辽宁大学硕士学位论文，2009 年。

势力、设立情况及其与周边府、旗、道的互动关系①。2012 年，杨红伟在《沙沟总管设置与清代循化厅所辖藏区族群政策》一文中认为，沙沟总管的设置，既是清廷在循化厅所辖藏区实施"立黄教以安蒙藏"的结果，更是其实施分立与制衡政策以涣散其势政策的延续与抑制拉卜楞寺努力的结果②。2013 年，杨红伟等在《清代甘肃省循化厅歇家研究》一文中指出，循化厅歇家是粮储型歇家，以催办粮赋为基本职能，是沟通朝廷与番民的中介③。2014 年，米龙在其硕士学位论文《清代循化厅藏区乡老角色研究》中指出，循化厅藏区乡老是调解部落间冲突与斗争的权威型人物④。2015 年，李稳稳在其硕士学位论文《清代甘肃循化厅乡约研究》中指出，雍正时期循化厅乡约多设于汉族社区以及所谓"熟番"之地；同治以后，藏、回、汉各族普遍建立乡约；乡约除了基本的行政职能外，还具有较为突出的司法职能和宗教职能⑤。2015 年，卢绪友的论文《清代昌图厅主事官沿革辩》，对昌图厅的主事官作了考证⑥。2015 年，吴秀红在《论清代贵德厅社会管理效能》一文中指出，贵德厅推动了青海地区行政区划统一的进程，扩大了耕地面积，并推动了农业水利的发展，促进了儒学教育机构的建立和传播⑦。2016 年，李稳稳在《清代乡约制度在甘肃循化厅的推行》一文中指出，循化厅乡约制度借助于少数民族基层组织形式快速推广，但是推广得不彻底、不完整⑧。2017 年，许隽超的论文《清末滨江厅同知何厚琦生平家世考》，对滨江厅同知何厚琦的生平家世作了考证⑨。2017 年，李稳稳在《清代甘肃循化厅乡约职能探析》一文中认为，循化厅乡约履行并分担了县级行政在基层社会的部分职责与权力⑩。2018 年，冯国

① 郭岩伟：《清代前期口北三厅地区政区体制研究》，复旦大学硕士学位论文，2011 年。
② 杨红伟：《沙沟总管设置与清代循化厅所辖藏区族群政策》，《史学月刊》，2012 年第 12 期。
③ 杨红伟、欧麦高：《清代甘肃省循化厅歇家研究》，《青海民族研究》，2013 年第 4 期。
④ 米龙：《清代循化厅藏区乡老角色研究》，兰州大学硕士学位论文，2014 年。
⑤ 李稳稳：《清代甘肃循化厅乡约研究》，兰州大学硕士学位论文，2015 年。
⑥ 卢绪友：《清代昌图厅主事官沿革辩》，《兰台世界》，2015 年第 7 期。
⑦ 吴秀红：《论清代贵德厅社会管理效能》，《黑龙江史志》，2015 年第 5 期。
⑧ 李稳稳：《清代乡约制度在甘肃循化厅的推行》，《青海民族研究》，2016 年第 1 期。
⑨ 许隽超：《清末滨江厅同知何厚琦生平家世考》，《黑龙江档案》，2017 年第 5 期。
⑩ 李稳稳：《清代甘肃循化厅乡约职能探析》，《历史档案》，2017 年第 3 期。

昌在《光绪朝循化厅祭祀体系研究》一文中论述了光绪朝循化厅祭祀体系的类型、经费及特征[1]。2018年，张露在《雍正朝黔东南"新疆六厅"的治理研究》一文中论述了雍正朝对黔东南"新疆六厅"在政治、经济、教育文化等方面的治理措施、成效及局限性[2]。2019年，赵丽君对光绪朝循化厅驿递系统作了研究[3]。2020年，彭南生、苗虹瑞在《光绪朝循化厅田赋征收与民众负担》一文中对光绪朝循化厅田赋征收、民众负担、田赋蠲免等情况作了考察和分析[4]。2022年，屈斌在《"厅"与清代中期甘边番地治理政策的演变》一文中论述了清代甘边赋税征收体系的调整，蒙、番人群关系的变动对王朝治番政策的影响，厅在清代治番政策调适过程中的作用及意义[5]。

2. 对政区厅研究文献的述评

学界关于政区厅的研究可以分为非专题研究和专题研究。

政区厅非专题研究从20世纪中期延续至今。政区厅非专题研究既有全国性的研究，例如《清代行政区划变迁研究》；又有局部地域研究，例如《清代台湾行政区划变迁考略》。就非专题研究而言，政区厅相关内容分别融入地理沿革、政区沿革、行政区划、政区等级等研究之中。

政区厅专题研究起步稍晚，从20世纪80年代延续至今。政区厅专题研究包括设置研究、制度研究、内部管理运行研究等。其中，政区厅设置研究持续时间最长。政区厅设置研究的对象可分为两类：第一类以呼兰厅、盐茶厅、吐鲁番厅、镇边厅、清水河厅、太湖厅、云霄厅、循化厅等单个政区厅为对象；第二类以大赉、安达、肇州三厅以及口北三厅等多个政区厅对象。政区厅制度研究，在政区厅的起源、设立原因、功能、厅制成立指标、制度形成过程、定制化等方面取得了不少成果。政区厅内部管理运行研究，在政区厅的屯兵、法律政策、垦地、管理体制、种族政策、

① 冯国昌：《光绪朝循化厅祭祀体系研究》，兰州大学硕士学位论文，2018年。

② 张露：《雍正朝黔东南"新疆六厅"的治理研究》，吉首大学硕士学位论文，2018年。

③ 赵丽君：《光绪朝循化厅驿递系统研究》，兰州大学硕士学位论文，2019年。

④ 彭南生，苗虹瑞：《光绪朝循化厅田赋征收与民众负担》，《青海民族研究》，2020年第2期。

⑤ 屈斌：《"厅"与清代中期甘边番地治理政策的演变》，《中国历史地理论丛》，2022年第1期。

基层组织、职官设置等诸多方面有所推进。可以看出，中国历史上政区厅的研究在不断推进和深化。现有的政区厅非专题研究，已经从宏观上简要地反映出了政区厅的概况。现有的政区厅专题研究相对深入。非专题研究和专题研究互为补充，成果颇丰，向人们描绘了政区厅的概貌，对于一些有争议的政区厅设置问题作了考证，较为系统地阐释了政区厅制度，从多方面论述了政区厅的内部管理运行情况。这些实质性的成果为政区厅的后续研究奠定了良好的基础。

在梳理现有成果的同时，可以发现还有深入研究的空间和需要进一步探讨的问题：第一，政区厅作为清代才出现的一种新型的政区，其起源问题虽然在相关研究中有所涉及，但是现有成果尚未清晰而系统地揭示出政区厅产生的完整过程及其出现的原因。此外，现有研究普遍认为中国历史上的政区厅消亡于民国初年，并且对其消亡的具体过程未作阐释。第二，由于历史文献中将同知、通判派驻到地方形成的厅统称为厅，未能清晰地将政区厅和衙署厅、地域厅区分开来，给政区厅的判定增添了难度，因而现有研究成果关于政区厅名单、设置时间、数量等内容存在或多或少的差异，造成政区厅设置情况存在一定的模糊性。第三，政区厅设置有哪些特征？影响因素又有哪些？政区厅的时空分布情况如何？对于这些方面的研究还比较薄弱。第四，学界虽然从多角度对政区厅内部管理运行作了探讨，但是还有一些重要的问题尚未完全解决。例如，朝廷赋予政区厅哪些职能？政区厅设置了哪些职官和衙署机构，其运行效果如何？综上所述，本书将在前人的基础上进一步拓展和深化中国历史上的政区厅研究，力求解决上述问题。

（三）研究思路

首先，探讨政区厅的起源问题，阐明政区厅产生的过程及其原因；其次，对所有政区厅的设置情况逐一进行梳理，概括其设置特征，并探寻其背后的影响因素；再次，揭示政区厅的时空分布特征；最后，对政区厅的职责、职官与衙署机构、运行效果进行探讨。

三、史料来源与研究方法

(一)史料来源

本书的史料来源有正史、实录、政书、档案、方志、文集、笔记等。

1. 正史与实录

本书涉及的正史有《明史》《清史稿》等,参阅的实录有《明实录》《清实录》。

2. 政书

官修政书是研究政治制度的重要参考书目。本书涉及的政书包括嘉庆朝《清会典》和《清会典事例》、乾隆朝《清朝通志》和《清朝文献通考》、光绪朝《清会典》和《清会典事例》、民国《清朝续文献通考》等。

3. 档案

本书涉及的档案有《雍正朝汉文朱批奏折汇编》《宫中档雍正朝奏折》《世宗宪皇帝朱批谕旨》《道光朝录副奏折》《光绪朝朱批奏折》以及由吉林省档案馆汇编而成的《清代吉林档案史料选编》等。

4. 方志

现存方志数量巨大,内容丰富而翔实,是研究政区设置和地方史的重要资料宝库。本书参阅的方志有乾隆《大清一统志》、嘉庆《大清一统志》和各省的通志、府志、州志、厅志、县志、镇志。省志有《贵州通志》《云南通志》《四川通志》《畿辅通志》《广西通志》《山西通志》《回疆通志》等,府志有《顺天府志》《安顺府志》《贵阳府志》《雅州府志》《重庆府志》等,州志有《岷州志》《乾州志》,厅志有《叙永厅志》《口北三厅志》《江北厅志》《马巷厅志》《川沙厅志》《定海厅志》《百色厅志》等,县志有《峨边县志》《营口县志》《吴县志》《上海县志》等,镇志有《延绥镇志》。

5. 文集、笔记、报刊

本书还有一部分史料来源于清代文集、笔记、报刊文章。参阅的文集有明代陈子龙的《明经世文编》、清代贺长龄的《清经世文编》、清代陈宏谋的《培远堂偶存稿》、清代锡良的《锡良遗稿》等。参阅的笔记和报刊有清代陈康棋编写的《郎潜纪闻初笔二笔三笔》、光绪朝《政治官报》等。

（二）研究方法

本书综合运用统计法、归纳法以及比较法开展研究。

1. 统计法

统计法是对收集到的有关数据资料进行整理归类并进行解释，具有严密的结构和直观的表达等优势。政区厅的设置情况纷繁复杂，其演变规律难以直接把握。借助统计法，可以科学地统计政区厅设置的相关数据并以量化的数字和简明的图表予以呈现。

2. 归纳法

归纳法是根据对某类事物中具有代表性的部分对象及其属性之间必然联系的认识，得出一般性结论的方法。本书运用归纳法归纳出政区厅的产生过程、出现原因、设置特征及影响因素、时空分布特征、职责、运行效果等内容。

3. 比较法

比较法是对两个或两个以上事物进行比较研究的方法。这种方法将前后相关联、相似或者同时发生的事件和现象联系起来考察，以期发现它们之间的联系和异同，从而揭示历史发展的趋势和特征。本书在研究政区厅设置、时空分布、职责、职官与衙署机构等内容时均将其与府、州、县等政区进行比较，以全面地理解和把握政区厅。

四、创新之处

（一）全面系统地把握中国历史上政区厅设置与时空分布的总貌

目前，学者们对中国历史上政区厅的出现过程、设置情况以及时空分布的研究还不够系统。笔者在查阅了大量史料的基础上，对政区厅的出现过程和原因、全体政区厅设置的演变特征及影响因素、时空分布情况作系统的整理和归纳，全面系统地把握政区厅的设置与时空分布的总貌。

（二）概括政区厅的一般职责和特殊职责，揭示其运行效果

目前学界关于统治者赋予政区厅职责的认知还不太清晰。笔者从史料中概括政区厅的一般职责和特殊职责，进而在梳理职官和衙署机构后揭示政区厅的运行效果，以明确政区厅是否达到了统治者设置这种新型政区的预期目标。

第二章　政区厅出现的过程及原因

政区厅的出现是一个渐进的历史过程，是明清时期多方因素交织形成的结果。本章对中国历史上政区厅出现的过程和原因分别进行论述。

第一节　政区厅出现的过程

政区厅设置的由来，要从明代行政区划体系说起。在明代行政区划体系中，省下辖府和直隶州，府下辖州、县，直隶州辖县，州辖县。省的长官（亦称为正印官、掌印官）为布政使和按察使，府的长官为知府，州的长官为知州，县的长官为知县。据《明史·地理志》记载，明代有府 140 个、州 193个、县 1138 个、土府 19 个、土州 47 个、土县 6 个。明代各级政区的正印官配备了协助其处理政务的佐贰官。何为佐贰官呢？《辞海》中对于佐贰官的解释："佐贰，明清时凡知府、知州、知县的辅佐官，例如通判、州同、县丞等，通称佐贰。其品级略低于主官，但非纯粹属员性质。"[①] 可以将佐贰官理解为辅佐政区长官处理政事的副职官员。明代布政使的佐贰官为参政、参议，按察使的佐贰官为副使、佥事，知府的佐贰官为同知、通判，知州的佐贰官为州同、州判，知县的佐贰官为县丞和主簿。随着知府佐贰官同知、通判的演变，明代出现了政区厅的萌芽，至清代前期正式出现了政区厅。

---

① 辞海编辑委员会：《辞海》，上海辞书出版社，1989 年，第 260 页。

一、明洪武年间出现官署厅

明代之府是承上启下的中层政区。洪武六年（1373 年），分天下府为三等：粮二十万石以上为上府，知府秩从三品；二十万石以下为中府，知府正四品；十万以下为下府，知府从四品。后来知府一律定为正四品。知府掌一府之政，管理全府境内政事，宣风化，平狱讼，均赋役，教养百姓。据《明史·职官志》记载："凡宾兴科贡，提调学校，修明祀典之事，咸掌之。若籍帐、军匠、驿递、马牧、盗贼、仓库、河渠、沟防、道路之事，虽有专官，皆总领而稽核之。"①

据《历代职官表》记载："同知通判分掌清军、巡捕、水利、屯田等事，无常职，亦无定员。推官一人理刑名。政务官则经历司一人，知事一人，照磨所照磨一人，检校一人，司狱司司狱一人。"②据《明史·职官志》记载，这些职官的品级如下：同知正五品、通判正六品、推官正七品、经历正八品、知事正九品、照磨从九品③。

明洪武年间开始设置由同知、通判分管府城政务形成的官署厅。这些同知、通判与知府同城而驻，分管某类政务，史书对此多有记载。例如，洪武元年（1368 年）八月，"漳州府通判王祎上疏曰，臣闻自古帝王定天下成大业，必祈天永命以为万世无疆之计焉"④。洪武四年（1371 年）正月，"广信府弋阳县民方谷华聚众为盗劫掠□民，通判宋裕率民捕戮之"⑤。洪武四年十二月，"吏部奏拟马湖府知府一人，从四品，同知一人，从五品，通判一人，正七品……从之"⑥。洪武七年（1374 年），"增设苏州府同知通判各一人，昆山等六县丞簿典史各一人，以民众事繁也"⑦。洪武十二年（1379 年）三月，"以平阳府知府徐铎为应天府尹……池州府同知阎弼为明州府知

---

① 《明史》卷七十五，《职官志》，中华书局，1997 年。
② （清）黄本骥：《历代职官表》，上海古籍出版社，1984 年，第 52 页。
③ 《明史》卷七十五，《职官志》，中华书局，1997 年。
④ 《明太祖实录》卷三十四，洪武元年八月乙亥。
⑤ 《明太祖实录》卷六十，洪武四年春正月辛亥。
⑥ 《明太祖实录》卷七十，洪武四年十二月戊申。
⑦ 《明太祖实录》卷八十九，洪武七年五月癸巳。

府，扬州府同知竹祥为凤阳府知府，滁州府同知王公达为平阳府知府，苏州府通判叶林为太原府知府"①。洪武十二年（1379 年）四月，"以青州府同知徐弼为山西按察使"②。洪武十二年八月，"以嘉定州同知李习为衡州府知府，时蜀寇李文义犯嘉定，督率民兵捕斩之，事闻，故有是命"③。洪武十五年（1382 年）正月，"惠州府盗发，同知郎德率民兵捕获斩之"④。洪武十五年十一月，"革故元广西路宣抚司，置广南府，以土酋侬郎今为同知"⑤。洪武十七年（1384 年）正月，"以云南土首申保为永昌府同知，……高政为楚雄府同知……高保为姚安府同知……高仲为鹤庆府同知"⑥。洪武十七年七月，"会川府土官同知冯成遣、永昌府通判朱成、乌蒙军民府知府实哲遣其把事亦马来朝贡马，诏赐成等文绮钞布有差"⑦。洪武十七年九月，"监察御史王常奏，庐州府同知李顺祖以官仓厅为架阁库"⑧。洪武十八年（1385 年）正月，"擢太原府同知温祥卿为兵部尚书"⑨。洪武十八年十月，"升宜兴县主簿王复春为常州府同知"⑩。洪武十八年十二月，"以建阳县知县郭伯泰为泉州府同知，县丞陆镒为福州府通判"⑪。洪武二十三年（1390 年），"以工部司务杨幼文为苏州府知府，宋信为同知，徐震为通判⑫。洪武三十五年（1402 年）十二月，"升保定府同知卢祥为北平布政司右参议"⑬。可见，洪武时期存在大量由同知、通判分管府城政务形成的官署厅。

明洪武以后，各朝循例设置同知、通判，协助知府处理某类政务。例如，永乐元年（1403 年），"升都察院左副都御史陈瑛为左都御史、广西桂

① 《明太祖实录》卷一百二十三，洪武十二年三月乙酉。
② 《明太祖实录》卷一百二十四，洪武十二年夏四月乙丑。
③ 《明太祖实录》卷一百二十六，洪武十二年八月丁亥。
④ 《明太祖实录》卷一百四十一，洪武十五年春正月癸卯。
⑤ 《明太祖实录》卷一百五十，洪武十五年十一月甲戌。
⑥ 《明太祖实录》卷一百五十九，洪武十七年春正月壬子。
⑦ 《明太祖实录》卷一百六十三，洪武十七年秋七月乙卯。
⑧ 《明太祖实录》卷一百六十五，洪武十七年九月丙辰。
⑨ 《明太祖实录》卷一百七十，洪武十八年春正月甲子。
⑩ 《明太祖实录》卷一百七十六，洪武十八年冬十月乙卯。
⑪ 《明太祖实录》卷一百七十六，洪武十八年十二月己酉。
⑫ 《明太祖实录》卷二百零五，洪武二十三年十月丙寅。
⑬ 《明太宗实录》卷十五，洪武三十五年十二月甲子。

林府同知史仲成为右佥都御史"①，"擢南安府通判李敬初为太仆寺丞明"②，"升保定府同知朱真为保定中卫指挥同知"③，"升陕西河东盐运司判官高秀为山西按察司副使，曲靖府同知吴翔为广西布政司右参议"④，"升金华府同知凌注为山西按察司按察使"⑤，"升宁国府同知罗观为广东按察使"⑥。永乐二年（1404年），"升鸿胪寺卿杨砥为礼部右侍郎，临江府同知汪同为陕西按察司副使，蓬州判官周英为佥事，徐州判官晏璧为山东按察司佥事，永州府通判杨锐为河南按察司佥事"⑦，"升抚州府通判高勉为福建按察佥事"⑧。永乐五年（1407年），"升温州府同知杜英为广西布政司右参政，彰德府通判姚宣为福建按察司佥事"⑨。洪熙元年（1425年），"点行在尚宝司丞张赟为南昌府通判"⑩，"行在吏部引奏，德安府同知李蕃等十八人考满未及九年，例当复职，上从之"⑪。可见，各朝纷纷沿袭洪武时期设置同知、通判分管府城政务形成官署厅的做法。

上述同知、通判与知府同驻府城，其往往是由知县、主簿等官员晋升而来，其职责普遍是捕盗治安。同知、通判表现卓异者，可以晋升为尚书、知府、按察使、御史、丞明、佥事、参议等官职。

二、明宣德年间出现地域厅

明宣德时期，知府佐贰官同知、通判的设置走向多元化，除了原有的分管某类政务的同知、通判之外，又增加了分管某地政务的同知、通判，这种

① 《明太宗实录》卷十六，永乐元年春正月丁亥。
② 《明太宗实录》卷二十下，永乐元年五月丙申。
③ 《明太宗实录》卷二十下，永乐元年五月癸巳。
④ 《明太宗实录》卷二十下，永乐元年八月庚申。
⑤ 《明太宗实录》卷二十下，永乐元年冬十月辛未。
⑥ 《明太宗实录》卷二十下，永乐元年十一月乙亥。
⑦ 《明太宗实录》卷二十下，永乐二年春正月庚午。
⑧ 《明太宗实录》卷二十下，永乐二年二月癸巳。
⑨ 《明太宗实录》卷二十下，永乐五年夏四月辛亥。
⑩ 《明宣宗实录》卷六，洪熙元年四月庚申，台湾"中央研究院"历史语言研究所影印本，1962年。
⑪ 《明宣宗实录》卷六，洪熙元年闰七月癸丑。

现象一直延续至明末。

一方面，朝廷继续设置与知府同城而驻、分管某类政务的同知、通判。例如，宣德三年（1428 年）四月，"增置直隶大名府通判、开州判官及内黄、长垣、南乐、滑、清丰、元城、浚、魏、大名九县佐贰官各一员，专督马政"①。正统元年（1436 年）九月，"升监察御史杨理为淮安府同知，以九年任满行在吏部循常例奏升也"②。正统十一年（1446 年）八月，"增置陕西延安府同知一员，专理边仓粮储，从知府陈蚪奏请也"③。天顺二年（1458 年）九月，"增置顺天府通判一员专理军政，从府尹王福奏请也"④。天顺七年（1463 年）闰七月，"调刑部署员外郎主事李直为福建兴化府通判"⑤。天顺八年（1464 年）八月，"巡按北直隶监察御史冯徽奏，黜老疾庸懦不谨官顺德府通判徐麟等五十八员"⑥。成化元年（1465 年）五月，"添设陕西西安府同知一员专理粮储，从巡抚都御史项忠请也"⑦。成化二年（1466 年）八月，"戊寅升曲阜县知县孔公锡为衮州府通判仍掌县事，从衍圣公孔弘绪请也"⑧。成化六年（1470 年）十一月，"辛巳巡抚南直隶右佥都御史邢宥奏，罢老疾罢软贪酷官安庆府同知李贵等一百一十一员"⑨。成化十一年（1475 年）九月，"复设广西浔州府通判"⑩。成化十三年（1477 年）四月，"增设陕西延安府同知一员，专抚土军理屯田"⑪。成化十九年（1483 年）四月，"升顺天府通判陈肃为本府治中"⑫。成化二十三年（1487 年）十二月，"增设陕西临洮巩昌二府通判

---

① 《明宣宗实录》卷四十一，宣德三年夏四月辛未。
② 《明英宗实录》卷二十二，正统元年九月辛亥。
③ 《明英宗实录》卷一百四十四，正统十一年八月辛亥。
④ 《明英宗实录》卷二百九十五，天顺二年九月辛丑。
⑤ 《明英宗实录》卷三百五十五，天顺七年闰七月丙子。
⑥ 《明宪宗实录》卷八，天顺八年八月庚子，台湾"中央研究院"历史语言研究所影印本，1962 年。
⑦ 《明宪宗实录》卷十七，成化元年五月丙寅。
⑧ 《明宪宗实录》卷三十三，成化二年八月戊寅。
⑨ 《明宪宗实录》卷八十五，成化六年十一月辛巳。
⑩ 《明宪宗实录》卷一百四十五，成化十一年九月辛亥。
⑪ 《明宪宗实录》卷一百六十五，成化十三年夏四月辛酉。
⑫ 《明宪宗实录》卷二百三十九，成化十九年夏四月乙亥。

各一员，专督屯田水利"①。可见，朝廷统治者在直接管辖的政区和间接管辖的土司地区均设置了协助知府分管某类政务的佐贰官同知、通判。这些同知、通判的来源不断丰富，知县，主簿，监察御史，刑部署员外郎、主事等官员均可升调为同知、通判。同知、通判分管的职责类型也越来越多样化，包括捕盗、马政、军政、粮储、屯田、水利等，有相对固定的分管政务类型，但没有固定的分管区域。

另一方面，从明宣德时期开始，朝廷增加了分管某地政务的同知、通判，这些地区包括州县地、卫所地以及土司"改土归流"之地。

（一）设同知、通判分管州县地政务

宣德以来，朝廷另设以佐贰官身份驻于府城之外分管某地政务的同知、通判。宣德末年明英宗继位后，开始设置一些由知州、知县擢升而来的同知、通判，仍驻州县，分管原州县的政务。例如，宣德十年（1435年）八月，"升浙江台州府黄岩县知县周旭鉴为本府通判，仍理县事"②。宣德十年九月，"升应天府上元县知县李彬为府同知，仍理本县事"③。正统元年（1436年）五月，"增设山东济南府通判一员，专督易州山场柴炭人夫"④。正统元年八月，"升山东济南府德州知州常景先为本府同知，仍理州事"⑤。正统二年（1437年）十二月，"升陕西巩昌府徽州知州蔡茂为府同知，仍掌州"⑥。这些同知、通判均由知州、知县晋升而来，虽然身份不再是知州、知县，但仍分管原州县的政务。

弘治以后，朝廷不仅在州县地区将知州、知县擢升为分管该地的同知、通判，而且开始另设同知、通判，将其派驻到州县地区分管地方政务。例如，弘治十年（1497年）七月，"增设广东广州、高州、肇庆、惠州、潮州五府

---

① 《明孝宗实录》卷八，成化二十三年十二月戊辰。
② 《明英宗实录》卷八，宣德十年八月庚子。
③ 《明宣宗实录》卷九，宣德十年九月乙亥。
④ 《明英宗实录》卷十七，正统元年五月庚午。
⑤ 《明英宗实录》卷二十一，正统元年八月戊子。
⑥ 《明英宗实录》卷三十七，正统二年十二月己巳。

通判各一员，提督捕盗"①。正德十二年（1517年），山东青州府佐贰官通判分驻颜神镇，"增设青州府通判一员于颜神镇，防矿贼也"②。后裁，复设于嘉靖十九年（1540年）③，并铸"捕盗关防"④。正德十三年（1518年）八月，"添设顺天府通判一员，即河西务为治所，专治天津一带河道夫役兼捕盗理讼，以安畿甸下"⑤。嘉靖三十三年（1554年）六月，派同知分驻江苏扬州府江都县，"添设扬州府同知一员，专驻瓜州，督捕江海盗贼，从漕运都御史郑晓奏也"⑥。"缉捕盐盗，如有海寇入江督兵追剿，以靖江洋此诚分职供事之义，弭盗安民之策。"⑦嘉靖三十四年（1555年）七月，设重庆府通判，驻四川播州，"言播州土民苦所司掊克，请增设重庆府通判一员驻劄龙泉，抚顺该州民夷"⑧。嘉靖四十五年（1566年）五月，明廷在北方九边之一的延绥镇（又称榆林镇）设延绥同知，分管修理城堡，"兵部覆巡抚延绥都御史王遴条陈四事：一、添设府同知二员，列衔延安，驻劄榆林，分管理边腹城堡，不预他务"⑨，"俱于延安府列衔，榆林镇驻劄，分管边腹城堡修理政务，不许干预别事"⑩。后裁延绥同知。万历十三年（1585年），复设同知，改称为城堡同知，其辖地亦称为"城堡厅"⑪。同年，榆林镇还设有东粮同知、西粮同知以及中粮同知。中粮同知后裁。"东粮同知设于万历中，驻神木，西粮同知设于万历十三年，驻靖边。"⑫天启三年（1623年），置陕西西延捕盗同知，驻扎黄

---

① 《明孝宗实录》卷一百二十七，弘治十年七月癸丑，台湾"中央研究院"历史语言研究所影印本，1962年。
② 《明武宗实录》卷一百五十二，正德十二年八月丁巳。
③ 《明世宗实录》卷二百四十四，嘉靖十九年十二月辛酉。
④ 《明神宗实录》卷二百九十八，万历二十四年六月癸丑，台湾"中央研究院"历史语言研究所影印本，1962年。
⑤ 《明武宗实录》卷一百六十五，正德十三年八月戊寅。
⑥ 《明世宗实录》卷四百一十一，嘉靖三十三年六月丁酉。
⑦ 郑晓：《添设官员疏》，陈子龙等辑《明经世文编》卷二百一十七，中华书局，1962年。
⑧ 《明世宗实录》卷五百六十六，嘉靖三十四年七月己酉。
⑨ 《明世宗实录》卷五百六十六，嘉靖四十五年五月己未。
⑩ 杨博：《覆巡抚延绥都御史王遴条陈边务疏》，《杨襄毅公本兵疏议》卷十九，《续修四库全书》史部，第477册，第554页。
⑪ 康熙《延绥镇志》卷三，《官师志》。
⑫ 《明神宗实录》卷一百六十四，万历十三年八月庚申。

龙山，"专管捕盗事"①。万历年间，设陕西省西安府邠州同知，邠州宜禄镇地方"四面空野，盗贼乘间窃发，无所忌惮，且此中数里刁顽，应纳粮草率多逋负，勾摄亦多避匿"，同知分管"缉捕盗贼，催征粮草，处断词讼，息盗安民"②。综上可以看出，这些同知、通判的职责包括捕盗、催粮、河务、理讼、抚顺民夷、修筑城堡等。

（二）设同知、通判分管卫所地政务

弘治以来，开始设置大量分管卫所地的同知、通判。弘治四年（1491 年）八月，四川成都府通判分驻松藩卫，"增设四川成都府通判官一员，专驻松藩，监收粮料"③。弘治十六年（1503 年）二月，"增设直隶永平府通判一员，专在辽东义州城分理管宁左右等七卫屯田粮草、三万等七卫及定辽左右等七卫屯粮"④。嘉靖三十五年（1556 年），为防止倭寇侵扰，派遣松江府同知驻扎于上海县城，是为海防同知⑤。嘉靖四十二年（1563 年）五月，因山东省金州卫、复州卫、盖州卫濒临大海，是倭寇垂涎之地，在金州卫添设兵备官员，并派通判分驻盖州卫岫岩堡，"又于东山一带添设抚民通判一员，驻劄岫岩，防御寇盗"⑥。嘉靖年间，还先后派同知、通判分驻甘肃岷州卫地区。明初，岷州卫指挥兼管军屯和民屯。嘉靖四十年（1561 年），"添设巩昌府通判一员驻劄其地，监收民屯粮草"⑦。嘉靖四十二年，裁去通判、经历，添设抚民同知，史称岷州抚民厅，"专理（民屯）一十七里钱粮，并岷州一切军民词讼、仓库、狱囚、学校、城池、兵马、屯田、粮饷"⑧，仅军屯仍归卫指挥使管辖。隆庆五年（1571 年）正月，在土家族聚居的湖广都司所辖施州卫地裁原驻通

---

① 《明熹宗实录》卷四十二，天启三年十二月甲午，台湾"中央研究院"历史语言研究所影印本，1962 年。
② 张瀚：《台省疏稿》卷三，《酌议地方事宜以兴治安疏》，《四库全书存目丛书》史部，第 62 册，齐鲁书社，1996 年，第 53 页。
③ 《明孝宗实录》卷五十四，弘治四年八月己巳。
④ 《明孝宗实录》卷一百九十六，弘治十六年二月己未。
⑤ 万历《上海县志》卷五，复旦大学图书馆藏抄本。
⑥ 《明世宗实录》卷五百二十一，嘉靖四十二年五月壬辰。
⑦ 《明世宗实录》卷四百九十七，嘉靖四十年闰五月乙巳。
⑧ 康熙《岷州志》卷二，《舆地上》，清康熙四十一年刻本。

判，以同知分驻，"施州卫三里延袤甚广，物产最饶，而卫官每肆朘削，致民逃匿诸土司为乱，宜裁革抚夷通判，更设同知一员，俾抚治民夷岁额钱粮外，有该卫公费必不可废者，仍依军三民七例，审编均徭册，报分守道核实征派，卫官不得额外横索"[1]。同知在施州卫有抚治民夷岁额钱粮等职权。公费依军三民七例征派，卫官不得额外横索，有力地保障了同知履行职权。万历三十二年（1604 年），派同知分驻河州卫。据康熙《河州志·公署》记载："明万历三十二年改设同知，然钱粮归布政纠覆属本府，惟茶马专司。"可见，卫所地区同知、通判的职责包括管理兵马、粮草、屯田、词讼、仓库、狱囚、学校、城池等。

（三）设同知、通判分管土司地政务

中国封建王朝在处理和周边王国或少数民族聚居地区的关系时，往往采取羁縻政策。例如，汉朝封少数民族的首领为"王""侯""长"。南朝封百济国君为"镇东大将军"，封日本国君为"安东大将军"。唐代开始封赐内属地方首领官职，设立羁縻州、羁縻县。实施羁縻政策的地区既包括周边王国又包括疆域内的少数民族地区。元代在唐宋羁縻州县制度的基础上，形成了土司制度，以土官治理土民，土司首领在区域内自治，王朝对疆域内的土司地进行间接统治。土司制度将羁縻州政策相对松散的统治方式变为严格的控制，对土司地区首领的承袭、纳贡、征调等政策方面有严格的规定。土司有广义与狭义之分。广义的土司既指少数民族地区的土著人在其势力范围内独立建造的且被国家法律允许的治所（土衙署），又指"世有其地、世管其民、世统其兵、世袭其职、世治其所、世入其流、世受其封"的土官。狭义的土司专指"世有其地、世管其民、世统其兵、世袭其职、世治其所、世入其流、世受其封"的土官。虽然绝大部分土司是由当地少数民族上层人士世袭担任，但是一般需要由朝廷或地方衙门批准方为合法。

明代既是土司制度的鼎盛时期，同时又是土司制度开始衰退的时期。土司地区管理混乱、叛乱频发，有的还出现首领后继乏人等情况。明廷对有些

---

[1] 《明穆宗实录》卷五十三，隆庆五年正月乙酉，台湾"中央研究院"历史语言研究所影印本，1962 年。

土司地区实行"改土归流",将原先统治少数民族地区的土司头目废除,委任有任期、非世袭的流官去管理土司地区,将朝廷对土司地区的间接统治改为直接统治。

明代前期"改土归流"比较具有代表性的是永乐十二年(1414 年)在贵州置省。明代中期以来,朝廷又相继在湖广、四川、云南、广西、贵州等地的一些土司统治地区进行"改土归流"。明后期万历年间,"改土归流"出现了一波高潮,例如,在云南地区设云州、武定府、云龙州,四川播州地区分设遵义府(隶四川)和平越府(隶贵州),在贵州地区置广顺州等。万历以后,"改土归流"基本停滞。总之,明代对一些土司地进行"改土归流",总体上不算多,但是明代中后期却比较频繁。

从明万历年间开始,朝廷在"改土归流"的土司地区设置同知、通判,分管地方政务。例如,万历元年(1573 年)八月,明廷平定四川安边地区蛮夷暴乱之后,废除土司,进行"改土归流",添设安边同知一员,照依各省海防事例,钦颁关防,专驻新筑城内①。天启三年(1623 年),朝廷平定永宁地区宣抚司叛乱,废除土司进行"改土归流",将该地区分别划归四川省叙州府和贵州省永宁卫管辖②,"(朱)燮元割膏腴地归永宁卫,以其余地为四十八屯,给诸降贼有功者,令岁输赋于官,曰屯将,隶于叙州府,增设同知一人领之"③。"于叙州府添设同知一员,分符领治,是为叙永军粮厅。"④"经数年而讨平,改土设流,以叙州府同知驻永治之,号叙永厅。"⑤

综上,明宣德时期,在设置与知府同城而驻分管某类政务的同知、通判的基础上,又增设派驻到府城之外分管地方政务的同知、通判。宣德年间开始设置分管州县政务的同知、通判,弘治年间开始设置分管卫所地政务的同知、通判,万历年间开始设置分管"改土归流"之地政务的同知、通判。这些同知、通判分管的州县地、卫所地、土司"改土归流"之地,均出现了表

---

① 康熙《四川总志》卷七,《公署》,清康熙十二年序刊本《中国方志丛书》,台湾成文出版社。
② 《明史》卷四十三,志第十九,地理。
③ 《明史》卷二百四十九,列传第一百三十七。
④ 康熙《叙州府志·叙永厅志》卷二,海南出版社,2001 年。
⑤ 康熙《叙永厅志》,"序"。

示地域意义的地域厅。例如，万历年间的岷州抚民厅、嘉靖年间的榆林城堡厅、天启年间的叙永管粮厅等，它们为何会称为"厅"，而不作其他称呼呢？这是因为同知、通判的办公衙署本来就称为"厅"，称呼他们分管的辖地为"某某厅"是对其衙署厅称呼的继承与发展。

从身份和职责看，地域厅的同知、通判的身份始终是知府的佐贰官，不是正印官，其职责较为丰富。分管州县或卫所地区的同知、通判，或监收催征粮饷，或捕盗治安，或管理茶马，或监修城堡，或负责海防等。分管土司"改土归流"之地的同知、通判，取代了原有土司首领的管理职能，分管的政务较为繁杂。

三、清康熙年间出现政区厅

清代行政区划自成体系，其疆域分为满洲、藩部、内地三个区域，各区域内因地制宜地进行管理。以土司制度或部落制度辖西南苗夷，以宗主制度应对藩邦。在满洲和藩部地区，清廷委派重臣担任将军、都统、大臣等官职，统管军政政务，以八旗制度治满洲，以盟旗制度辖蒙古族，以行省制度治汉人，以伯克制度治回疆，以政教制度驭藏番。清初统治者仿照明制，同样在知府下设佐贰官同知、通判。据《清史稿》记载："府知府一人，初制正四品，乾隆十八年改从四品。同知（正五品）通判（正六品）无定员。……知府掌总领属县，宣布条教，兴利除害，决讼检奸。三岁察属吏贤否，职事修废，刺举上达，地方要政白督、抚，允乃行。同知、通判，分掌粮盐督捕，江海防务，河工水利，清军理事，抚绥民夷诸要职。"[1]清代知府佐贰官同知在公文上称为"丞"，尊称"司马"；通判尊称"别驾"。两者例由满蒙正从七品、八品、九品小京官拣选升任，亦由直隶州州同、知州、知县等升任。清顺治时期保留了从明代延续下来的由同知、通判分管的岷州厅、施州厅、安边厅、叙永厅等地域厅，并且新增了许多以佐贰官身份分管地方的同知、通判。从康熙年间开始，朝廷在卫所地和土司地设置以主政官身份专管地方政务的同知、通判，开创了设置政区厅的先河。

---

① 赵尔巽等纂修：《清史稿·职官志》，中华书局，1962 年。

（一）"卫所转型"之地出现同知、通判专管的政区厅

康熙六年（1667年）十月，移贵阳府毕乌通判驻普安卫安南所，辖安南所和安笼所①，史称安笼通判，即安笼厅。康熙八年（1669年）十一月，"改云南新附十八寨钱粮归安笼所通判管辖"②。康熙二十二年（1683年），贵州巡抚杨雍建在奏折中称安笼通判辖区为"南笼厅"③。因此，安笼厅又称为南笼厅。康熙二十六年（1687年）六月，根据云贵总督范承勋的建议，将贵州15个卫、10个直属千户所分别裁改：

> 吏部议覆、云南贵州总督范承勋疏言：贵州所属十五卫、十所，请分晰裁改。偏桥卫裁，并施秉县。兴隆卫裁，并黄平州，移州治于卫治。新添卫裁，并贵定县，移县治于卫治。贵州贵前二卫裁去，改设贵筑县。镇西威清二卫，赫声威武二所裁去，改设清镇县。平坝卫、柔远所裁去，改设安平县。安南卫裁去，改设安南县。定南所裁，并普定县。普安卫裁，并普安州。安笼所裁，并安笼厅。敷勇卫、修文、灌灵、息烽、于襄四所裁去，改设修文县。永宁卫、普市所裁去，改设永宁县。毕节、赤水二卫裁去，改设毕节县。乌撒卫裁，并威宁府。④

在这次大规模裁撤卫所事件中，有一处很特别，那就是"安笼所裁，并安笼厅"。其他卫所被裁后，都是并入州县或者改置为州县，只有安笼所并入厅。安笼所并入了安笼厅后，安笼厅成了独立政区。这一判断基于以下两个依据。

第一，康熙年间修纂的《贵州通志》的户口、公署等项中，专列有"南笼厅"，可见康熙年间已将南笼厅作为政区。第二，雍正三年（1725年），贵州巡抚上报养廉银数额的奏疏中，在所列的"南笼厅通判"下，有两行小

---

① 康熙《贵州通志》卷五，《大事》，康熙十二年刻本。
② 《清圣祖实录》卷三十，康熙八年十一月乙卯。
③ 杨雍建：《抚黔奏疏》，《近代中国史料丛刊续编》第三十三辑，台北文海出版社，1976年，第989页。
④ 《清圣祖实录》卷一百三十，康熙二十六年六月戊辰。

字注释，"系有专管地方，与州县同"①。南笼通判专管地方，是否就表明该地成了政区呢？这一点可以从后来清代官修政书中找到答案。据嘉庆《清会典》卷四《吏部》记载："理事、抚民有专管地方为厅，或属于府，或属于道，或属于将军"；卷十《户部》："直隶厅、直隶州皆亲辖地方，亦领县。……厅、州、县皆分辖地方。"② 另外，光绪《清会典》记载更为详细："凡抚民同知直隶于布政使司者为直隶厅"，"府分其治于厅，凡抚民同知、通判，理事同知、通判，有专管地方者为厅。其无专管地方之同知、通判是为府佐贰，不列于厅焉"③。说明清代将同知、通判专管一地之厅列为政区，称为厅（指散厅）或者直隶厅，而将无专管地方之同知、通判仍作为知府的佐贰官。南笼厅通判"系有专管地方，与州县同"，明确表明南笼通判不再是知府的佐贰官，而是与知州、知县一样专管一方的正印官。到此，我们可以认定康熙二十六年（1687 年）所设的南笼厅具有政区性质，是历史上第一个政区厅。

康熙五十七年（1718 年）二月，在甘肃省长城沿线卫所地区出现了中层政区——直隶厅。"锡拉谷尔设立柳沟所，添设守御所千总一员。再添设同知、通判各一员，兼管二卫一所"④，于是出现了管理多个卫所的中层政区——靖逆直隶厅和柳沟直隶厅，标志着直隶厅的诞生。从此，清代既有与散州、县同级的政区厅（称为"散厅"），又有与府、直隶州同级的政区厅（称为"直隶厅"）。

（二）"改土归流"之地出现同知、通判专管的政区厅

康熙四十三年（1704 年）十二月，因湘西苗族归化，故在这些苗族居住区设同知、通判，置乾州厅和凤凰厅，专理苗务，兼归辰沅靖道统辖，隶湖南省辰州府。

---

① 《雍正朝汉文朱批奏折汇编》，第 5 册，江苏古籍出版社，1989 年，第 683 页。
② 嘉庆《清会典》卷四、卷十，《吏部》《户部》，近代中国史料丛刊三编本，台北文海出版社，1991 年。
③ 光绪《清会典》卷四，《吏部》，中华书局，1991 年。
④ 《清圣祖实录》卷二百七十七，康熙五十七年二月己丑。

户部等衙门议覆、湖广总督喻成龙疏言：红苗归化，应将辰沅靖道移驻镇筸，添设同知、通判、巡检、吏目等员，专理苗务，皆归辰沅靖道统辖。嗣后武职不许干预。苗犯轻罪者听土官发落。犯命盗重罪者。土官拏解道厅。审明拟罪。五寨司土官应听厅官管辖。地方有逃盗之事，土官一并处分。同知、通判、宜各给关防。各员俱照边俸升调。将麻阳县儒学训导移驻五寨司，就近训导。五寨司等处设立义学，听苗民肄业。苗寨有互相仇杀，视其聚众多少，并该管土官，俱分别治罪。应如该督所请。从之。[①]

乾州厅和凤凰厅专理苗务，兼归辰沅靖道统辖，隶湖南省辰州府，是清代在"改土归流"之地最早设置的政区厅。原卫所地区南笼厅的出现，是通过该南笼通判兼并安笼所而实现的；而"改土归流"之地乾州厅、凤凰厅的出现，则是通过新设专管一地的同知或通判而实现的。

综上，清康熙年间开始，同知、通判以主政官身份专管卫所地和"改土归流"之地，使这些同知、通判摆脱了佐贰官身份，成为正印官，使其辖地成为政区厅。作为散厅和直隶厅的政区厅先后出现，逐渐重构了清代行政区划体系。新的政区体系如图 1-1 所示。

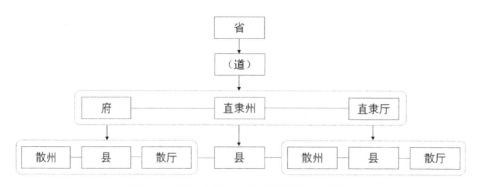

图 1-1　政区厅出现后的清代行政区划体系

从图 1-1 中可以看出，政区厅出现后，作为一级政区的省及其派出机构的道所管辖的二级政区，在府和直隶州的基础上增加了直隶厅；作为二级政区的府所管辖的三级政区，在散州和县的基础上增加了散厅；同样作为二级政区的

① 《清圣祖实录》卷二百一十八，康熙四十三年十二月丙戌，中华书局，1985年，第207页。

直隶州所辖三级政区没有变化，依旧为县。县除了可以隶于府和直隶州以外，还可以隶于直隶厅；散州除了可以隶于府之外，也可以隶于直隶厅；散厅既可隶于府又可隶于直隶厅。从隶属关系上看，直隶厅与府相仿，散厅与县相仿。

第二节 政区厅出现的原因

政区厅的出现从表面上看是一个偶然事件，事实上则带有历史的必然性。政区厅出现的原因主要有以下三点。

一、明代初期因继承宋元以来职官设置传统而设同知、通判

同知、通判这两种职官在明代之前就已存在。从宋太祖开始，朝廷为防止地方上出现藩镇势力割据现象，派朝臣管理州事，称为知州。"凡主管一事而不授以正官之名则称之知某事。如宋代不以枢密院使授任，则知枢密院事，副使称为同知。辽、金以后，沿此习惯。如府之主官称谓知府，则以府之佐贰为同知。……宋太祖惩五代藩镇之弊，乾德初下湖南，始置诸州通判……明代与知府下置通判，定为正六品，实际上与同知无分别，亦无定员。"[1] 明代除了知府佐贰官同知、通判之外，还设有都督府同知、都指挥使同知、卫设指挥同知、盐运司同知、太医院同知、太史令通判、路通判等。可见，同知、通判均不是明代创立的职官。明代设立由同知、通判分管府城政务，这是源于朝廷对宋元以来职官设置传统的继承。

二、明代中后期为应对内忧外患的局势而由同知、通判分管地方政务

明中期以来，国内形势日益严峻，卫所屯田和城防亟待加强，土司管理

---

① （清）黄本骥，《历代职官表》，上海古籍出版社，1984 年，第 132～133 页。

混乱，叛乱频发，社会秩序逐渐失衡。内忧外患的局势，给统治者带来了巨大的挑战。朝廷不得不添设地方官员以加强对地方局势的管控，同时又迫于财政压力要控制官员的数量。在这种情况下，朝廷将同知、通判派驻到府城以外，分管地方政务。

（一）在严峻的边防形势下，朝廷借助同知、通判加强卫所的屯田和城防

明代统治者不仅构建了由省、府、州、县组成的行政区划制度，而且还设置了由都司、卫、所构成的军事组织制度。明政府规定：民户每五户中丁多的一户（3～5 丁）为"军户"，其余的四户为"贴户"。军户出一丁为军丁，称"正军"，余下的丁壮称"余丁"。军丁世代相袭。《明史·兵志二》记载，明代共有 493 个卫、359 个所。明代都司卫所，实行屯田自养，其粮饷基本由军屯、民屯以及商屯等屯田形式所入支给。明代前期，军事组织完备，军队力量强大，朝廷牢牢掌控军队。卫所军兵源稳定，成分单一，寓兵于民，但是卫所军士待遇低下，屯田日益遭到破坏。

永乐以后，北部边境形势开始变化。宣德初年开始，蒙古兀良哈部持续南迁并侵犯明朝国土。至正统初年，自开平至辽东，蓟辽边外已是兀良哈三卫部的牧地；蒙古瓦剌部也东侵，侵犯甘肃甘州、山西大同等地。面对这种形势，卫所军的数量和质量却在不断下降。正统三年（1438 年），卫所军士逃亡达 120 万人，占全国军队总数约一半。军户制度走向瓦解，军屯大幅缩减。正统十四年（1449 年），明英宗亲征瓦剌失败被俘虏。明正统以后，卫所制逐渐废弛，卫所军士大量逃亡，战斗力大减。景泰年间，蒙古鞑靼部进入河套地区。于是，明廷越来越多地进行募兵，实行营兵制。营卫不统属，互为补充。卫所军配合营兵防守边地。卫所军的月饷由屯田供应，不足才由政府补足，原则上说是基本自给的；而募兵的军饷全由政府拨支，致使朝廷财政压力加大。成化以后，蒙古鞑靼部大规模侵犯明朝边境。边区卫所在驻城、屯田种粮等方面的任务不断加重，然而卫所屯田却在不断减少。到了弘治年间，卫所屯田数量进一步减少，其中商屯还废弛了。嘉靖以后，倭寇侵犯更加猖狂，南倭北虏，战争频发，边防压力进一步升级。

总之，宣德以来，边防压力日益严峻，使卫所修筑城堡、屯田征粮的需求不断加大。然而，卫所屯田却在下降，难以应付日益严峻的边防形势。在这种背景下，朝廷将有些卫所地改置为州县。从弘治年间开始，朝廷还派驻知府佐贰官同知、通判分防卫所地，凭借同知、通判相对突出的管控能力，加强卫所的屯田、征粮、城防。例如，弘治年间所设永平府通判、嘉靖年间设岷州通判均是为了稳定屯田、保证征粮；嘉靖年间在北方九边之一的延绥镇设延绥同知，分管修理城堡。朝廷依靠同知、通判来加强对边区卫所的管控，从而满足边防需求。

（二）在土司管理混乱、叛乱频发的情况下，同知、通判分管不便设州县的"土司归流"之地

从万历年间开始，由于一些"改土归流"之地需要加强管理，但是因其特殊的历史、人口、地理等情况，不便于直接设州县或划入邻近州县，因此朝廷在原土司地区设置了同知、通判进行分管。例如，万历元年（1573年）八月，明廷平定四川安边地区蛮夷暴乱之后，进行"改土归流"，添设安边同知一员。安边地区土司"改土归流"之后，明代巡抚曾省吾就该地区如何管理这个边疆新归地提出如下提议：

> 照得都蛮既平，夷方尽为中土，但去府城数百里，据土司四面之中，势颇孤悬，又山川险阻，夷汉错杂，必得文官分理于下，方保无虞。但遽议郡县则荒恶之区，所居未能成聚，附之邻近县分，则声势隔绝，未免仍复生奸。金议谓设同知兼理兵民始为得策。及查叙州府先年原有通判一员，驻劄嘉明镇督粮，后行裁革。今见奉明诏，查复成法，合无于该府添设安边同知一员，照依各省海防事例，钦颁关防，专驻新筑城内，管理兵饷，收放税粮，清理词讼，安抚民夷，上承兵道委用，下定武职贤否，庶边镇政刑俱有统纪而钱粮出入亦有责成矣。①

从中我们可以看出，四川安边地区过于荒芜，未能成聚，不宜设州县；又因声势隔绝，容易生奸而不宜划入临县，所以朝廷选择的是派知府佐贰

---

① （明）曾省吾：《议处都蛮疏略》，雍正《四川通志》卷十八上。

官同知、通判进行分管，以实现"庶边镇政刑俱有统纪而钱粮出入亦有责成"的目的。

再如，天启三年（1623 年），朝廷平定永宁地区宣抚司叛乱，设叙永同知"分驻分管"叙永地区。为加强对"改土归流"地区的管理，朝廷派越来越多的同知、通判分管地方。

（三）由于社会秩序逐渐失衡，朝廷依靠同知、通判强化地方治安

明代中后期，朝纲败坏，官吏腐败，民风日下，不仅土司地区经常发生叛乱，朝廷直管的州县地区的社会秩序也逐渐失衡。明正德以后，基于农耕文化的社会秩序走向失衡。顾炎武所著的《天下郡国利病书》有如下表述：

> 驯至武宗正德末、世宗嘉靖初，则稍异矣。土田不重，操觚交接，起落不常。能者方成，拙者乃毁，东家已富，西家已贫，高下失均，锱铢共竞，互相凌夺，各自张皇。于是诈伪萌，讦争起，纷华染，靡汰臻。[1]

万历后期至天启年间，气候变冷，北方风沙壅积日甚，旱灾逐年增多，农作物收成锐减。与此同时，中原气温与北方农牧带的降雨量也直抵秦汉以来的最低点。明末经常发生旱灾、寒流、蝗灾、水灾、鼠疫、瘟疫等灾害[2]。全国各地的农民起义、士兵兵变、手工业者罢矿不断发生。从天启七年（1627 年）陕西王二起义开始，农民起义此起彼伏。明代中后期，社会秩序逐渐失衡，州县地区盗案频发，词讼事件越来越多。在这种情况下，朝廷在州县地区设置同知、通判，加强地方管理。例如，弘治十年（1497 年），增设广东广州、高州、肇庆、惠州、潮州五府通判各一员，提督捕盗。正德十二年（1517 年），增设青州府通判一员于颜神镇，防矿贼。万历年间，设陕西省西安府邠州同知，缉捕盗贼，催征粮草，处断词讼，息盗安民。天启三年，置

---

① （清）顾炎武：《天下郡国利病书》，上海古籍出版社，2012 年。
② 葛全胜等：《中国历朝气候变化》，科学出版社，2011 年，第 566 页。

陕西西延捕盗同知，专管捕盗。相对于知州和知县而言，作为知府佐贰官的同知、通判在维持地方治安方面更为合适。

总之，明中后期国内形势日益严峻，卫所屯田和城防亟待增加和加强，土司管理混乱，叛乱频发，社会秩序逐渐失衡，朝廷为应对内忧外患的局势，而由同知、通判分管地方政务。明中后期为何设同知、通判分管地方政务而不直接设州县呢？这是因为新设州县程序烦琐，增添官员，投入较多的人力、物力、财力，而派驻佐贰官同知、通判分管地方，既能有效管控地方局势，又不增添官员数量。为何设同知、通判分管地方政务而不派省、州、县的佐贰官呢？这是因为本质上是要添设一个管控这些基层地区的官员，如果移布政使司、按察使司佐贰官分管地方显得有些大材小用，如果移设州县佐贰官分管地方则因品级太低而难于起到有效的管理效果，而同知、通判具有府官的身份以及较高的品阶，多是从基层表现优异的官员中提拔起来的，从政经历丰富，能力突出，具有较强的管控地方局势的权威、资质、经验及能力。

三、清代前期因全面推行疆土政区化而由同知、通判专管一方

历史地理学家顾颉刚、史念海在他们的著作《中国疆域沿革史》中指出："明驱元裔于塞外，中国归于一统，惟其疆域北限于长城。清人于未入关之前，灭察哈尔林丹汗，内蒙古诸部相继降附，而外蒙喀而喀三汗部亦尝遣使入贡，及准部东犯，喀而喀诸部举族内附，遂结以婚娅，感以威力，故终清之世，永为藩臣。"[①]清朝入主中原，在明朝基础上扩张了疆域范围，将代表森林文化的东北采集狩猎区、代表草原文化的蒙古游牧区、代表农耕文化的中原种植区统统纳入统治版图。与明代中后期面临蒙古军进犯、倭寇侵扰以及清军入侵的危乱局势相比，清代前期除了康熙十七年（1678年）至三十五年（1696年）清军和噶尔丹势力在北方发生战争以外，边疆局势相对稳定。在相对稳定的边疆局势下，清代统治者全面推行疆土的政区化，将朝廷势力直接深入卫所和土司地区，由同知、通判专管一方，从而催生了新

---

① 顾颉刚、史念海：《中国疆域沿革史》，商务印书馆，2000年，第207页。

型政区。

（一）卫所由军事化向民政化转型，使同知、通判替代武职官员成为地方长官

明代中后期，卫所走向废弛，军事功能降低，有些卫所甚至名存实亡。不过卫所依然大量存在。入清后，朝廷面临着如何处置卫所这个难题。随着全国各地的次第平定，清政府相继颁定了各省卫所的经制。清代共设有 16 个都司和 5 个行都司、426 个卫、326 个所，这些卫所分布在全国各地，隶属于各省都司①。卫所在清代的存在时间很长，从顺治元年（1644 年）延续到宣统三年（1911 年）。

清初，统治者意识到卫所不是完全可以依靠的军事组织，从而建立了新的军队——八旗兵和绿旗兵。"凡直省形胜要地，以次分遣八旗兵驻守，其绿旗官兵复随都邑之大小远近，列汛分营。"②八旗兵和绿旗兵取代了原来卫所军的军事作用。在这种情况下，清代都司卫所经历了什么样的转变呢？明清史专家顾诚指出："都司卫所在清代的演变具有三个特征：一是都司、卫所官员由世袭制改为任命制；二是卫所内部的'民化'、辖地的'行政化'过程加速；三是以并入或改为州县使卫所制度化作历史陈迹，从而完成了全国地方体制的基本划一。"③清初，朝廷废除都司，取消实土卫所，兼并卫所，仅存部分军事组织性质的卫所。例如，顺治九年（1652 年）六月，"裁直隶镇朔卫、营州卫归并蓟州卫；东胜右卫、宽河所归并遵化卫，琢鹿左卫、中卫、兴州中屯卫归并琢鹿卫；……裁营州左屯卫、渤海守御所、白洋口后所、镇罗关所、顺德守御所"④。卫所数量大幅减少。

由于卫所的屯田与漕运的经济功能对于社会发展具有较大作用，因此朝廷保留了一些卫所，并大力推进这些卫所的"民政化"转型。清初，朝廷调整卫所职官，裁撤卫所指挥使、千户、百户等官职，改设守备、千总、百总，

---

① 李巨澜：《清代卫所制度述略》，《史学月刊》，2002 年第 3 期。

② （清）永瑢等：《清朝文献通考》，鸿宝书局，光绪二十八年。

③ 顾诚：《卫所制度在清代的变革》，《北京师范大学（社会科学版）》，1988 年第 2 期。

④ 《清世祖实录》卷六十五，顺治九年六月丁未，中华书局，1985 年。

使卫所由军改屯。据《清世祖实录》记载："兵部奏言指挥千百户名色既已尽裁，而卫所必不可裁。应每卫设掌印官一员，兼理屯事，改为卫守备，千户改为卫千总，每所设一员，俱由部推；百户改为卫百总，每所设一员，由督抚选委。其不属于卫之所，俱给关防。卫军改为屯丁。凡卫所钱粮职掌及漕运造船政务，并都司、行都司分辖，皆宜照旧。"① 守备、千户的设置，卫所武职官员名称与绿营兵官员保持一致，将卫所官员从世袭改为流官，增强了朝廷对卫所的管控力度。千总、百总的职责不是管理军队操练、守御，而是屯粮征收、漕运造船等行政政务。卫军改为屯丁，改变了军民户籍并存的历史，取消卫所军的军粮，实现屯丁自给自足，减少了朝廷的财政负担。守备为正五品，守御所千总为从五品，卫千总为从六品②。卫所官员的职责改为行政政务，但是其身份依然是武职官员。他们出身于行伍，文化水平较低，在行政能力方面有先天的不足。顺治十二年（1655 年），分巡关南道刘景云在奏折中明确指出："臣思本朝卫所虽仍旧制，实与故明不同。明以世职管屯军，即以丁地之产养其军而饩其官，则军制也。我清朝地粮以充兵饷，铨除以作印官，居然民社钱谷之司，其体统事任与州县初不相远，而以学为入仕之武弁滥竽其选，冀其能谙练文移，通达治理，文武兼长，廉干足称，此实难矣。"③ 可见，卫所武官处理政务存在明显的弊端。

康熙朝继续推进卫所的民政化进程。为了提升卫所职官的文化水平，朝廷主要选用武举出身的人员来担任卫守备、守御所千总、卫千总，基本上不再由绿营武职转任。然而以武官处理政务终归有违行政常道，难以奏效，因此康熙朝开始将一些守备、千总执掌的卫所改置为由知州、知县等执掌的政区。例如，康熙三年（1664 年）正月，"改陕西靖远卫为靖远县，裁同知、守备、千总、经历四缺；设知县、典史二员"。至康熙八年（1669 年），朝廷进一步规定，"各省卫所钱粮并入民粮，一并考成巡抚"。从此，全国卫所屯田上缴的钱粮均纳入了各省赋税总额之内，即纳入全国赋税体系之中。有些

---

① 《清世祖实录》卷二十八，顺治三年十月乙未，中华书局，1985 年。
② （清）昆冈等：《钦定大清会典事例》，卷一百零二，商务印书馆，1899 年。
③ 《户部尚书郎丘题复汉中征输地丁并责成职分事宜》，《明清档案》，第 24 册，联经出版事业公司，1986 年，第 B13491 页。

卫所的屯田直接并入了附近州县。例如，康熙九年（1670年），裁南昌卫和九江卫二卫屯田，并入彭泽等县。如此一来，卫所与州县性质更为趋同，为卫所的大规模转型奠定了基础。例如，康熙十年（1671年）十二月，将龙里、清平、平越、普定、都匀五卫改为县，各设知县、典史一员；将安庄卫归并镇宁州，将黄平所归并黄平州，将新城所归并普安县，裁守备等官。

在卫所大规模转型的大潮中，一些分管卫所的同知、通判的职权越来越大，甚至所掌管的政务超过了卫所长官，大有成为地方长官之势。到了康熙二十六年（1687年），朝廷首次将安笼所交由通判专管，于是诞生了政区厅。首个政区厅在安笼地区诞生，跟该地自身的特殊性也有一定的关系。顺治八年（1651年），南明最后一位皇帝永历帝被将领孙可望以武力胁迫到安隆所。从此，安隆所被改为安龙府。顺治八年，清军攻克安龙府，将其改名为安笼所。清廷在安笼所设置首个政区厅，可见朝廷高度重视对该地的管控。总之，清代前期朝廷促使卫所民政化，将卫所由军改屯并纳入地方赋税体系之中，并使部分卫所走向了地方政区。在这个过程中，有的分管卫所的同知、通判替代武职官员成为长官，从而产生了政区厅。

（二）土司地区"改土归流"，使同知、通判成为新置政区的长官

顺治年间，朝廷集中精力消灭残余敌对势力，巩固对内地的统治，无暇顾及地处偏远的土司地区。从康熙年间开始，朝廷在内地的统治地位已经比较稳固，开始对土司地区进行"改土归流"，将一些土司地区纳入朝廷直接管辖。一方面，朝廷将有些"改土归流"之地改置为府、州、县等传统政区；另一方面，一些"改土归流"之地人口稀少，地理条件差，地域文化与内地州县差异较大，既不适合设州县，也因同知、通判分驻分管的模式缺乏完善的机构和职官，难以满足这些地区的管理需求，因此将它们直接交由同知、通判专管。例如，康熙时期设置的乾州厅、凤凰厅，都是人口稀少、地理条件差的红苗新归化之地，不适合设州县或划入邻近州县，由高品级同知、通判专管则可以高效地管控红苗。

总之，清前期因全面推行疆土政区化，将朝廷势力直接深入卫所和土司地区，因"卫所转型"和"改土归流"，同知、通判得以专管一方，从而催生

了政区厅。清代为何要改变同知、通判分管某地的做法，改为同知、通判专管呢？这是因为同知、通判分管地方政务，只是分管其中捕盗等某些政务，职权有限，并且缺乏完善的机构和官职，难以满足这些地区日渐繁杂的政务管理需求，治理效果不如直接设政区好。又为何不设府、州、县等政区而要设政区厅呢？这是因为不断民政化的卫所地和"改土归流"地区，往往是偏远、人少、交通不便、难以治理之地，如果设府、直隶州的话，不够规模体量，如果改为散州或县的话，难以有效治理，而且一些地区由于地广人稀、事简等原因，不足以设置传统的府、州、县。所以从知州、知县等提拔上来具有多年从政经验，特别是在担任知府佐贰官期间有分管地方经历的同知、通判，最适合作为主政官管辖这些地区。

本 章 小 结

政区厅萌芽于明代，正式出现于清代。它是伴随着明清时期同知、通判身份和职责的转变而逐渐出现的，其出现过程可划分为三个阶段。第一个阶段是明洪武至洪熙时期，设同知、通判分管府内某类政务。明前期，知府佐贰官同知、通判以佐贰官身份驻府城，协助知府处理政务，这些同知、通判和布政使佐贰官参政、参议，按察使佐贰官副使、佥事，知州的佐贰官州同、州判，知县佐贰官县丞、主簿等佐贰官一样，都与正印官同城而驻，分管具体政务。第二个阶段是明宣德至清顺治时期，增设分管某地政务的同知、通判，有些同知、通判的辖地出现地域厅。明中后期，同知、通判分管某地政务，使同知、通判与上述其他佐贰官产生了明显差异：同知、通判开始驻扎到府城以外分管一地，有利于其在分管之地专门深入地开展工作，其辖地出现了"厅"之名，从而出现了地域厅。这一阶段的变化反映了明代中期中层政区的权力有效地渗透到基层地区。第三个阶段是清康雍时期在各类疆土增设专管某地政务的同知、通判，其辖地成为政区厅。康熙朝在沿袭明制的基础上开创了同知、通判专管地方的做法，这是政区厅产生过程中最具创新性和最为重要的一环，它将明代中后期同知、通判的量变升为质变，使他们与其他佐贰官产生了本质区别：摆脱了佐贰官身份，成为正印官。

明清时期，同知、通判由佐贰官转为主政官，从驻于府城分管某类政务到分管某地政务再到专管某地政务。政区厅出现后，规模日益扩大，成为清代行政区划体系的重要组成部分。政区厅的出现是明清统治者适应社会形势变化而相应地调整疆域管理方式的必然结果。明初因继承宋元以来职官设置传统而设官署厅。明中后期为应对内忧外患的局势，使同知、通判分管地方政务而形成地域厅。清前期在"卫所转型"和"改土归流"的背景下，全面推行疆土政区化而由同知、通判专管一方，从而形成政区厅。

第三章　政区厅设置的演变过程

政区厅于清代前期出现之后，其设置情况不断演变。本章按照时间顺序，梳理不同时期政区厅的设置情况。这里所指的政区厅都是皇帝准奏并实际设立之厅，奏准拟设而最终未实施之厅不列入考察范围。

第一节　康雍乾时期政区厅快速发展为定制

康熙至乾隆时期，政区厅从无到有，从少到多，从非制度化走向定制化。本节对康熙、雍正、乾隆时期政区厅设置情况进行梳理。

一、康熙朝开创政区厅的先河

康熙朝开创了政区厅设置的先河，不过该时期政区厅设置数量较少，具体情况如下。

康熙六年（1667 年）十月，改贵阳府毕乌通判为南笼通判，驻普安卫安南所，辖安南所和安笼所[①]，隶贵阳军民府，是为南笼厅。寻移驻安笼所。康熙十年（1671 年），改隶贵州省安顺军民府[②]。康熙二十六年（1687 年），将安笼所并入南笼厅，设政区性质的南笼厅。南笼厅隶贵州省安顺军民府。康熙

---

① 康熙《贵州通志》，卷五，《大事》。
② 乾隆《贵州通志》卷十八，《职官》。咸丰《安顺府志》卷三，《沿革》。

四十三年（1704 年）十二月，因红苗归化，在苗族居住区置乾州厅，设同知专理苗务，治乾州城，兼归辰沅靖道统辖，隶湖南省辰州府①。康熙四十三年十二月，因红苗归化，在苗族居住区置凤凰厅，设通判驻凤凰营②，隶湖南省辰州府。康熙五十七年（1718 年）二月，在置靖逆卫和赤金卫的同时，在靖逆卫设同知管理两卫③，置靖逆直隶厅，隶甘肃省肃州道。康熙五十七年二月，在锡拉谷尔设柳沟所，同时设置柳沟直隶厅，隶甘肃省肃州道，由柳沟通判管辖柳沟所④。

总之，作为政区厅设置的起步阶段，康熙朝仅设置了五个政区厅。这些政区厅比较稳定，未出现层级、隶属关系的变动，也没有被裁撤的情况。虽然当时没有直隶厅的称谓，但是"直隶同知"或"直隶通判"的称谓已经代表朝廷设立了直隶于道的直隶厅。南笼厅、靖逆直隶厅、柳沟直隶厅都是由同知或通判专管卫所地而出现的。乾州厅和凤凰厅则是"改土归流"之地政区化的结果。

二、雍正朝政区厅快速增长

一方面，雍正朝对康熙时期延续下来的部分政区厅设置进行调整。雍正二年（1724 年）三月，裁柳沟直隶厅，柳沟所改隶安西直隶厅⑤。雍正五年（1727 年）八月，裁南笼厅，改置南笼府⑥。雍正十年（1732 年），置安西道，使靖逆直隶厅隶之。

另一方面，雍正朝新设立许多政区厅，使其数量快速增长，并对部分政区厅设置情况进行动态调整。雍正元年（1723 年）八月，置归化城厅，设归化城理事同知⑦，驻西河，公文由大同府申转，隶山西省大同府。雍正元年

---

① 《清圣祖实录》卷二百一十八，康熙四十三年十二月丙戌。
② 《清圣祖实录》卷二百一十八，康熙四十三年十二月丙戌。
③ 《清圣祖实录》卷二百七十七，康熙五十七年二月己丑。
④ 《清圣祖实录》卷二百七十七，康熙五十七年二月己丑。
⑤ 《清世宗实录》卷十七，雍正二年三月丙申。
⑥ 《清世宗实录》卷六十，雍正五年八月癸卯。
⑦ 《清世宗实录》卷十，雍正元年八月癸亥。

（1723 年）十月，置热河直隶厅，设热河理事同知[1]，管理卓索图盟的喀喇沁三旗、昭乌达盟各旗的蒙汉交涉政务，隶直隶省。雍正十一年（1733 年），改热河直隶厅为承德直隶州[2]，隶直隶省。雍正二年（1724 年）七月，置张家口直隶厅，于张家口下堡城置张家口理事同知[3]，"管理张家口外西翼正黄半旗、东翼镶黄旗分入官地亩，经征钱粮，旗民户婚，田土，斗殴争讼；西翼察哈尔旗分蒙古汉人交涉、逃匪、命盗等案，并口内蔚州、怀安、万全、宣化、保安、西宁、蔚县等七州县旗民互讼人命之事"[4]，隶直隶省口北道。雍正二年三月，置安西直隶厅，在基隆布尔置安西卫，在沙州设沙州所，并将靖逆直隶厅的同知移驻扎布隆吉尔，管辖安西卫和沙洲所[5]，隶甘肃省。同时，原柳沟直隶厅被裁，其所辖的柳沟所归安西直隶厅管辖。雍正二年十月裁靖远卫，由靖远同知直接管理靖远地区[6]，使靖远厅成为政区厅，隶甘肃省巩昌府。雍正八年（1730 年）二月，裁靖远厅，改置靖远县[7]，隶甘肃省巩昌府。雍正二年，在云南省广西府通判驻五嶂地方置五嶂厅[8]，隶云南省广西府。

雍正三年（1725 年）四月，置威远直隶厅，将威远土州"改土归流"，置直隶威远抚彝清饷同知[9]，隶云南省。雍正十三年（1735 年），降威远直隶厅为威远厅，隶云南省镇沅府[10]。雍正四年（1726 年），在甘肃大规模裁撤卫所，由盐茶同知管辖原先西安州守御千户所、平远所、镇戎所等地[11]，并征收钱粮，使盐茶厅成为政区厅，隶甘肃省平凉府。雍正八年二月，盐茶厅被裁，并入固原州[12]，隶甘肃省平凉府。雍正四年九月，置黔彭厅，移重庆府同知驻黔江

---

① 《清世宗实录》卷十二，雍正元年十月乙卯。
② 雍正《畿辅通志》卷二十六，雍正十三年刻本，第 504 册，第 590 页。
③ 《清世宗实录》卷二十二，雍正二年七月甲寅。
④ 乾隆《口北三厅志》卷四，《职官》，清乾隆二十三年刻本。
⑤ 《清世宗实录》卷十七，雍正二年三月丙申。
⑥ 《清世宗实录》卷二十五，雍正二年十月丁酉。
⑦ 《清世宗实录》卷九十一，雍正八年二月乙卯。
⑧ 雍正《云南通志》卷四，《建置》。
⑨ 《清世宗实录》卷三十一，雍正三年四月乙未，第 481 页。
⑩ 《清高宗实录》卷四，雍正十三年十月甲戌。
⑪ （清）朱亨衍：《乾隆盐茶厅志》，《序》，宁夏人民出版社，2007 年。
⑫ 《清世宗实录》卷八十一，雍正八年二月乙卯。

县，专管黔江县酉阳土司事①。雍正十一年（1733年）十月，黔彭厅成为黔彭直隶厅，管辖黔江县、彭水县以及酉阳宣抚司与石耶洞、平茶洞、邑梅洞三长官司，同知驻黔江县②，隶四川省。

雍正五年（1727年）八月，将与叙永厅临近的贵州省威宁府永宁县划归四川，归叙永同知管辖。"贵州威宁府属之永宁县去府千里，驻劄衙署乃与四川之叙永同知共在永宁，而所属人民散处于四川江安、纳溪、兴义等县，且无贵州营汛，而以四川永宁协营弁代为稽查，奸良莫辨，请将永宁县改归四川，隶于同城之叙永同知管辖。"③叙永厅将县并入后成为政区厅，隶四川省叙州府。雍正八年（1730年），叙永同知直隶布政使司，是为叙永直隶厅④，领永宁县，隶四川省。雍正五年，置复州厅，移锦州府通判驻复州卫地，辖复州卫和金州卫⑤，管理民事⑥，隶奉天府。雍正十一年七月，废复州厅，置复州⑦，隶奉天府。雍正五年二月，置澎湖厅，析台湾府台湾县地置澎湖厅⑧，设通判治之，隶福建省台湾府。雍正五年三月，置长寨厅，移贵阳府同知分驻广顺州长寨⑨，管辖广顺州七枝、定番州一枝、归化厅一枝苗地⑩，隶贵州省贵阳府。雍正五年四月，置维西厅，移鹤庆军民府通判驻维西地⑪，隶云南省鹤庆军民府。

雍正六年（1728年）二月，因乌蒙、镇雄"改土归流"置府，并置大关通判驻大关宝⑫，置大关厅，隶云南省乌蒙府。雍正九年（1731年），乌蒙府

① 《清世宗实录》卷四十八，雍正四年九月戊申。
② 《清世宗实录》卷一百三十六，雍正十一年十月乙卯。
③ 《清世宗实录》卷六十，雍正五年八月乙未。
④ 雍正《四川通志》卷二，《建置沿革》。
⑤ 乾隆《大清一统志》卷三十八，《奉天府》。
⑥ 《雍正六年八月二十六日盛京户部侍郎署理奉天府府尹印务臣王朝恩奏》，《世宗宪皇帝朱批谕旨》卷一百四十，《四库全书》本，第422册，第362页。
⑦ 《清世宗实录》卷一百三十三，雍正十一年七月甲午。
⑧ 《清世宗实录》卷五十三，雍正五年二月甲戌。
⑨ 《清世宗实录》卷五十四，雍正五年三月甲寅。乾隆《贵州通志》卷三，《建置》。
⑩ 道光《贵阳府志》卷四，《沿革表上》。
⑪ 《清世宗实录》卷五十六，雍正五年四月戊申。
⑫ 《清世宗实录》卷六十六，雍正六年二月戊戌。

改为昭通府，并移昭通府同知驻大关[1]，大关厅改隶云南省昭通府。雍正六年（1728 年）三月，置玉环直隶厅，分台州府太平县楚门、老岸、南塘、北塘，温州府乐清县磐石、蒲岐、三盘等地置厅[2]，设温台玉环清军饷捕同知一员治之，命盗事件直隶于按察司，钱粮直隶于按察司、归道员盘查，行政上就近隶属于浙江省温州府。

雍正七年（1729 年）闰七月，置思茅厅，设通判驻思茅村[3]，隶云南省普洱府。雍正十三年（1735 年）十月，改通判为同知，普洱府攸乐厅被裁，辖地并入思茅厅[4]。雍正七年闰七月，置攸乐厅，设同知驻攸乐[5]，隶云南省普洱府。雍正十三年十月，攸乐厅被裁，其辖地并入思茅厅[6]。雍正七年十月，置八沟直隶厅，在热河直隶厅八沟置理事通判[7]，隶直隶省。雍正十年（1732 年），八沟厅保留理事通判并增加理事同知[8]，同知与通判同驻八沟，分区域而治，合称八沟厅。雍正七年十二月，为控制苗寨，设绿营清江协、同知驻清水江[9]，置清江厅，隶贵州省镇远府。雍正十二年（1734 年）三月，清江同知移驻台拱，改设理苗通判驻清江[10]。雍正七年十二月，置八寨厅，设同知分驻八寨[11]，隶贵州省都匀府。雍正七年十二月，置丹江厅，设通判分驻丹江[12]，隶贵州省都匀府。雍正七年十二月，置古州厅，设同知分驻古州[13]，隶贵州省黎平府。雍正七年，因土巡检承袭无人，由通判兼摄下龙司印务，龙州厅成为

---

① 雍正《云南通志》卷四，《建置》。
② 《清世宗实录》卷六十七，雍正六年三月甲戌。
③ 乾隆《大清一统志》卷三百七十七，《普洱府》。
④ 《清世宗实录》卷四，雍正十三年十月甲戌。
⑤ 乾隆《大清一统志》卷三百七十七，《普洱府》。
⑥ 《清世宗实录》卷四，雍正十三年十月甲戌。
⑦ 《清世宗实录》卷八十七，雍正七年十月戊午。
⑧ 乾隆《热河志》卷八十三，天津古籍出版社，2002 年。
⑨ 《清世宗实录》卷八十九，雍正七年十二月戊申。嘉庆《清会典》卷十，《户部》，近代中国史料丛刊三编本，台北文海出版社，1991 年。
⑩ 《清世宗实录》卷一百四十一，雍正十二年三月辛巳。
⑪ 《清世宗实录》卷八十九，雍正七年十二月戊申。嘉庆《清会典》卷十，《户部》，近代中国史料丛刊三编本，台北文海出版社，1991 年。
⑫ 《清世宗实录》卷八九十，雍正七年十二月戊申。嘉庆《清会典》卷十，《户部》，近代中国史料丛刊三编本，台北文海出版社，1991 年。
⑬ 《清世宗实录》卷八十九，雍正七年十二月戊申。

政区厅①，隶广西省太平府。

雍正八年（1730年）三月，建武通判移驻原屏山县新镇②，使建武厅成为政区厅，隶四川省叙州府。雍正八年七月，在贵州省康佐长官司、镇宁、定番、广顺三州交错之地置归化厅，移南笼府通判驻威远汛③，隶贵州省安顺府。雍正九年（1731年），置鲁甸厅，移昭通府通判驻鲁甸④，隶云南省昭通府。雍正九年，析湖南省辰州府乾州厅地置永绥厅。在乾州厅的六里苗地吉多坪设六里同知和经历各一员⑤，隶湖南省辰州府。雍正九年二月，析台湾府彰化县大甲溪以北地置淡水厅⑥，归淡水同知管理，治竹堑，隶福建省台湾府。雍正九年六月，置郎岱厅，将安顺府同知驻郎岱⑦，隶贵州省安顺府。雍正九年十二月，裁龙安府松潘卫置松潘厅⑧，以龙安府同知驻之，置松潘厅，隶四川省龙安府。

雍正十年（1732年），置多伦诺尔直隶厅，设理事同知，治多伦诺尔，"管理东翼正蓝、正白、镶白、镶黄察哈尔四旗及内扎萨克外喀尔喀一百三十余旗盟民交涉命盗等案，并查缉逃匪，审理汉铺民争讼、窃劫、人命各案之事"⑨，隶直隶省。雍正十年，移雅州府同知驻打箭炉驿⑩，管理打箭炉驿的驿务，打箭炉厅成为政区厅，隶四川省雅州府。雍正十年五月，置南澳厅，设广东南澳海防军民同知⑪，管理广东省潮州府饶平县和福建省漳州府诏安县分属的南澳岛，隶广东省潮州府。雍正十年四月，置他郎厅，在元江府他郎寨地设通判⑫，隶云南省元江府。雍正十年三月，置水城厅，移大定府通判驻水城，隶贵州省大定府。雍正十年三月，置松桃厅，移正大营同知驻松桃为松

① 雍正《广西通志》卷八，第565册，第204页。
② 《清世宗实录》卷九十二，雍正八年三月戊子。
③ 《清世宗实录》卷九十六，雍正八年七月甲申。
④ 雍正《云南通志》卷四，第569册，第123页。
⑤ 《清世宗实录》卷一百零三，雍正九年二月壬子。
⑥ 《清世宗实录》卷一百零三，雍正九年二月庚子、甲辰。
⑦ 《清世宗实录》卷一百零七，雍正九年六月癸卯。
⑧ 《清世宗实录》卷一百一十三，雍正九年十二月癸丑。
⑨ 乾隆《口北三厅志》卷四，《职官》，第72页。
⑩ 乾隆《雅州府志》卷四，四川人民出版社，2006年。
⑪ 《清世宗实录》卷一百一十八，雍正十年五月丙子。
⑫ 乾隆《大清一统志》卷三百七十七，第74册，第483页。

桃同知，建城于松桃山下，管理坡东、坡西①，隶贵州省铜仁府。雍正十年四月，置都江厅，设通判分驻都江②，隶贵州省都匀府。

雍正十一年（1733年）十二月，置佛山直隶厅，析广州府南海县地置佛山厅，隶广东省广州府③。转年，裁佛山厅，改为"广州府佛山分府"，由广州与南海县共同管辖。雍正十一年，上石西土州"改土归流"，由明江理土督查捕同知专管④，置明江厅，隶广西省太平府。雍正十二年（1734年），置独石口直隶厅，设理事同知⑤，"管理独石口厅外东翼正白、镶白、镶黄、正蓝四旗盗匪、命盗等案，并口内延庆、怀来、龙门、赤城四州县旗民互讼人命之事"⑥，隶直隶省。同年三月，置台拱厅，清江同知移驻台拱⑦，隶贵州省镇远府。据《清世宗实录》记载，雍正十二年四月，"甲子，谕内阁：各省府、厅、州、县，俱有地方民社、刑名钱谷之责，不应无故赴省谒见上司，擅离职守"。这里"府、厅、州、县"连用，明确指出政区厅与府、州、县同样具有地方民社、刑名钱谷之责。

总之，雍正朝对康熙朝延续下来的政区厅调整不多，表现为对政区厅的裁撤和改变隶属关系两方面，该朝新设政区厅数量明显多于康熙朝。雍正朝也没有直隶厅的称谓，不过"直隶威远抚彝清饷同知"等称谓亦表示了直隶厅的存在。值得关注的是，雍正朝开始在旗民杂处之地设置政区厅，打破了原来盟旗制和省制的界限；之后又在州县地设置政区厅，标志着政区厅开始渗透到由省府、州、县等构成的行政区划体系之中。该时期朝廷明确强调了政区厅与府、州、县同样具有地方民社、刑名钱谷之责，从官方认可了其作为政区的身份。

---

① 《清世宗实录》卷一百一十六，雍正十年三月戊寅。
② 《清世宗实录》卷一百七十七，雍正十年四月辛卯。
③ 赵尔巽等纂修：《清史稿·地理志》，中华书局，1962年。
④ 《广西通志》卷八十三，第5册，第2676页。
⑤ 《清朝文献通考》卷二百七十，第2册，第7272页。乾隆《口北三厅志》卷四，《职官》。
⑥ 乾隆《口北三厅志》卷四，《职官》。
⑦ 《清世宗实录》卷一百四十一，雍正十二年三月辛巳。

三、乾隆朝政区厅定制化

乾隆时期对雍正朝延续下来的部分政区厅设置进行改革。乾隆元年（1736年），裁黔彭直隶厅，改置酉阳直隶州①。乾隆元年三月，裁建武厅，建武通判改管盐务，建武通判所辖建武城区域划归叙州府兴文县，新镇区域划归屏山县②。乾隆六年（1741年）八月，归化城厅改升为归化城直隶厅，隶山西省归绥道。乾隆七年（1742年），因旗民杂处、地广事歧，裁撤承德直隶州，复置热河直隶厅③。乾隆十三年（1748年）四月，复设盐茶厅④。乾隆十五年（1750年），盐茶同知移治海喇都堡⑤。乾隆二十一年（1756年）五月，因与丽江府距离较近，原隶鹤庆军民府的维西厅改隶云南省丽江府⑥。乾隆二十四年（1759年）七月，靖逆通判移至哈密，裁靖逆直隶厅，改置玉门县，归安西府管辖⑦。乾隆二十四年九月，安西直隶厅改置为安西府，隶甘肃省⑧。乾隆二十五年（1760年）十二月，升松潘厅为松潘直隶厅⑨，隶四川省。乾隆三十五年（1770年）二月，镇沅府降为直隶州，威远同知不便由知州统帅，故将原镇沅府所辖的威远厅改隶普洱府⑩。乾隆三十五年二月，元江府降为元江直隶州，他郎通判不便由知州统帅，故将原元江府所辖的他郎厅改隶云南省普洱府⑪。乾隆三十五年二月，广西府降为广西直隶州，五嶆厅划归云南省曲靖府管辖⑫。乾隆四十一年（1776年）十一月，因五嶆厅距曲靖府达八站，难以查察，还属广西直隶州，并改驻州判⑬，改置五嶆州。乾隆四十三

---

① 乾隆《大清一统志》卷三百一十七，第481册，第443页。
② 《清高宗实录》卷十五，乾隆元年三月壬子，中华书局，1985年。
③ 《清高宗实录》卷一百六十，乾隆七年二月癸巳。
④ 《清高宗实录》卷三百一十三，乾隆十三年四月癸酉。
⑤ 《清高宗实录》卷三百六十五，乾隆十五年五月戊辰。
⑥ 《清高宗实录》卷五百一十三，乾隆二十一年五月乙未。
⑦ 《清高宗实录》卷五百九十七，乾隆二十四年九月丙寅。
⑧ 《清高宗实录》卷五百九十七，乾隆二十四年九月丙寅。
⑨ 《清高宗实录》卷二百六十七，乾隆二十五年十二月己丑。
⑩ 《清高宗实录》卷八百五十二，乾隆三十五年二月庚戌。
⑪ 《清高宗实录》卷八百五十二，乾隆三十五年二月庚戌。
⑫ 《清高宗实录》卷八百五十二，乾隆三十五年二月庚戌。
⑬ 《清高宗实录》卷一千零二十，乾隆四十一年十一月己巳。

年（1778年）正月，废热河直隶厅设承德府①，隶直隶省。乾隆四十三年正月，八沟直隶厅降改为平泉州②。乾隆五十六年（1791年）十月，因龙州厅开关通市、稽查商民，故将通判改为同知，以加强对地方的弹压③。

乾隆时期新设的政区厅数量比雍正年间更胜一筹。乾隆元年（1736年），八沟通判移驻四旗地方，置四旗直隶厅④，隶直隶省霸昌道。原八沟通判辖地归八沟同知管辖，至乾隆四十三年正月，四旗直隶厅改为丰宁县⑤，隶直隶省承德府。乾隆三年（1738年）十一月，拨仁怀县河西、仁怀、土城等三里归仁怀通判管辖⑥，仁怀厅成为政区厅，隶贵州省遵义府。乾隆五年（1740年）三月，置塔子沟直隶厅，在塔子沟置理事通判，分管八沟直隶厅三汛界外地方⑦，隶直隶省。乾隆三十二年（1767年），将原隶属于胡县的太湖地区改由太湖同知专管，置太湖厅⑧。乾隆三十九年（1774年），析置三座塔直隶厅，隶直隶省。乾隆六年（1741年）三月，置龙胜厅，移桂林府同知驻义宁县广南地⑨，其多苗寨，隶广西省桂林府。乾隆七年（1742年）二月，置哈喇河屯直隶厅，在喀喇河屯设理事通判⑩，以滦河与热河直隶厅分界，隶直隶省。乾隆四十三年正月，哈喇河屯直隶厅改为滦平县⑪，隶直隶省承德府。乾隆七年二月，裁承德直隶州，复置热河直隶厅⑫，隶直隶省。

乾隆八年（1743年）十月，置莲花厅，析吉安府永新和安福两县之砻

① 《清高宗实录》卷一千零四十八，乾隆四十三年正月乙亥，又卷一千零五十，二月甲午。
② 《清高宗实录》卷一千零四十八，乾隆四十三年正月乙亥，又卷一千零五十，二月甲午。
③ 《清高宗实录》卷一千三百八十八，乾隆五十六年十月丙辰。
④ 《清高宗实录》卷十五，乾隆元年三月癸亥。
⑤ 《清高宗实录》卷一千零四十八，乾隆四十三年正月乙亥，又卷一千零五十，二月甲午。
⑥ 《清高宗实录》卷八十，乾隆三年十一月癸丑。光绪《增修仁怀厅志》卷一。
⑦ 《清高宗实录》卷一百一十二，乾隆五年三月乙酉。
⑧ 苏尔德：《奏请洞庭东西两山事务归太湖同知管理事》（乾隆三十二年十一月十九日），中国第一历史档案馆藏乾隆朝军机处录副奏折，档号03-0052-079。
⑨ 《清高宗实录》卷一百三十九，乾隆六年三月丙戌。
⑩ 《清高宗实录》卷一百六十，乾隆七年二月癸巳。
⑪ 《清高宗实录》卷一千零四十八，乾隆四十三年正月乙亥，又卷一千零五十，二月甲午，第27页。
⑫ 《清高宗实录》卷一百六十，乾隆七年二月癸巳。

西、上西两乡地置莲花厅[①]，移同知驻之，隶江西省吉安府。乾隆八年十月，置摆羊戎厅，以西宁府抚番通判管辖西宁县、碾伯县两县南山一带区域及各番[②]，驻摆羊城，隶甘肃省西宁府。乾隆三十四年（1769年），摆羊戎通判改为巴燕戎格通判，摆羊戎厅改称巴燕戎格厅[③]，隶甘肃省西宁府。乾隆十二年（1747年）二月，置吉林直隶厅，裁永吉州设厅，派理事同知驻此，隶吉林将军辖区[④]。乾隆十二年三月，潼关县改为潼关厅[⑤]，设抚民同知衔，隶陕西省同州府。乾隆十二年，置缅宁厅，裁顺宁府云州所辖猛缅长官司，移右甸通判驻此[⑥]，隶云南省顺宁府。

乾隆十四年（1749年）六月，裁洮州卫，置洮州厅，移西固同知驻洮州地，为抚番同知[⑦]，隶甘肃省巩昌府。乾隆十五年（1750年），置丰镇厅，裁大同府境内大朔理事通判所管辖的丰川卫、镇宁所，以大同府分驻阳高通判移驻该地，责成通判照州县管理一切刑名钱谷[⑧]，治高庙子，隶山西省大同府。乾隆二十三年（1758年），因高庙子僻处厅东隅，改治原大朔理事通判驻地衙门口。乾隆三十三年（1768年），改为理事同知[⑨]，仍隶大同府。乾隆十五年，置宁远厅，裁朔平府大朔理事通判管辖的宁朔卫、怀远所，移通判驻该地[⑩]，管理边外官地及察哈尔镶黄、镶蓝二旗并与附近的各札萨克部落蒙民交涉政务，隶山西省朔平府。乾隆二十一年（1756年），因汉人通判不能通晓蒙古语，改为满洲蒙古旗缺，办理刑名钱谷和四旗交涉事件，仍隶朔平府。

乾隆十六年（1751年）闰五月，置抚彝厅，移柳林湖通判驻张烨县抚彝

---

① 《清高宗实录》卷二百零三，乾隆八年十月甲戌。

② 《清高宗实录》卷二百零二，乾隆八年十月癸亥。

③ 嘉庆《大清会典事例》卷二十四，《近代中国史料丛刊》，台北文海出版社，1991年，第643册，第1026页。

④ 《清高宗实录》卷二百八十四，乾隆十二年二月壬戌。

⑤ 《清高宗实录》卷二百八十六，乾隆十二年三月乙未。

⑥ 乾隆《大清一统志》卷三百八十一，第483册，第145页。嘉庆《大清会典事例》卷二十九，《近代中国史料丛刊》，台北文海出版社，1991年，第643册，第1305页。

⑦ 《清高宗实录》卷三百四十三，乾隆十四年六月庚子。

⑧ （清）海宁：《晋政辑要》卷一。光绪《山西通志》卷三十。

⑨ 《清高宗实录》卷八百一十九，乾隆三十三年九月丙午。

⑩ 《清朝文献通考》卷二百七十三，光绪《大清会典事例》卷一百五十二，中华书局影印本，1991年。

堡①，领二十四堡，隶甘肃省甘州府。乾隆十七年（1752年）十月，置杂谷厅，改茂州直隶州保县所辖的杂谷安抚司为厅②，设理番同知，隶四川省龙安府。乾隆二十二年（1757年）四月，置中甸厅，改中甸州州判为抚夷同知③，隶云南省丽江府。乾隆二十三年（1758年）九月，改江北分防同知为理民督捕同知，并置照磨，分拨巴县的义、礼二里以及仁里六甲归江北同知管辖④，江北厅成为政区厅，隶四川省重庆府。乾隆二十四年（1759年）七月，移安西同知驻巴里坤，管理粮饷，兼办地方政务，巴里坤厅成为政区性质的巴里坤直隶厅，隶甘肃省安西道⑤。乾隆二十五年（1760年），杂谷厅升为杂谷直隶厅⑥，隶四川省。

乾隆三十八年（1773年）二月，因巴里坤居民稠密，为边陲一大都会，又为交通要道，于是裁巴里坤直隶厅，改置镇西府⑦，隶甘肃省，哈密厅、辟展厅、奇台厅来隶，另外还辖迪化州、宜禾县。乾隆二十四年七月，置哈密直隶厅，甘肃省裁靖逆直隶厅，靖逆通判移驻哈密，管理粮饷，兼办地方政务⑧，隶甘肃省安西道。乾隆三十八年，哈密直隶厅降为哈密厅，改隶甘肃省镇西府⑨。乾隆四十九年（1784年），哈密厅升为哈密直隶厅，改隶甘肃省安肃道。⑩乾隆二十四年十二月，直隶省原先分管捕盗政务的东路同知、西路同知、南路同知、北路同知增管钱粮政务，各州县刑名案件亦归这四路同知审转，四路同知的关防相应改为"刑钱捕盗同知"字样，于是上述四个地域厅分别成为政区性质的东路直隶厅、南路直隶厅、西路直隶厅以及北路直隶

---

① 《清高宗实录》卷三百九十，乾隆十六年闰五月丁卯。
② 《清高宗实录》卷四百二十四，乾隆十七年十月庚寅。
③ 《清高宗实录》卷五百三十六，乾隆二十二年四月癸酉。
④ 道光《江北厅志》卷五，《职官志》，清道光二十四年刻本。道光《重庆府志》卷一，《沿革说》，清道光二十三年刻本。
⑤ 《清高宗实录》卷五百九十三，乾隆二十四年七月丁丑。
⑥ 乾隆《大清一统志》卷三百二十一。
⑦ 《清高宗实录》卷九百二十六，乾隆三十八年二月癸亥。
⑧ 《清高宗实录》卷五百九十三，乾隆二十四年七月丁丑。
⑨ 《清高宗实录》卷九百二十六，乾隆三十八年二月癸亥。
⑩ （清）和宁：《回疆通志》卷十一，《哈密》，台北文海出版社，1965年，第363页。祁韵士：《西陲要略》卷二。《南北两路职官（兵额附）》，台北成文出版社，1968年，第95页。鲁靖康：《吐鲁番、哈密二厅"咸丰五年升直隶厅说"辨误》，《历史档案》，2017年第2期。

厅①，均隶直隶省顺天府。

乾隆二十五年（1760年）五月，置乌鲁木齐直隶厅，设同知一员管理地方、通判一员收放粮饷，治乌鲁木齐，隶甘肃省哈密兵备道②。乾隆三十八年（1773年）二月，改乌鲁木齐厅为迪化州，隶甘肃省镇西府③。乾隆二十五年九月，置和林格尔厅，和林格尔协理通判改为理事通判，其承办政务由归化城厅核转，隶归化城直隶厅。乾隆二十九年（1764年）十月，和林格尔厅升为和林格尔直隶厅，承办政务径报归绥道④。乾隆二十五年九月，置萨拉齐厅，萨拉齐协理通判改为理事通判，同时将善岱协理通判厅辖区并入萨拉齐理事通判厅，萨拉齐理事通判厅承办政务由归化城厅核转⑤，隶归化城直隶厅。乾隆二十九年十月，萨拉齐厅升为萨拉齐直隶厅，承办政务径报归绥道⑥。乾隆二十五年九月，置托克托厅，托克托协理通判改为理事通判，其承办政务由归化城厅核转⑦，隶归化城直隶厅。乾隆二十九年十月，托克托厅升为托克托直隶厅，承办政务径报归绥道⑧。乾隆二十五年九月，置清水河厅，清水河协理通判厅改为理事通判⑨，其承办政务由归化城厅核转，隶归化城直隶厅。乾隆二十九年十月，清水河厅成为直隶厅，承办政务径报归绥道⑩。

乾隆二十六年（1761年）五月，改宁远府越巂卫为越巂厅⑪，隶四川省宁远府。乾隆二十六年五月，在叙州府雷波直隶卫黄螂所地置雷波厅⑫，隶四川省叙州府。乾隆二十六年十二月，在石砫宣蔚使司地裁宣慰使，照苗疆例，改授为土通判，不许干涉民事⑬，由石砫同知专辖其地，石砫厅成为政区厅，

① 《清高宗实录》卷六百零二，乾隆二十四年十二月癸未、戊子。
② 《清高宗实录》卷六百一十二，乾隆二十五年五月丙午。
③ 《清高宗实录》卷九百二十六，乾隆三十八年二月癸亥。
④ 《清高宗实录》卷七百二十一，乾隆二十九年十月丁酉。
⑤ 《清高宗实录》卷六百二十，乾隆二十五年九月乙卯。
⑥ 《清高宗实录》卷七百二十一，乾隆二十九年十月丁酉。
⑦ 《清高宗实录》卷六百二十，乾隆二十五年九月乙卯。
⑧ 《清高宗实录》卷七百二十一，乾隆二十九年十月丁酉。
⑨ 《清高宗实录》卷六百二十，乾隆二十五年九月乙卯。
⑩ 《清高宗实录》卷七百二十一，乾隆二十九年十月丁酉。
⑪ 《清高宗实录》卷六百三十六，乾隆二十六年五月癸丑。
⑫ 《清高宗实录》卷六百三十六，乾隆二十六年五月癸丑。
⑬ 《清高宗实录》卷六百五十一，乾隆二十六年十二月癸未。

隶四川省夔州府。乾隆二十七年（1762 年）三月，于兰州府河州的循化营城置同知，置循化厅，管理番民七十一寨、十五族，兼司水利茶务，收纳番粮等[①]，治积石，隶甘肃省兰州府。同年九月，升石砫厅为石砫直隶厅[②]，隶四川省。乾隆二十八年（1763 年）十一月，置昌吉厅，在昌吉宁边城设昌吉通判[③]，又称宁边通判[④]，隶伊犁将军乌鲁木齐直隶厅。乾隆三十八年（1773 年）二月，昌吉厅改为昌吉州[⑤]，亦称宁边州，改隶伊犁将军迪化州。

乾隆二十九年（1764 年）八月，置伊犁直隶厅，设伊犁理事同知管理旗民词讼交涉事件[⑥]，驻惠远城，隶属甘肃布政使。乾隆四十五年（1780 年）九月，因伊犁兵民户口达十余万，政务繁多，添设抚民同知一员和霍尔果斯、绥定城巡检二员[⑦]。乾隆二十九年九月，置马边厅，析叙州府屏山营马边县丞地置马边厅[⑧]，移叙州府同知驻之，隶四川省叙州府。乾隆三十年（1765 年）五月，因汉中府凤县为陕西和四川的交通要道，且幅员辽阔，故在析凤县留坝一带置留坝厅[⑨]，设通判治之，隶陕西省汉中府。乾隆三十一年（1766 年），镇安府小镇安土属"改土归流"置小镇安厅[⑩]，设通判治之，隶广西省镇安府。乾隆三十三年（1768 年）四月，析通州地置海门直隶厅[⑪]，设海门同知，治茅家镇，隶江苏省。

乾隆三十五年（1770 年）正月，置龙陵厅[⑫]，移永昌府同知驻潞江安抚司地，隶云南省永昌府。乾隆三十五年二月，云南省景东府因无属县，不成府制，降为景东直隶厅[⑬]，设同知治之，隶云南省。乾隆三十五年二月，云南省

① 《清高宗实录》卷六百五十六，乾隆二十七年三月辛丑。
② 《清高宗实录》卷六百七十，乾隆二十七年九月壬戌。
③ 《清高宗实录》卷六百九十九，乾隆二十八年十一月庚辰。
④ 《清高宗实录》卷七百七十八，乾隆三十二年二月丁巳。
⑤ 《清高宗实录》卷九百二十六，乾隆三十八年二月癸亥。
⑥ 《清高宗实录》卷七百一十六，乾隆二十九年八月丙戌。
⑦ 《清高宗实录》卷一千一百一十五，乾隆四十五年九月丁酉、己亥。
⑧ 《清高宗实录》卷七百一十八，乾隆二十九年九月壬戌。
⑨ 《清高宗实录》卷七百三十七，乾隆三十年五月壬辰。
⑩ 《清高宗实录》卷七百三十七，乾隆三十一年八月丁丑。
⑪ 《清高宗实录》卷八百零七，乾隆三十三年四月戊辰。
⑫ 《清高宗实录》卷八百五十一，乾隆三十五年正月丁未。
⑬ 《清高宗实录》卷八百五十二，乾隆三十五年二月庚戌。

蒙化府因无属县，不成府制，降为蒙化直隶厅[①]，设同知治之，置蒙化直隶厅，隶云南省。乾隆三十五年（1770年）二月，云南省永北府因无属县，不成府制，降为永北直隶厅[②]，设同知治之，置永北直隶厅，隶云南省。乾隆三十五年六月，置下江厅，移贵阳府新城通判驻下江[③]，隶贵州省黎平府。黎平府漳溪等土司所管十二苗寨、古州厅寨弄等一百一十七苗寨、永从县苏洞等十二苗寨、开泰县苗岑等九寨来隶[④]。

乾隆三十六年（1771年）三月，在甘肃辟展厅设同知官缺，改变以往由内地派往同知轮流替任管理屯田粮饷的传统，使辟展厅成为政区性质的辟展直隶厅[⑤]，隶甘肃省镇迪道。乾隆三十八年（1773年）二月，在巴里坤直隶厅升为镇西府的情况下，辟展直隶厅降为辟展厅，隶镇西府。乾隆四十四年（1779年）六月，迁治吐鲁番，升为吐鲁番直隶厅，改隶甘肃省镇迪道[⑥]。乾隆三十七年（1772年）三月，在奇台堡设奇台总理民屯政务通判，管辖刑钱等政务，置奇台直隶厅[⑦]，隶甘肃省镇迪道。乾隆三十八年二月，降奇台直隶厅为散厅，奇台厅改隶甘肃省镇西府；乾隆四十一年（1776年）十二月，奇台厅改为奇台县[⑧]。

乾隆三十八年七月，因赣州府定南县地处万山，界连江广，政务繁剧，向设知县不足以资弹压，故将赣州府同知移驻该地，置定南厅，隶江西省赣州府[⑨]。乾隆三十九年（1774年）五月，在八沟直隶厅东境乌兰哈达置乌兰哈达直隶厅[⑩]，设乌兰哈达通判分管翁牛特两旗和八林两旗政务，隶直隶省。乾隆四十三年（1778年）正月，改为赤峰县[⑪]，隶直隶省承德府。乾隆三十九

---

① 《清高宗实录》卷八百五十二，乾隆三十五年二月庚戌。
② 《清高宗实录》卷八百五十二，乾隆三十五年二月庚戌。
③ 《清高宗实录》卷八百六十三，乾隆三十五年六月。
④ 《清高宗实录》卷九百零七，乾隆三十七年四月癸未。
⑤ 《清高宗实录》卷八百八十一，乾隆三十六年三月庚午。
⑥ 《清高宗实录》卷一千零八十五，乾隆四十四年六月己卯。
⑦ 《清高宗实录》卷九百零四，乾隆三十七年三月戊戌。
⑧ 《清高宗实录》卷一千零二十三，乾隆四十一年十二月丁巳。
⑨ 《清高宗实录》卷九百三十八，乾隆三十八年七月癸亥。
⑩ 《清高宗实录》卷九百五十九，乾隆三十九年五月癸酉。
⑪ 《清高宗实录》卷一千零四十八，乾隆四十三年正月乙亥，又卷一千零五十，二月甲午。

年五月，在塔子沟直隶厅东境三座塔设理事通判，分管土默特两旗、喀尔喀库仑两旗、奈曼一旗的政务①，置三座塔直隶厅，隶直隶省；乾隆四十三年（1778年）正月，改为朝阳县②，隶直隶省承德府。乾隆三十九年（1774年）七月，因同安县为边海要区，幅员辽阔，政务殷繁，东部翔风、民安、同禾三里共五十八堡皆为沿海村镇，多属大姓聚居，每恃离城窎远，逞强不法，故徙金门通判驻马巷，析同安县置马巷厅（又称马港厅），管辖三里六十八堡的一切刑名钱谷事件③，隶福建省泉州府。

乾隆四十一年（1776年）三月，置阿尔古直隶厅，清兵平定大金川置厅④，由同知专管，并设有屯粮务三员⑤，辖阿尔古屯、马尔邦屯、噶拉依等三屯⑥，隶四川省。乾隆四十四年（1779年）十月，阿尔古厅被裁，辖地并入美诺直隶厅⑦。乾隆四十一年三月，清兵平定小金川置美诺直隶厅⑧，治美兴镇，隶四川省。乾隆四十一年五月，因仁怀厅境内多闽广楚蜀各省烧窑之人，为加强管理，升仁怀厅为仁怀直隶厅⑨，隶贵州省。乾隆四十三年正月，改为建昌县⑩，隶承德府。乾隆四十四年十月，阿尔古厅被裁，辖地并入美诺厅⑪。乾隆四十八年（1783年）十一月，美诺厅改为懋功屯务（直隶）厅⑫，各屯钱粮命盗案件统归美诺同知管辖⑬，隶四川省。乾隆四十一年九月，岫岩厅理事通判管辖岫岩城、凤凰城政务⑭，岫岩厅成为政区厅，隶奉天府。乾隆四十一年

---

① 《清高宗实录》卷九百五十九，乾隆三十九年五月癸酉。
② 《清高宗实录》卷一千零四十八，乾隆四十三年正月乙亥，又卷一千零五十，二月甲午。
③ 乾隆《马巷厅志》卷一，《建置沿革》，光绪重刊本。
④ 乾隆《大清一统志》卷三百二十二。
⑤ 乾隆《大清一统志》卷二百九十一。
⑥ 乾隆《大清一统志》卷三百二十二。
⑦ 《清高宗实录》卷一千零九十二，乾隆四十四年十月甲寅。
⑧ 《清高宗实录》卷一千零四，乾隆四十一年三月丙戌。
⑨ 《清高宗实录》卷一千零九，乾隆四十一年五月壬辰。
⑩ 《清高宗实录》卷一千零四十八，乾隆四十三年正月乙亥，又卷一千零五十，二月甲午。
⑪ 《清高宗实录》卷一千零九十二，乾隆四十四年十月甲寅。
⑫ 嘉庆《大清一统志》卷四百二十三，《懋功屯务厅》。
⑬ 《清高宗实录》卷一千一百九十二，乾隆四十八年十一月己丑。
⑭ 《清高宗实录》卷一千零一十六，乾隆四十一年九月丁丑。

九月，兴京城政务归兴京通判专理，无庸旗员经管[①]，兴京厅成为政区厅，隶奉天府。

乾隆四十七年（1782年）九月，析西安府咸宁县孝义川地置孝义厅[②]，隶陕西省西安府。乾隆四十七年九月，析西安府同官县五郎关地置五郎关厅[③]，隶陕西省西安府。乾隆五十年（1785年）四月，将鳌屋县红崖山等12处、石泉县火地岭等10处，洋县四亩坪等4处，镇安县盍缨山等13处划入五郎关厅。乾隆四十九年（1784年），改仪封县为仪封厅，隶河南省开封府[④]。乾隆五十四年（1789年）九月，在安康县境内原汉阴县旧址置汉阴厅[⑤]，隶陕西省兴安府。乾隆五十六年（1791年）七月，改贵德县为贵德厅，贵德同知由西宁办事大臣兼管[⑥]，隶甘肃省西宁府。

总之，乾隆朝对雍正朝延续下来的政区厅作了大量调整，具体表现为裁撤、复置、调整层级、改变隶属关系等。乾隆新设政区厅数量庞大，虽然也有裁撤政区厅，但是散厅和直隶厅的数量均大幅增长。在直隶厅不断增长的形势下，乾隆时期最早出现了"直隶厅"这一称谓。乾隆二十五年（1760年），"因巴里坤、哈密距安西窎远，新移驻之同知、通判应定为直隶厅，归安西道辖"。《清实录》中出现的"直隶厅"一词是最早的记录。到了乾隆三十年（1765年），海门直隶厅设治的文书中明确提出了"依照直隶厅之例"，一改以往"援照某某同知之例"或"援照某某通判之例"的说法，表明直隶厅设置也有可资借鉴的范例，故可称为"例"[⑦]。乾隆朝政区厅从非制度化走向定制化，经历了一个波动渐进式的过程。乾隆九年（1744年）完成的《大清一统志》，明确为安西厅、靖逆厅、黔彭厅、叙永厅、威远厅等政区厅列目，与府、州、县同列。但是在乾隆御笔的总序中，在描述清代广袤的疆土时，仍称"自京畿达于四裔，为省十有八，统府、州、县千六百有奇"，还没

---

① 《清高宗实录》卷一千零一十六，乾隆四十一年九月丁丑。

② 《清高宗实录》卷一千一百六十四，乾隆四十七年九月壬寅。

③ 《清高宗实录》卷一千一百六十四，乾隆四十七年九月壬寅。

④ 乾隆《清朝通志》卷二十九，地理略六疆域二。《大清一统志》卷五百六十。

⑤ 《清高宗实录》卷一千三百四十三，乾隆五十四年九月己酉。

⑥ 《清高宗实录》卷一千三百八十二，乾隆五十六年七月丙戌。

⑦ 胡恒：《厅制起源及其在清代的演变》，《文史》，2013年第2期。

有"厅"这一新生政区的"位置"。资料截至乾隆二十三年（1758年），成书于乾隆二十九年（1764年）的《大清会典》，也未列"厅"这种新制。乾隆二十九年，乾隆皇帝下令重修《大清一统志》的上谕中引："御史曹学闵奏西域新疆请增入《一统志》，并志成后各省添设裁并府厅州县详悉续修刊改[1]。"在资料截至乾隆四十九年（1784年）的续修《大清一统志》所列《凡例》中写道："直省新设州县及改土归流诸厅县，并因新设之制，特辑为卷，如归化、绥远新设六厅，今设六厅一卷，隶于山西省。"这是在国家正式的政书或总志中，第一次正式地将"厅"作为一种"新制"明确写出，并一一列目。也就是说，乾隆晚期政区厅完成了制度化，成为清代定制。

综上所述，康熙朝开创了政区厅的先河，雍正朝政区厅快速增长并从官方认可了政区厅的政区身份，乾隆朝出现了直隶厅的称谓并实现了政区厅的定制化。

第二节 嘉道咸时期政区厅平稳发展

嘉道咸时期政区厅设置进入了平稳发展阶段，虽然总体数量仍在增长，但增速放缓，具体设置情况如下。

一、嘉庆朝政区厅发展速度放缓

嘉庆年间对乾隆时期延续下来的政区厅作了小幅调整。嘉庆元年（1796年）十一月，升凤凰厅为凤凰直隶厅，升乾州厅为乾州直隶厅，升永绥厅为永绥直隶厅[2]，凡民苗事件归辰沅道核转，隶湖南省辰沅永靖道。嘉庆二年（1797年），平定松桃厅苗民起事后，为加强管理，以松桃同知直隶贵州省贵东道，松桃厅成为松桃直隶厅，铜仁府乌罗、平头着可二长官司来隶[3]。嘉庆

---

① 乾隆《大清一统志》，乾隆二十九年十一月初一日所引上谕，《四库全书》本。
② 《清仁宗实录》卷十一，嘉庆元年十一月丙寅，中华书局，1986年。
③ 《清仁宗实录》卷二十四，嘉庆二年十一月壬辰，中华书局，1986年。

五年（1800年）四月，五郎关厅更名为宁陕厅①，隶陕西省西安府。嘉庆八年（1803年），将杂谷直隶厅改为理番直隶厅②。

嘉庆年间新设政区厅数量不多，具体情况如下。

嘉庆三年（1798年），割平和二十五保、诏安二保并云霄三十保，置云霄厅，隶福建省漳州府③。嘉庆五年五月，置长春直隶厅，郭尔罗斯前旗的封地内设郭尔罗斯理事通判，管理民人政务，负责弹压地方，管理词讼，承办命盗案件，治长春堡④，隶吉林将军。嘉庆六年（1801年）十一月，升达州直隶州为绥定府，并升其辖地太平县为太平直隶厅⑤，隶四川省。嘉庆七年（1802年）七月，析汉中府西乡县渔渡路置定远厅⑥，隶陕西省汉中府。嘉庆十年（1805年），割上海县高昌乡之十五图和南汇县长人乡之十图归川沙城的海防清军同知管辖⑦，川沙厅成为政区厅，隶江苏省松江府。嘉庆十三年（1808年），铸给江苏松江府川沙抚民同知关防⑧，隶江苏省松江府。

嘉庆十年，置昌图厅，在旗人居住地昌图额勒克设理事通判⑨，隶奉天府。嘉庆十三年，马边厅改驻同知，移马边厅通判驻嘉定府峨眉县地太平堡，是为峨边抚彝通判⑩，裁主簿，析县地置峨边厅，隶四川省嘉定府。嘉庆十五年（1810年），置伯都讷直隶厅，在伯都讷新城设理事同知⑪，所有政务均由同城副都统核转，隶吉林将军西北道路。嘉庆十六年（1811年）十月，置噶玛兰厅，在台湾淡水厅境内兰阳平原的噶玛兰城设通判、县丞、巡检各一员，管

① 《清仁宗实录》卷六十三，嘉庆五年四月乙未，中华书局，1986年。
② 赵泉澄《清代地理沿革表》"四川省杂谷厅""理番厅"条，第127页。
③ 光绪《福建全省舆图》，第166页。《明清档案》，第284册，第B161011页。
④ 《清仁宗实录》卷六十八，嘉庆五年五月戊戌，中华书局，1986年。
⑤ 《清仁宗实录》卷九十一，嘉庆六年十一月己亥，中华书局，1986年。
⑥ 《清仁宗实录》卷一百，嘉庆七年七月辛巳，中华书局，1986年。
⑦ 嘉庆《大清一统志》卷八十二。光绪《大清会典事例》卷二十七，第1册，第345页。
⑧ 光绪《川沙厅志》卷一。
⑨ 嘉庆《清会典》卷十，近代中国史料丛刊三编本，台北文海出版社，1991年，第12册，第110页。
⑩ 民国《峨边县志》卷一，《方舆志》，民国四年铅印本，第3页。
⑪ 嘉庆《清会典》卷十，近代中国史料丛刊三编本，台北文海出版社，1991年，第12册，第111页。

理当地民人①，隶福建省台湾府。嘉庆十六年（1811年），析广州府清远县、韶州府英德县置佛冈直隶厅②，隶广东省。嘉庆十六年闰三月，置巧家厅，析东川府会泽县地置厅③，设巧家抚彝同知，治巧家营，隶云南省东川府。嘉庆十六年，改普安直隶州为普安直隶厅④，隶贵州省。

嘉庆十八年（1813年）六月，置新民厅，析承德县、广宁县置抚民同知⑤，治新民屯，隶奉天府。嘉庆二十一年（1816年），置连山直隶厅，裁连州直隶州所辖连山县及广东理瑶同知，设连山绥瑶同知⑥，隶广东省。嘉庆二十二年（1817年）十二月，因沅州府芷江县六里晃州一带距芷江县城较远，距贵州省玉萍县较近，民众要求改隶玉萍县，故析沅州府芷江县地置晃州直隶厅⑦，隶湖南省。嘉庆二十四年（1819年）六月，置安平厅，改开化府同知为安平抚彝同知⑧，辖安平县东安、永平、逢春隶之，隶云南省开化府。嘉庆二十五年（1820年）十月，改永昌府腾越州为腾越直隶厅⑨，设腾越直隶同知，隶云南省。

如上所述，嘉庆年间对乾隆朝延续下来的政区厅调整不多，其调整形式包括将散厅升为直隶厅、改变政区厅的名称以及裁撤政区厅等。此外，嘉庆朝新设政区厅数量跟乾隆时期相比明显减少。

二、道光朝政区厅发展速度进一步减缓

道光时期对嘉庆朝延续下来的政区厅也作了小范围调整。道光元年（1821年）十月，裁太平直隶厅，改置太平县，并析其城口地置城口厅⑩。道

---

① 《清仁宗实录》卷二百四十九，嘉庆十六年十月壬戌，中华书局，1986年。
② 嘉庆《大清一统志》卷四百四十。光绪《大清会典事例》卷一百五十三，《户部》。
③ 《清仁宗实录》卷二百四十一，嘉庆十六年闰三月丙申，中华书局，1986年。
④ 光绪《大清会典事例》卷二十七，《官制》。
⑤ 光绪《大清会典事例》，卷一百五十二，第2册，第924页。
⑥ 嘉庆《大清一统志》卷四百四十。光绪《大清会典事例》卷一百五十三，《户部》。
⑦ 《清仁宗实录》卷三百三十七，嘉庆二十二年十二月癸酉。
⑧ 《清仁宗实录》卷三百五十九，嘉庆二十四年六月己酉。
⑨ 《清宣宗实录》卷七，嘉庆二十五年十月乙巳。
⑩ 《清宣宗实录》卷二十四，道光元年十月戊子，中华书局，1986年。

光二年（1822年）九月，腾越直隶厅降为腾越厅①，隶云南省永昌府。道光三年（1823年），循化厅添主簿，改隶甘肃省西宁府②。道光四年（1824年）十二月，裁仪封厅，并入兰阳县，并将该县改为兰仪县③，隶河南省开封府。

道光时期新置政区厅情况如下。

道光元年（1821年）十月，改太平直隶厅为太平县，移同知驻城口，析城口地置城口厅④，隶四川省绥定府。道光二年，设古杖坪厅，改湖南古丈坪督捕同知为抚民同知⑤。道光三年，析宁波府象山县石浦地置石浦厅⑥，移海防同知驻之，隶浙江省宁波府。道光三年四月，析兴安府安康县砖坪营地置砖坪厅⑦，设抚民通判，隶陕西省兴安府。道光四年五月，析汉中府洋县与西安府鼋屋县地置佛坪厅⑧，治佛爷坪，隶陕西省汉中府。道光十年（1830年），因西宁府西宁县湟源地区为中外咽喉，路通西藏，逼近青海，为蒙藏回汉等通商之地，在湟源城置丹噶尔厅，设抚边同知⑨，治丹噶尔，隶甘肃省西宁府。

道光十二年（1832年）六月，改南阳府淅川县为淅川厅，改南阳府同知为淅川厅抚民同知⑩，隶河南省南阳府。道光二十年（1840年）六月，改镇沅直隶州为镇沅直隶厅，改镇沅直隶州知州为镇沅直隶厅同知，徙治于恩乐县城⑪，隶云南省。道光二十一年（1841年）四月，升宁波府定海县为定海直隶厅⑫，设同知，隶浙江省。道光二十三年（1843年），裁宁海县，置金州厅，

---

① 《清宣宗实录》卷四十一，道光二年九月壬辰。
② 《清宣宗实录》卷五十三，道光三年六月乙丑。
③ 《清宣宗实录》卷七十六，道光四年十二月己巳。
④ 《清宣宗实录》卷二十四，道光元年十月戊子。
⑤ 《清宣宗实录》卷四十四，道光二年十一月丙子，中华书局，1986年。
⑥ 光绪《清会典》卷十四，第16册，第122页。
⑦ 《清宣宗实录》卷五十一，道光三年四月庚申。
⑧ 《清宣宗实录》卷六十八，道光四年五月乙酉。
⑨ 《清会典事例》卷二十七，第1册，第346页。《清宣宗实录》卷一百六十六，道光十年三月丙午。
⑩ 《清宣宗实录》卷二百一十四，道光十二年六月辛丑。
⑪ 《清宣宗实录》卷三百三十五，道光二十年六月辛未。
⑫ 光绪《定海厅志》卷二十八，《大事志》，《中国地方志集成》浙江府县志辑（38），上海书店出版社，1993年，第391页。

设金州海防同知[1]，隶奉天府。

如上所述，道光朝仅对嘉庆朝延续下来的四个政区厅进行改置，其改置形式包括直隶厅降为散厅，散厅改隶以及裁撤厅等。道光朝在新设政区厅数量方面和咸丰时期相比又进一步缩减了。

三、咸丰朝政区厅近乎停滞

咸丰朝对道光朝延续下来的政区厅没有作任何改动。咸丰时期只新设了一个政区厅，新设厅数降到低谷。咸丰五年（1855年）三月，降镇西府为镇西直隶厅，设抚民同知驻之[2]，隶甘肃省。咸丰朝时期是整个清代政区厅设置变化最小的时期。

总之，嘉庆朝政区厅发展速度放缓，道光朝政区厅发展速度进一步减缓，咸丰朝政区厅近乎停滞，整个嘉道咸时期政区厅平稳发展。

第三节　同光宣时期政区厅规模走向顶峰

同光宣时期，政区厅增速又开始提升，特别是光绪晚期以后政区厅设置出了一个新的高潮。该时期政区厅设置具体情况如下。

一、同治朝政区厅发展提速

同治时期对咸丰朝延续下来的政区厅仅作了一项调整。同治十三年（1874年）十月，因盐茶同知官衔与职能名实不符，裁盐茶厅，改置为海域

---

① 《盛京典制备考》卷七，《奉天职官》。
② 光绪《清会典事例》卷二十七，第1册，第347页。参阅乌鲁木齐都统：《奏为拟裁新疆镇西府知府等冗员以节经费事》（咸丰五年二月十八日），中国第一历史档案馆，档号 03-4140-047。

县^①，隶固原直隶州。

同治时期新设政区厅情况如下。

同治元年（1862 年）十一月，置呼兰直隶厅，设理事同知，治呼兰城^②，管理呼兰城所属各境赋课、刑名、旗民交涉案件^③，隶黑龙江将军。同治七年（1868 年）闰四月，析广州府新宁县赤溪、曹冲等地置赤溪直隶厅^④，隶广东省。同治八年（1869 年），思恩府那马土司"改土改流"置厅^⑤，移思恩府通判驻之，置那马厅，隶广西省思恩府。同治九年（1870 年）六月，因阳江直隶州所辖开平等县不愿隶属州，故将开平、阳春、恩平等三县改隶肇庆府，并改阳江直隶州为阳江直隶厅^⑥，设同知驻之，隶广东省。同治十年（1871 年）二月，割平凉府的平凉、华亭、固原、隆德四州县地置化平川直隶厅^⑦，设抚民通判管理辖区内汉回民众，隶甘肃省。同治十年六月，析宁夏府灵州南境置宁灵厅^⑧，治金积堡，隶甘肃省宁夏府。

如上所述，同治朝在对咸丰朝延续下来的政区厅的改置方面，仅仅裁撤了盐茶厅。同治朝新设政区厅数量不多，不过相比咸丰时期已有所回升。

二、光绪朝政区厅快速扩张

光绪时期对同治朝延续下来的政区厅进行了大刀阔斧的改革。光绪元年（1875 年）十二月，析台湾府置台北府，裁噶玛兰厅，改置宜兰县^⑨。光绪元年十二月，裁淡水厅，改为新竹县^⑩，改隶福建省台北府。光绪三年（1877

---

① 《奏新设固原州县疏》，载《甘肃全省新通志》卷八十七，《中国西北文献丛书·西北罕见方志文献》影印本，卷二十六，第 452 页。

② 《清穆宗实录》卷四十八，同治元年十一月戊午，中华书局，1987 年。

③ 《黑龙江志稿》卷四十三，中册，黑龙江出版社，1992 年，第 1799 页。

④ 《清穆宗实录》卷二百三十一，同治七年闰四月丁巳。

⑤ 光绪《清会典事例》卷二十七，第 1 册，第 348 页。

⑥ 《清穆宗实录》卷二百八十四，同治九年六月丙申。

⑦ 《清穆宗实录》卷三百零四，同治十年二月壬戌。

⑧ 《清穆宗实录》卷三百三十五，同治十年六月丁巳。

⑨ 《清德宗实录》卷二十四，光绪元年十二月癸未，中华书局，1987 年。

⑩ 《清德宗实录》卷二十四，光绪元年十二月癸未。

年），裁岫岩厅，岫岩城地置岫岩州[1]。光绪三年（1877年），兴京厅升为兴京直隶厅[2]，领通化县和怀仁县，隶盛京将军。光绪三年十月，裁昌图厅，改置昌图府[3]，领奉化县、怀德县，隶奉天府。光绪六年（1880年），裁长寨厅，改置长寨州[4]。光绪八年（1882年）五月，裁吉林直隶厅，改置吉林府[5]，领敦化县、伊通州。光绪十年（1884年），丰镇厅升为丰镇直隶厅，改设抚民同知，改隶山西省归绥道。光绪十年，宁远厅升为宁远直隶厅，改设抚民通判，改隶山西省归绥道。光绪十年，新疆建省，哈密直隶厅、镇西直隶厅、伊犁直隶厅、吐鲁番直隶厅等改隶新疆省。光绪十一年（1885年）九月，台湾建省，澎湖厅改隶台湾省台湾府。光绪十三年（1887年）九月，原台湾府改为台南府，澎湖厅改隶台湾省台南府。光绪十二年（1886年）四月，裁小镇安厅，改置镇边县，隶归顺直隶州[6]。光绪十四年（1888年）正月，裁伊犁直隶厅，改置伊犁府[7]，治绥定城，隶新疆省。光绪十五年（1889年），裁长春直隶厅，改置长春府[8]，隶吉林地区。光绪二十一年（1895年），因《马关条约》，澎湖厅割让日本。光绪二十八年（1902年）六月，裁新民厅，改置新民府，领镇安县、彰武县[9]，隶奉天府。光绪二十九年（1903年）十一月，升打箭炉厅为打箭炉直隶厅，领冷边、沈边等土司[10]，隶四川省。光绪三十四年（1908年），裁打箭炉直隶厅，改置康定府。光绪三十年（1904年）十二月，裁呼兰直隶厅，改置呼兰府[11]，隶黑龙江将军。光绪三十一年（1905年）四月，淅川厅升为淅川直隶厅[12]，隶河南省。光绪三十二年（1906年）正月，裁伯都讷直

---

① 光绪《清会典事例》卷十五，第 2 册，第 924 页。
② 《盛京典制备考》卷首，科学出版社，2016 年。
③ 《清德宗实录》卷六十，光绪三年十月戊申。
④ 刘锦藻：《清朝续文献通考》卷三百二十五。
⑤ 《清德宗实录》卷一百四十六，光绪八年五月乙巳。
⑥ 《筹议广西边防折（光绪十二年二月二十五日）》，《张之洞全集》，卷五，第 2 册，第 399 页。
⑦ 刘锦藻：《清文献通考》卷三百二十一，第 4 册，第 10614 页。
⑧ 光绪《清会典事例》卷二十七，中华书局，第 1 册，第 349 页。
⑨ 《清德宗实录》卷五百，光绪二十八年六月己丑。
⑩ 中国科学院历史研究所第三所：《锡良遗稿·奏稿》，中华书局，1959 年，第 368 页。
⑪ 《清德宗实录》卷五百四十，光绪三十年十二月戊辰。
⑫ 《清德宗实录》卷五百四十四，光绪三十一年四月庚午。

隶厅，改置新城府，并在新城府辖区内析原伯都讷厅地置榆树县[1]，隶吉林将军西北路道。光绪三十二年（1906年）五月，裁阳江直隶厅，复改为阳江直隶州[2]，领阳春、恩平二县。光绪三十四年（1908年）四月，因粮储道被裁，无道员盘查，降仁怀直隶厅为赤水厅[3]，隶贵州省遵义府。光绪三十四年四月，因贵西道被裁，无道员巡查，普安直隶厅降为盘州厅[4]，隶贵州省兴义府。光绪三十四年六月，裁叙永直隶厅，改置永宁直隶州[5]，隶四川省。

光绪时期新设政区厅情况如下。

光绪元年（1875年），废土田州，置百色直隶厅，隶广西省，恩隆县及上林土县、下旺土司往属之[6]。光绪二年（1876年），置围场厅，设围场粮捕同知[7]，治二道沟，管辖围内旗人、民人，隶直隶省热河道承德府。光绪三十一年（1905年）八月，围场厅改隶直隶省宣化府。光绪三年（1877年），裁岫岩厅，岫岩厅所辖的凤凰城地升为凤凰直隶厅，设抚民通判，治凤凰城[8]，领岫岩州、安东县、宽甸县，隶奉天将军。光绪六年（1880年），置海龙厅，以海龙城置海龙抚民通判，加理事同知衔[9]，隶奉天府[10]。光绪二十八年（1902年）六月，海龙厅升为海龙府[11]，隶奉天省。光绪六年，置罗斛厅，移长寨同知驻永丰州罗斛，即罗斛同知[12]，隶贵州省贵阳府。光绪七年（1881年），以

① 《吏部议复吉林将军达桂等奏请于三姓及吉林黑龙江两省增改郡县折》（光绪三十二年正月二十二日），《清代吉林档案史料选编》（上谕奏折），第24页。
② 《清德宗实录》卷五百六十，光绪三十二年戊戌。
③ 《清德宗实录》卷五百八十九，光绪三十四年四月戊辰。
④ 《清德宗实录》卷五百八十九，光绪三十四年四月戊辰。
⑤ 刘锦藻：《清朝续文献通考》卷三百二十二，浙江古籍出版社，2000年，第4册，第10634页。
⑥ 赵尔巽等纂修：《清史稿·地理志》，中华书局，1962年。
⑦ 光绪《清会典事例》卷六十五，中华书局影印本，1991年，第1册，第831页；又卷一百五十二，中华书局影印本，1991年，第2册，第926页。
⑧ 光绪《清会典事例》卷一百五十二，第2册，第924页。
⑨ 光绪《清会典事例》卷二十七，第1册，第349页。
⑩ 《盛京典制备考》卷七，《奉天职官》，科学出版社，2016年。
⑪ 《清德宗实录》卷五百，光绪二十八年六月己丑。
⑫ 《长寨同知州判互清改设片》（光绪六年八月初六日），广西民族学院广西古籍研究所：《岑毓英奏稿》，广西人民出版社，1989年，第509页。光绪《清会典事例》卷二十七、二十八，第1册，第349页，第362页。

五常堡地置五常直隶厅，设抚民同知[①]，治五常堡，隶吉林西北道路。光绪七年（1881年）七月，析阿勒楚喀地置宾州厅[②]，设抚民同知，治韦子沟，隶吉林将军辖区阿勒楚喀副都统辖区。光绪二十八年（1902年）九月，因增领延寿县，升为宾州直隶厅[③]，隶吉林将军辖区阿勒楚喀副都统辖区。光绪三十四年（1908年），宾州直隶厅改隶吉林省，宣统元年（1909年）改隶吉林省西北道路。

光绪八年（1882年）五月，置双城直隶厅，在双城堡置抚民通判加理事同知衔[④]，隶吉林阿勒楚喀副都统辖区。光绪三十四年，双城直隶厅改隶吉林省阿勒楚喀副都统辖区，宣统元年改隶吉林省西北路道。光绪八年七月，置喀喇沙尔直隶厅[⑤]，设通判，隶伊犁将军。光绪十年（1884年），新疆建省，喀喇沙尔直隶厅改隶新疆省。光绪二十五年（1899年）三月，喀喇沙尔直隶厅升为焉耆府[⑥]，隶新疆省。光绪八年七月，置库车直隶厅[⑦]，设同知，隶伊犁将军。光绪十年（1884年），库车直隶厅改隶新疆省。光绪二十八年八月，因广延八百里，征粮一万余石，土性沃饶，辖境辽阔，库车直隶厅改为库车直隶州[⑧]，隶新疆省。光绪八年七月，置玛喇巴什直隶厅[⑨]，设通判，隶伊犁将军。光绪十年，玛喇巴什直隶通判厅改隶新疆省。光绪二十八年八月，因与疏勒有争水界之事，玛喇巴什直隶厅改为巴楚州，隶新疆省疏勒府。光绪八年七月，置乌什直隶厅，设同知，隶伊犁将军[⑩]。光绪十年，乌什直隶厅改隶新疆，治乌什回城。光绪八年七月，置英吉沙尔直隶厅[⑪]，设同知，隶伊犁将军。光绪十年，吉沙尔直隶厅改隶新疆省，治英吉沙尔城。

---

① 光绪七年十一月二十五日铭安奏折，《光绪朝朱批奏折》，第1册，第42页。
② 光绪七年十一月二十五日铭安奏折，《光绪朝朱批奏折》，第1册，第42页。
③ 《清德宗实录》卷五百零五，光绪二十八年九月癸酉。
④ 《清德宗实录》卷一百四十六，光绪八年五月乙巳。
⑤ 《清德宗实录》卷一百四十九，光绪八年七月丁未。
⑥ 《清德宗实录》卷四百四十一，光绪二十五年三月壬辰。
⑦ 《清德宗实录》卷一百四十九，光绪八年七月丁未。
⑧ 《清德宗实录》卷五百零四，光绪二十八年八月壬辰。
⑨ 《清德宗实录》卷一百四十九，光绪八年七月丁未。
⑩ 《清德宗实录》卷一百四十九，光绪八年七月丁未。
⑪ 《清德宗实录》卷一百四十九，光绪八年七月丁未。

光绪十年（1884 年）五月，析台湾府彰化县置埔里社厅①，设通判，隶福建省台湾府。光绪十一年（1885 年）九月，台湾建省，埔里社厅改隶台湾省台湾府。光绪十三年（1887 年）九月，新台湾府成立，原台湾府改为台南府，埔里社厅改隶台湾省新台湾府②。光绪二十一年（1895 年），割让日本。光绪十一年十月，析呼兰直隶厅呼兰城北境五段荒地置绥化直隶厅，设绥化理事同知③，治北团林子，受呼兰城副都统节制，隶黑龙江将军。光绪三十年（1904 年）十二月，绥化直隶厅升为绥化府④，领余庆县，隶黑龙江将军。光绪十二年（1886 年）十一月，置库尔喀喇乌苏直隶厅，设抚民同知兼理事衔⑤，治庆绥城，隶新疆省。光绪十三年，基隆厅改设抚民理番同知⑥，基隆厅成为政区厅，隶台湾省台北府。光绪二十一年，基隆厅割让日本。

光绪十四年（1888 年）正月，在精河地方置精河直隶厅（简称塔城厅或塔城直隶厅），设抚民同知，治安阜城，隶新疆省。光绪十四年正月，置塔尔巴哈台直隶厅，裁理事通判，改设直隶抚民同知兼理事衔，管理民屯及地方刑名事件，治绥靖城，隶新疆省。光绪十四年五月，析顺宁府缅宁倮黑族以及孟连、勐勐二土司上改心、下改心等地置镇边抚彝直隶厅⑦，设同知，治猛朗坝，隶云南省。光绪十八年（1892 年）七月，因上思州改隶后不便于官民，但又必须隶属于太平归顺道，故将上思州改为上思直隶厅，设同知⑧，隶广西省。光绪二十年（1894 年）二月，析岳州府华容县乌咀、洞庭湖涨沙及和澧

① 《清德宗实录》卷一百八十四，光绪十年五月壬寅。
② 光绪十三年八月十七日台湾巡抚刘铭传等奏折，《光绪朝朱批奏折》，第 1 册，第 125 页。
③ 《黑龙江将军文绪等为于绥化等地添官设治兴办斗秤各税晓谕》（光绪十一年），《黑龙江设治》，黑龙江档案馆，1985 年，第 27 页。
④ 《清德宗实录》卷五百四十，光绪三十年十二月戊辰。
⑤ 《清德宗实录》卷二百三十五，光绪十二年十一月庚戌。
⑥ 光绪十三年八月十七日台湾巡抚刘铭传等奏折，《光绪朝朱批奏折》，第 1 册，第 125 页。
⑦ 《清德宗实录》卷二百五十五，光绪十四年五月己未。《酌议倮黑改设镇边厅事宜折》，黄盛陆等校点：《岑毓英奏稿》，广西人民出版社，1989 年，第 923 页。
⑧ 《清德宗实录》卷三百二十四，光绪十八年七月乙卯。张联桂：《请改厅缺未尽事宜片》，《张中丞奏议》卷一，《近代中国史料丛刊》，台北文海出版社，1966 年，正编，第 398 号，第 65 页。

州直隶州安乡、武陵、龙阳、沅江等地置南洲直隶厅，设通判①，治九都②，隶湖南省。光绪二十五年（1899年）三月，因汉口镇华洋交涉，地方紧要，析汉阳府汉阳县汉水以北地置夏口厅，设抚民同知③，治汉口镇，隶湖北省汉阳府。光绪二十六年（1900年）三月，置富州厅，将广南府土富州"改土归流"，设流官通判④，隶云南省广南府。

光绪二十八年（1902年）九月，在南荒围场弛垦地置延吉直隶厅，设同知⑤，治烟集冈，隶吉林东南道路。光绪二十八年九月，以宁古塔三岔口招垦局地置绥芬直隶厅，设同知⑥，治三岔口，隶吉林东南道路。光绪二十八年十月，宁远厅所辖科布尔巡司改设陶林直隶厅⑦，抚民同知加理事衔，治二道河子，隶山西省归绥道，次年五月实施⑧。光绪二十八年十月，在丰镇厅之二道河巡司置兴和直隶厅⑨，抚民同知加理事衔，治二道河子⑩，隶山西省归绥道，光绪二十九年（1903年）五月实施。光绪二十八年十月，在西土特默牧场北境翁滚置武川直隶厅⑪，抚民同知加理事衔，拟治大滩，隶山西省归绥道，光绪二十九年五月实施，因地方偏远，治乌兰花，寄治归化城⑫。光绪二十八年十月，析萨拉齐厅西境兴盛旺置五原直隶厅⑬，抚民同知加理事衔，拟治大畲太，隶山西省归绥道，光绪二十九年五月实施。光绪三十年（1904年），因大畲太偏处东境，移治隆兴长，寄治包头镇⑭。光绪二十八年八月，置蒲犁厅，

① 《清德宗实录》卷三百三十五，光绪二十年二月壬申。
② 光绪二十年正月二十八日湖南巡抚吴大澂奏折，《光绪朝朱批奏折》，第1册，第237页。
③ 《清德宗实录》，卷四百四十一，光绪二十五年三月甲子。
④ 《清德宗实录》卷四百六十一，光绪二十六年三月癸卯。
⑤ 《清德宗实录》卷五百零五，光绪二十八年九月癸酉。
⑥ 《清德宗实录》卷五百零五，光绪二十八年九月癸酉。
⑦ 《清德宗实录》卷五百零六，光绪二十八年十月壬辰。
⑧ 《东华续录》卷一百八十，光绪二十九年五月，上海古籍出版社，2007年。
⑨ 赵尔巽等纂修：《清史稿·地理志》，中华书局，1962年。
⑩ 《清德宗实录》卷五百零六，光绪二十八年十月壬辰。
⑪ 赵尔巽等纂修：《清史稿·地理志》，中华书局，1962年。
⑫ 赵尔巽等纂修：《清史稿·地理志》，中华书局，1962年。吴承湜：《近六十年全国郡县增建志要》卷上，第46页。
⑬ 赵尔巽等纂修：《清史稿·地理志》，中华书局，1962年。
⑭ 刘锦藻：《清朝续文献通考》卷三百一十，第4册，第10546页。

设分防通判，隶新疆省莎车府，辖二十七庄[1]。光绪二十九年（1903年）闰五月，析赣州府龙南县大龙、新兴、太平三堡和信丰县杨溪地置虔南厅[2]，设通判，隶江西省赣州府。光绪三十年（1904年）十月，由于太平堡距厅治九十与里，且为深山邃谷，山路险僻难行，人迹稀少，太平堡仍归龙南县[3]。

光绪三十年十月，升宜昌府鹤峰州为鹤峰直隶厅[4]，设同知，隶湖北省施鹤道。光绪三十年十二月，置黑水直隶厅[5]，驻齐齐哈尔城，为抚民同知兼理事衔，兼管地方旗民词讼之事[6]，隶黑龙江将军。光绪三十四年（1908年），黑水直隶厅升为龙江府[7]，隶黑龙江省。光绪三十年十二月，以通肯、海伦河新垦地置海伦直隶厅，设同知[8]，治能肯，辖青冈县，隶黑龙江地区。光绪三十二年（1906年）四月，增领拜泉县[9]。光绪三十四年七月，海伦直隶厅升为海伦府[10]，隶黑龙江将军。光绪三十年十二月，以扎赉特旗莫勒红冈子垦地置大赉直隶厅，设抚民通判[11]，隶黑龙江将军。光绪三十年十一月，析丹徒、丹阳、江都、泰兴等县在太平洲之属地置太平厅[12]，设同知，治太平洲，隶江苏省镇江府。光绪三十一年（1905年）十二月，以郭尔罗斯后旗垦地置肇州直隶厅，设同知[13]，管理新开垦的荒地，隶黑龙江将军。光绪三十一年十二

---

① 刘锦藻：《清朝续文献通考》卷三百二十一，第 4 册，第 10623 页。
② 《清德宗实录》卷五百一十七，光绪二十九年闰五月癸卯。
③ 光绪三十年十月初八日署江西巡抚陕西布政使夏旹奏折，《光绪朝朱批奏折》，中华书局，1996 年，第 1 册，第 421 页。
④ 《东华续录》卷一百八十九，光绪三十年十月乙巳，第 17 册，第 460 页。
⑤ 《清德宗实录》卷五百四十，光绪三十年十二月戊辰。
⑥ 《黑龙江志稿》卷四十五，中册，第 1895 页。
⑦ 《黑龙江志稿》卷一，上册，第 33 页。
⑧ 《清德宗实录》卷五百四十，光绪三十年十二月戊辰。
⑨ 《黑龙江将军程德全奏设郭尔罗斯后旗杜尔伯特旗及巴拜等段厅县折》（光绪三十二年），《黑龙江设治》，第 44 页。
⑩ 《黑龙江行省总督徐世昌、巡抚周树模为饬知江省添设民官增改道府厅县办法折已奉准札》（光绪三十四年七月三十日），《黑龙江设治》，第 55 页。
⑪ 《清德宗实录》卷五百四十，光绪三十年十二月戊辰。
⑫ 《清德宗实录》卷五百三十八，光绪三十年十一月壬辰。
⑬ 光绪三十一年十二月二十二日黑龙江将军程德全奏折，《光绪朝朱批奏折》，第 1 册，第 492 页。

月，以杜尔伯特旗垦地置安达直隶厅[1]，设通判，隶黑龙江将军。光绪三十一年（1905年）十一月，以庆远府思恩县五十二峒地置安化厅[2]，设抚民理苗同知[3]，治建峝九伦村，隶广西省庆远府。

光绪三十二年（1906年）七月，析新民府及开原、铁岭、康平三县地置法库直隶厅，设抚民同知[4]，治法库门，隶奉天将军。光绪三十二年七月，析锦州府锦县西境置江家屯厅，设抚民通判[5]，隶奉天将军锦州府。光绪三十二年九月，因该厅位于锦县以西，江家屯厅改名为锦西厅[6]，仍隶奉天将军锦州府。光绪三十二年十月，析凤凰直隶厅所辖的岫岩州置庄河直隶厅，设抚民同知[7]，治大庄河，隶奉天将军。光绪三十二年十月，析广宁县东南、锦县极东置盘山厅，设抚民通判[8]，治双台子，隶奉天将军锦州府。光绪三十二年，析太湖厅西山置靖湖厅，设抚民通判[9]，隶江苏省苏州府。光绪三十二年二月，在广西省雒容县中渡设中渡置中渡厅，设抚民同知[10]，中渡厅隶广西省桂林府。

光绪三十三年（1907年）三月，以鄂尔多斯左翼中郡王右翼前末扎萨克旗垦地置东胜直隶厅[11]，设通判，治羊肠壕，寄治萨拉齐厅之包头镇，隶山西省归绥道。光绪三十三年八月，在康定府理塘县地置理化厅[12]，设同知，隶四川省康定府。光绪三十三年八月，在巴塘宣抚司地置巴安府，并在巴安府三坝地置三坝厅[13]，设通判，兼管毛丫、曲登二土司地，隶四川省巴安府。光绪

---

① 光绪三十一年十二月二十二日黑龙江将军程德全奏折，《光绪朝朱批奏折》，第1册，第492页。

② 《东华续录》卷一百九十七，光绪三十一年十一月庚午，第17册，第537页。

③ 赵尔巽等纂修：《清史稿·地理志》，中华书局，1962年。

④ 《清德宗实录》卷五百六十二，光绪三十二年七月丙午。

⑤ 《清德宗实录》卷五百六十二，光绪三十二年七月丙午。

⑥ 《清德宗实录》卷五百六十四，光绪三十二年九月乙未。

⑦ 《清德宗实录》卷五百六十五，光绪三十二年十月辛卯。

⑧ 《清德宗实录》卷五百六十五，光绪三十二年十月辛卯。

⑨ 民国《吴县志》卷十八上，苏州文新公司，1933年，第5页。

⑩ 《清德宗实录》卷五百五十五，光绪三十二年二月戊戌。

⑪ 赵尔巽等纂修：《清史稿·地理志》，中华书局，1962年。

⑫ 《会筹边务开办章程折》（光绪三十三年八月），《赵尔丰川边奏牍》，四川民族出版社，1984年，第54页。

⑬ 《会筹边务开办章程折》（光绪三十三年八月），《赵尔丰川边奏牍》，四川民族出版社，1984年，第54页。

三十四年（1908 年）八月，在贺县信都地方置信都厅，隶广西省平乐府。光绪三十四年七月，析瑷珲地置瑷珲直隶厅①，设同知，驻瑷珲城，隶黑龙江省瑷珲道。光绪三十四年七月，析呼伦贝尔地置呼伦直隶厅②，设同知，治呼伦贝尔城，隶黑龙江省呼伦道。

如上所述，光绪朝对同治朝延续下来的政区厅调整力度较大，调整方式包括将政区厅并入其他政区、改散厅为县、改散厅为州、改散厅为府、改直隶厅为府、改直隶厅为直隶州、升散厅为直隶厅、降直隶厅为散厅以及改变政区厅隶属关系等。光绪朝是新设政区厅的第二个高峰期，其新设政区厅的数量仅次于乾隆时期。

三、宣统朝政区厅规模达到顶峰

宣统时期对光绪朝延续来的政区厅作了少量的调整。宣统元年（1909 年）四月，改五常直隶厅为五常府，隶吉林省。宣统元年四月，改宾州直隶厅为宾州府，隶吉林省。宣统元年四月，双城直隶厅升为双城府，隶吉林省西北路道。宣统元年四月，改延吉直隶厅为延吉府，隶吉林省。宣统元年（1909 年）四月，改绥芬直隶厅为绥芬府，隶吉林省，宣统二年（1910 年）改名为宁安府③。宣统二年，裁明江厅，原明江厅所辖上石西土州地往属凭祥厅④。宣统三年（1911 年），兴京直隶厅改为兴京府⑤，隶奉天省。宣统三年，裁靖湖厅，将其地并入太湖厅。

宣统朝新设置政区厅情况如下。

宣统元年三月，析海城县西南三乡和盖平县北境一乡置营口直隶厅，并

---

① 《黑龙江行省总督徐世昌、巡抚周树模为饬知江省添设民官增改道府厅县办法折已奉准札》（光绪三十四年七月三十日），《黑龙江设治》，第 55 页。
② 《黑龙江行省总督徐世昌、巡抚周树模为饬知江省添设民官增改道府厅县办法折已奉准札》（光绪三十四年七月三十日），《黑龙江设治》，第 55 页。
③ 《宣统政纪》卷十二，宣统元年四月癸巳，中华书局，1987 年。
④ 刘锦藻：《清朝续文献通考》卷一百三十六，第 2 册，第 8963 页；又卷三百二十四，第 4 册，第 10649 页。
⑤ 《宣统政纪》卷十一，宣统元年三月乙丑。

析海龙府东南八社置辉南直隶厅[1]，设同知，治大杜川，同年移治于谢家店，隶奉天省。同年四月，将滨江厅江防同知改为分防同知，并划吉林省双城东北境益之，滨江厅成为政区性质的滨江直隶厅，专属吉林，隶吉林省西北道路，分巡西北路道驻该厅[2]。宣统二年（1910年）三月，改滨江直隶厅分防同知为抚民同知[3]。宣统元年（1909年）四月，析绥芬厅东部三叉口地置东宁厅，设分防同知[4]，治三岔口，隶吉林省绥芬府。因地处宁古塔以东，故名东宁厅。宣统二年三月，东宁厅分防同知改为抚民同知[5]。宣统元年四月，置珲春直隶厅，设抚民同知，治辉春，隶吉林省东南路道，并升新城府榆树县为榆树直隶厅[6]，设同知，隶吉林省。同年八月，榆树直隶厅改隶吉林省西北路道。

宣统元年六月，在密山府呢吗口地置呢吗口厅，设分防同知[7]，隶吉林省东北道路密山府。宣统二年三月，改呢吗口分防同知为抚民同知，并更名为虎林厅[8]。因地处七虎林河之北，故名虎林厅。宣统元年六月，以宁波府南田列岛置南田厅，设通判[9]，隶浙江省宁波府。同年十一月，析宁远府盐源县阿所拉巡检地置盐边厅，设抚夷通判[10]，隶四川省宁远府。宣统二年，裁东路布特哈总管和巡防局，在东路布特哈境地置讷河直隶厅[11]，隶黑龙江省。同年，铜鼓营地区的水利兼管义宁州总捕同知改为抚民同知，专管该地，置政区性

---

① 《宣统政纪》卷十一，宣统元年三月丙子。

② 赵尔巽等纂修：《清史稿·地理志》，中华书局，1962年。

③ 《吉林巡抚陈昭常奏为吉省添改民官各缺及添设双阳德惠两县奏折》（宣统二年三月九日），《清代吉林档案史料选编》（上谕奏折），第55页。

④ 《宣统政纪》卷十二，宣统元年四月癸巳。

⑤ 《吉林巡抚陈昭常奏为吉省添改民官各缺及添设双阳德惠两县奏折》（宣统二年三月九日），《清代吉林档案史料选编》（上谕奏折），第55页。

⑥ 《宣统政纪》卷十二，宣统元年四月癸巳。

⑦ 《宣统政纪》卷十七，宣统元年七月己酉，第60册，第320页。《督抚锡良、陈昭常奏为筹办吉林添改各缺情形并遴员试署珲春依兰两道员缺折》（宣统元年六月二十日），第79页。

⑧ 《宣统政纪》卷三十三，宣统二年三月壬戌。

⑨ 《宣统政纪》卷十六，宣统元年六月癸卯。

⑩ 《宣统政纪》卷二十六，宣统元年十一月壬戌。

⑪ 《宣统政纪》卷三十九，宣统二年七月己巳。《黑龙江巡抚周树模为奏请设讷河直隶厅并以钟毓为试署同知折》（宣统二年七月十四日），《黑龙江设治》，黑龙江档案馆，1985年，第761～762页。

质的铜鼓厅[1]，隶江西省南昌府。宣统二年（1910年），凭祥土州"改土归流"，置凭祥厅，设抚民同知，以明江厅辖地上石西土州入之[2]，隶广西省太平府。宣统三年（1911年）六月，蒙自县纳田、六郎、判州、者倮四里，蒙山里八寨并与个旧里的分防同知改为抚民同知[3]，置政区性质的个旧厅，治个旧里，隶云南省临安府。

宣统朝对光绪朝延续下来的政区厅作了少量调整，调整内容主要是将五常直隶厅等5个直隶厅改为府。宣统朝新设厅总数不多，但是其设政区厅非常密集。

综上所述，同治朝政区厅发展提速，光绪朝政区厅快速扩张，宣统朝政区厅增长不多但其规模却达到了顶峰。

第四节　民国时期政区厅逐渐消亡

清朝末年，全国的行政区划实行省、府（直隶州、直隶厅）、县（州、厅）三级制。受财政紧张等因素影响，清末地方行政区划制度具有化繁为简的发展趋势。例如，吉林、黑龙江两省的部分道实行新制度，除了原有的监察职能外，也具备行政机构与行政区划的基本要素。这两省的部分府、直隶州、直隶厅不再辖县，形成省、道、府（直隶州、直隶厅）县新的三级制，实际的层级有所减少。宣统三年（1911年），爆发了旨在推翻清朝统治的武昌起义。武昌起义胜利后，各地纷纷响应，形成了全国性的辛亥革命。辛亥革命时期，湖北、福建、浙江、湖南、江西、安徽、陕西、山西、贵州等省成立都督府（军政府），作为管理当地军政、行政、财务等事务的官方组织。

---

① 《民政部奏议覆赣抚奏铜鼓厅同知划定分治界址拟请改隶折》，《大清新法令》，点校本，第9卷，第498页。

② 刘锦藻：《清朝续文献通考》卷一百三十六，第2册，第8963页；又卷三百二十四，第4册，第10649页。

③ 吴承湜：《近六十年全国郡县增建志要》卷上，鼎文书局，1979年，第82页。

一、民国初期大陆地区政区厅逐渐消亡

1912 年 1 月 1 日，革命党在南京建立了中华民国临时政府。不久后，溥仪宣布退位。中华民国承袭了清朝的领土疆域。《中华民国临时约法》规定："中华民国领土为二十二行省、内外蒙古、西藏、青海。"南京临时政府未来得及在地方行政区划方面作统一调整，只是通电各省都督："所有中央行政各部，既称为部，则各省都督府所属之行政各部，应拟改称为司，庶使中央各部与地方各部示有区别。"① 民国元年（1912 年）3 月，袁世凯在北京就任临时大总统。

民国元年，中央政府未颁布全国行政区划规章制度，不过多个省份自主调整省内政区制度，使大量政区厅和府州一道被改置为县。民国元年 1 月，改太平厅为太平县，改川沙厅为川沙县，改海门直隶厅为海门县，改鹤峰直隶厅为鹤峰县，升理化厅为理化府②，龙胜厅改为龙胜县，中渡厅改为中渡县，信都厅改为信都县，那马厅改为那马县，百色直隶厅改为百色县，龙州厅改为龙州县，凭祥厅改为凭祥县，安化厅改为安化县。同年 1 月，呼伦直隶厅额鲁特总管胜福等人以反对共和为名，组成"大清帝国义军"，占领呼伦城，废除呼伦直隶厅，宣布"独立"，脱离黑龙江，成立呼伦贝尔地方"自治政府"，归属外蒙古"库伦政府"③，至民国九年（1920 年）取消独立并设立呼伦县④。

民国元年 2 月，将南田厅、石浦厅合并为南田县，改定海直隶厅为定海县，改莲花厅为莲花县，改定南厅为定南县，改虔南厅为虔南县⑤。同年 3 月，改上思直隶厅为上思府，改滨江直隶厅为滨江县，改榆树直隶厅为榆树县。同年 4 月，将太湖厅并入吴县，改玉环直隶厅为玉环县，改铜鼓厅为铜鼓县，改珲春直隶厅为珲春县，改东宁厅为东宁县，改虎林厅为虎林县。同年 5 月，归化城直隶厅为归化县，五原直隶厅为五原县，武川直隶厅为武川县，东胜直隶厅为东胜县，丰镇直隶厅为丰镇县，宁远直隶厅为宁远县，兴和直隶厅

---

① 《临时政府公报》第 11 号，1912 年 2 月 9 日，第 1 页。
② 《众议院议员各省复选区表》。
③ 《呼伦贝尔盟志》，内蒙古文化出版社，1999 年，第 26 页。
④ 《黑龙江设治》，黑龙江档案馆，1985 年，第 920 页。
⑤ 吴承湜：《近六十年全国郡县增建志要》卷上，第 49 页。

为兴和县，陶林直隶厅为陶林县，萨拉齐直隶厅为萨拉齐县，清水河直隶厅为清水河县，托克托直隶厅为托克托县，和林格尔直隶厅为和林格尔县。同年8月，改赤溪直隶厅为赤溪县，改连山直隶厅为连山县，改南澳厅为南澳县。同年11月，废黑河府，将其并入瑷珲直隶厅①。此外，同年，马巷厅被裁并入同安县，改夏口厅被改为夏口县，具体月份不详。

民国二年（1913年）1月，袁世凯颁布《划一现行各省地方行政官厅组织令》《划一现行各道地方行政官厅组织令》和《划一现行各县地方行政官厅组织令》法令，在全国范围内推行省、道、县三级制，要求以当年3月以前为限，一律办齐。各省在中央政策的号令下全面裁撤政区厅。民国二年1月，改大赉直隶厅为大赉县，改肇州直隶厅为肇州县，改讷河直隶厅为讷河县，改安达直隶厅为安达县，改瑷珲直隶厅为瑷珲县。民国二年2月，改江北厅为江北县，改石砫直隶厅为石砫县，改城口厅为城口县，改盐边厅为盐边县，改潼关厅为潼关县，改孝义厅为孝义县，改砖坪厅为砖坪县，改佛坪厅为佛坪县，改定远厅为定远县，改汉阴厅为汉阴县，改留坝厅为留坝县，改宁陕厅为宁陕县，改张家口直隶厅为张北县，改独石口直隶厅为独石县，改多伦诺尔直隶厅为多伦县，改围场厅为围场县，改盘山厅为盘山县，改锦西厅为锦西县，改凤凰直隶厅（辽宁省之凤凰直隶厅）为凤城县，改辉南直隶厅为辉南县，改金州厅为金县，改庄河直隶厅为庄河县，改法库直隶厅为法库县，改淅川直隶厅为淅川县，改营口直隶厅为营口县。民国二年3月，改三坝厅为义敦县，改大关厅为大关县，改云霄厅为云霄县。民国二年4月，改巧家厅为巧家县，改鲁甸厅为鲁甸县，改个旧厅为个旧县，改安平厅为安平县，改富州厅为富州县，改思茅厅为思茅县，改他郎厅为他郎县，改腾越厅为腾冲县，改龙陵厅为龙陵县，改维西厅为维西县，改中甸厅为中甸县，改蒙化直隶厅为蒙化县，改永北直隶厅为永北县，改景东直隶厅为景东县，改威远厅为威远县，改镇边抚彝直隶厅为镇边县，改镇沅直隶厅为镇沅县，改缅宁厅为缅宁县，改洮州厅为临潭县，改化平川直隶厅为化平县②，改抚彝厅为抚

---

① 《政府公报》第491号，1913年9月16日，第17册，第521页。
② 《政府公报》第354号，1913年5月2日，第13册，第343页。

彝县，改宁灵厅为金积县，改循化厅为循化县[1]，改德贵厅为德贵县[2]，改巴燕戎格厅为巴戎县，改丹噶尔厅为湟源县[3]，改吐鲁番直隶厅为吐鲁番县，改精河直隶厅为精河县，改英吉沙尔直隶厅为英吉沙尔县，改蒲犁厅为蒲犁县，改乌什直隶厅为乌什县，改塔尔巴哈台直隶厅为塔城县[4]，改库尔喀喇乌苏直隶厅为乌苏县[5]，改哈密直隶厅为哈密县，改镇西直隶厅为镇西县。民国二年（1913 年）9 月，改南洲直隶厅为南县[6]，改凤凰直隶厅（湖南省之凤凰直隶厅）为凤凰县[7]，改古丈坪厅为古丈县[8]，改乾州直隶厅为乾县[9]，改永绥直隶厅为永绥县[10]，改晃州直隶厅为晃县[11]，改罗斛厅为罗斛县，改丹江厅为丹江县，改都江厅为都江县，改八寨厅为八寨县，改台拱厅为台拱县，改古州厅为榕江县，改清江厅为清江县，改归化厅为归化县，改盘州厅为盘县，改水城厅为水城县，改松桃直隶厅为松桃县，改赤水厅为赤水县，改郎岱厅为郎岱县，改下江厅为下江县。

民国三年（1914 年）5 月，中央政府所在的顺天府成为独立区域，辖 20 个县，原东、南、西、北四路直隶厅不复存在。同月，政府颁布《省官制》《道官制》《县官制》，正式确立了省、道、县三级行政区划制度框架。转月，改懋功屯务直隶厅为懋功县[12]，改松潘直隶厅为松潘县，改理番直隶厅为理番县，改峨边厅为峨边县，改雷波厅为雷波县，改马边厅为马边县，改越巂厅为越巂县，改佛冈直隶厅为佛冈县。

---

[1] 《政府公报》第 354 号，1913 年 5 月 2 日，第 13 册，第 344 页。
[2] 《政府公报》第 354 号，1913 年 5 月 2 日，第 13 册，第 344 页。
[3] 《政府公报》第 354 号，1913 年 5 月 2 日，第 13 册，第 344 页
[4] 吴承湜：《近六十年全国郡县增建志要》附录，第 89 页。
[5] 吴承湜：《近六十年全国郡县增建志要》附录，第 89 页。
[6] 内务部职方司第一科：《全国行政区划表》，1914 年，第 80 页。
[7] 内务部职方司第一科：《全国行政区划表》，1914 年，第 80 页。
[8] 内务部职方司第一科：《全国行政区划表》，1914 年，第 81 页。
[9] 内务部职方司第一科：《全国行政区划表》，1914 年，第 81 页。
[10] 内务部职方司第一科：《全国行政区划表》，1914 年，第 81 页。
[11] 内务部职方司第一科：《全国行政区划表》，1914 年，第 81 页。
[12] 内务部职方司第一科：《全国行政区划表》，1914 年，第 100 页。

二、民国晚期台湾省政区厅消亡

光绪二十一年（1895 年），清政府与日本签订《马关条约》，台湾本岛及附属岛屿与澎湖群岛被日本侵占。1945 年日本投降，我国对台湾恢复行使主权。国民政府设立台湾省。地方行政区划暂依旧制，为 5 个州、3 个厅、11个州厅辖市[①]。3 个政区厅分别为台东厅、花莲港厅、澎湖厅。台东厅下设台东、新港、大武 3 个支厅。花莲港厅下设花莲港、玉里 2 个支厅。澎湖厅未设支厅。1945 年 12 月，先后颁布《台湾省辖市组织暂行规程》《台湾省县政府组织规程》，将全省重新划分为 8 县、9 省辖市及 2 县辖市，直至 1949 年 9月底未变。其中，台东厅、花莲港厅、澎湖厅分别被改置为台东县、花莲县、澎湖县。

综上所述，民国时期不仅没有新增政区厅，而且使政区厅在府、州、厅一并改县的大潮中逐渐消亡。民国元年（1912 年）至民国三年（1914 年），各省的政区厅逐渐被撤销。1945 年，台湾省撤销政区厅，标志我国政区厅最终消亡。不同省推行改县过程的进度不一。湖北等 11 个省份于民国元年开始裁撤政区厅。其中，湖北、江苏、浙江、江西、广西、山西、吉林这 7 个省于当年裁撤了全部政区厅，这些省部大多是较早参与辛亥革命并取得胜利的省份。其余省份都从民国二年（1913 年）开始裁撤政区厅，并且大多数省份于当年就裁撤了全部政区厅。四川、广东等省于民国三年才完成全部政区厅的裁撤。四川省裁撤政区厅的过程最漫长，从民国元年开始裁撤政区厅，民国二年和三年均在进行裁撤。该省在裁撤政区厅时对一些偏远的少数民族聚集之政区厅予以推迟裁撤。由于懋功、松潘、理番等厅境内各族杂居，且地处边陲，在民国二年 2 月府州厅改县时仍保留厅[②]。辛亥革命后，广东省拟撤销佛冈直隶厅，但由于当地居民的反对，未予撤销，直到民国三年才撤佛冈直隶厅，改置佛冈县[③]。这导致广东省虽然从民国元年就开始裁撤政区厅，但

① 黄纯青、林熊祥主修：《台湾省通志稿》卷 3，《政事志行政篇》第一章《行政区域》，中国方志丛书本，第 14 册，第 5642～5665 页。
② 谢观：《各省区域沿革一览表》，第 131 页。
③ 《政府公报》第 503 号，1913 年 9 月 28 日，第 17 册，第 572 页。

是直到民国三年才完成对全部政区厅的裁撤。由于台湾省曾受日本殖民统治，因此当地政区厅裁撤时间最晚，为民国晚期。整体而言，民国元年（1912 年）内地各省在裁撤政区厅方面明显具有较强的自主性，而民国二年（1913 年）至民国三年（1914 年），内地各省裁撤政区厅以及 1945 年台湾省裁撤政区厅则是在中央政府颁布的《划一现行各县地方行政官厅组织令》《县官制》两个政策的推动下进行的，具有强制性特征。民国时期，府、州、厅全面改县使县级政区大量增加，全国范围内出现了许多重名的县，而且导致县的数量大增，而辖县的政区数量则有限，这导致省、道官员难以有效管辖境内各县事务，并且县官晋升通道狭窄，其履职积极性难免受到影响。

本 章 小 结

从政区厅设置的流程可以看出，政区厅的设立往往先由督抚、将军、经略大学士等官员（以督抚为主）上奏朝廷，然后由议政大臣或军机大臣或兵部、吏部、户部、工部等衙门议覆，最后由皇帝裁决。兵部议覆体现了部分政区厅设置与兵部所掌职责相关。相比而言，新设府、州、县的奏疏则一般没有兵部复议。

基于对历史上政区厅设置情况的梳理，制作政区厅设置简况表（见附录）。通过对简况表数据的统计，发现中国历史上先后设置过 207 个政区厅（未统计日本占据台湾时的政区厅），最早设立于康熙二十六年（1687 年），彻底消亡于 1945 年。历史上的政区厅设置情况变化复杂，个别政区厅出现了裁撤和复置交替进行的现象。例如，雍正十一年（1733 年），裁热河直隶厅，乾隆七年（1742 年），复置热河直隶厅，乾隆四十三年（1778 年）又裁。雍正四年（1726 年），置盐茶厅，雍正八年（1730 年）裁，乾隆十三年（1748 年）复置，同治十三年（1874 年）又裁。

中国历史上政区厅设置演变的基本脉络是从个别化走向定制化，从少量化走向规模化，最终走向消亡。康雍乾时期，政区厅的设置从康熙时期的零星几个到雍正时期的初具规模，再到乾隆时期大规模出现并成为清代定制。

康熙朝既出现了散厅又出现了直隶厅。雍正年间对散厅、直隶厅均作过改动，且数量快速增长。乾隆时期，随着政区厅的大量设置，出现了直隶厅的称谓，散厅、直隶厅都有了可资借鉴的范例，朝廷进而援例增设不少政区厅，使政区厅逐渐成为清代定制。嘉道咸时期，在沿袭康雍乾时期大部分政区厅的同时，对若干政区厅作了调整，又新设了一些政区厅，使政区厅规模总体上呈现稳中有升的态势。但是，嘉道咸时期设立政区厅的数量递减，增速逐渐放缓，其中，咸丰时期是清代政区厅设置的低谷时期。同光宣时期政区厅调整和新设政区厅方面均比嘉道咸时期要频繁。同治时期，新设政区厅数量开始回升，光绪时期新设厅数量大增，仅次于乾隆时期，对政区厅层级、隶属关系的调整以及对政区厅的裁撤也相对较多。宣统时期，新设政区厅数量不多，但是比较密集，并且该时期政区厅规模体量达到了清代顶峰。民国初年，大陆地区政区厅被大规模裁撤直至消亡。1945 年，台湾省政区厅的裁撤标志着中国历史上政区厅的彻底消亡。

第四章 政区厅设置的演变特征及影响因素

中国历史上的政区厅设置演变频繁而复杂。下面将对政区厅演变的具体特征进行归纳，并探讨其影响因素。

第一节 政区厅设置的演变特征

本节从政区厅的名称、辖地来源、新设数量、裁撤数量、层级与隶属关系等方面探讨其演变特征。

一、名称非常稳定

绝大多数政区厅名称自设立之日起未发生过变更。这里说的名称变更，是指同一政区厅在不同时期不改变政区层级的情况下其名称的变化，不涉及政区厅因层级变化而改名的情况。例如，光绪三十四年（1908年），改仁怀直隶厅为散厅性质的赤水厅，这种情况纳入层级变动的考察范围，不作为政区厅名称变化来考察。仅有少量政区厅发生了更名现象。乾隆三十四年（1769年），摆羊绒厅改名为巴燕戎格厅。乾隆四十四年（1779年），将辟展厅升为吐鲁番直隶厅。乾隆四十八年（1783年），将美诺直隶厅改名为懋功屯务直隶厅。嘉庆五年（1800年），将五郎关厅改名为宁陕厅。光绪三十二年（1906年），江家屯厅改名为锦西厅。因此，可以说历史上政区厅名称保持着非常稳定的状态。

二、辖地来源由单一走向多元

康熙朝最早出现的南笼厅的辖地来源是卫所地，之后出现的 4 个政区厅的辖地来源包括卫所地和土司地。雍正朝在卫所地置厅的有安西直隶厅、靖远厅等。该朝在土司地置厅比卫所地置厅更为多见，并集中于雍正七年（1729 年）和雍正十年（1732 年）。清江厅、八寨厅、水城厅、松桃厅等政区厅的辖地来源是土司地。

雍正时期，新设政区厅的辖地来源除了卫所地和土司地之外，还新增了旗人居住地、县地、散州地、厅地、府地（仅限于知府亲辖地，下同）这 5 种来源。归化城厅、热河直隶厅、张家口直隶厅、归化厅、多伦诺尔直隶厅、独石口直隶厅都是在旗人居住地设置的。黔彭厅、澎湖厅、玉环直隶厅、建武厅、淡水厅、南澳厅、佛山直隶厅等均是在县地置厅，并且都是在县析境内部分地区置厅。散州地置厅只有一例。雍正四年（1726 年），派盐茶同知管辖西安州的守御千户所、平远所、镇戎所等地，置盐茶厅。厅地置厅又分为直隶厅地置厅和散厅地置厅。雍正七年，析热河直隶厅地置八沟厅。雍正九年（1731 年），析乾州厅地置永绥厅。府地置厅发生在西南云贵川地区。雍正二年（1724 年），在云南省广西府辖地置五嶍厅。雍正七年，在云南省普洱府辖地置思茅厅、攸乐厅。雍正九年，在云南省昭通府辖地置鲁甸厅，在贵州省安顺府辖地置郎岱厅。雍正十年，在四川省雅州府辖地置打箭炉厅，在云南省元江府辖地置他郎厅。雍正年间，还有一个政区厅较为特殊，叙永厅是由永宁县并入地域厅性质的叙永管粮厅而设置的政区厅，可以说是由县地和分管土司地的地域厅共同改置而来。总之，雍正时期随着政区厅数量的大量增长，其在地方治理方面的优势愈发明显，增加了县地、散州地、散厅地、直隶厅地、府地等多种辖地来源。除了直隶州地以外，其他类型政区之地均可设政区厅。

乾隆时期是厅制的定型时期，随着政区厅在各类疆土的广泛设置，其逐渐纳入原有的省、府、州、县行政区划体系，土司地依然是新设政区厅的重要辖地来源。缅宁厅、石砫厅、小镇安厅、龙陵厅、阿尔古直隶厅、美诺直隶厅等均是在土司地设立的。乾隆时期，卫所地置厅的比例大幅减少。洮

州厅、丰镇厅、宁远厅、越巂厅、雷波厅等厅设于卫所地。乾隆二十七年
（1762年）以后，再无在卫所地置政区厅的现象。

乾隆朝，旗人居住地置政区厅的现象少于雍正朝。四旗直隶厅、塔子沟
直隶厅、哈喇河屯直隶厅、岫岩厅、兴京厅等由旗人居住地析置而来。在县
地置厅方面，乾隆年间不仅有县析境内部分地置厅，又出现了将县全境改为
厅的现象。太湖厅、仁怀厅、莲花厅、摆羊戎厅、江北厅、马边厅、留坝
厅、马巷厅、孝义厅、五郎关厅、汉阴厅等诸多厅都是由县析部分地而置。
潼关厅、定南厅、仪封厅等均是由县完整地改置为厅，表明乾隆时期厅已经
完全可以取代县这一传统政区。在散州析置厅方面，循化厅、海门直隶厅等
厅由散州析置而来。在厅地析置厅方面，乌兰达哈直隶厅、三座塔直隶厅、
和林格尔厅、萨拉齐厅、托克托厅、清水河厅、昌吉厅等均由直隶厅析置而
来。在府地置厅方面，东、南、西、北四路直隶厅是由府分设而来。

除上述之外，乾隆朝新设政区厅辖地来源有了新的变化。一是散州改置
厅。吉林直隶厅、中甸厅等均由散州改置而来；二是府改置厅，景东直隶厅、
蒙化直隶厅、永北直隶厅均由府改置而来。以直隶厅取代府，说明厅的地位进
一步得到提升。三是新辟疆土置厅。巴里坤直隶厅、哈密直隶厅、乌鲁木齐直
隶厅、伊犁直隶厅、辟展直隶厅、奇台直隶厅等均是在朝廷新辟疆土置厅。

嘉庆朝，新设政区厅的辖地来源有所减少，只有旗人居住地置厅、县地置
厅、散州地置厅、散厅地置厅、直隶州地置厅这五大类，其中直隶州地置厅是
新出现的情况。直隶州改置政区厅，表明政区厅地位越来越稳固，即使在治理
难度大于普通州县、统治人口多、政务杂繁的直隶州地依然可以立足。

旗人居住地置厅方面，有长春直隶厅、昌图厅、伯都讷直隶厅；县地置
厅方面，有云霄厅、定远厅、川沙厅、安平厅等；散州地置厅方面，只有腾
越直隶厅一例；散厅地置厅方面，只有噶玛兰厅是由散厅析置而来；直隶州
地置厅方面，只有太平直隶厅、普安直隶厅属于这种情况，它们分别由直隶
州析置、改置而来。

道光朝，新设政区厅的辖地来源更少。第一种设厅方式是县地置厅，有
石浦厅、砖坪厅、佛坪厅、丹噶尔厅、淅川厅、金州厅、定海直隶厅等；第
二种设厅方式是直隶厅置厅，只有城口厅属于这种情况；第三种设厅方式是

直隶州地设厅，只有镇沅直隶厅一例。

咸丰朝，新设政区厅只有一种辖地来源，那便是将府改置为直隶厅。咸丰五年（1855 年），镇西府改置为镇西直隶厅。

同治年间，新设政区厅的辖地来源有了新变化：那马厅由土司地改置而来，呼兰直隶厅由旗人居住地改置而来，赤溪直隶厅由县地改置而来，宁灵厅由散州地改置而来，阳江直隶厅由直隶州地改置而来。除了上述土司地置厅、旗人居住地改置厅、县地置厅、散州地置厅、直隶州地置厅之外，同治时期又出现了新的设厅方式——散州地和县地共同置厅。同治十年（1871 年），甘肃省平凉府的散州地县地共同析置化平川直隶厅，这是在原有散州地置厅和县地置厅的基础发展起来的。

光绪年间，新设政区厅的辖地来源十分丰富，包括土司地、旗人居住地、县地、散州地、散厅地、直隶厅地、府地、县和直隶州地、新辟疆土等。土司地置厅方面，有百色直隶厅、镇边抚彝直隶厅、富州厅、三坝厅等；旗人居住地置厅方面，有围场厅、海龙厅、五常直隶厅、宾州厅、双城直隶厅、延吉直隶厅、肇州直隶厅、呼伦直隶厅等；县地置厅方面，有埔里社厅、夏口厅、虔南厅、盘山厅、中渡厅、信都厅、理化厅等；散州地置厅方面，有罗斛厅、上思直隶厅、鹤峰直隶厅、庄河直隶厅等；散厅地置厅方面，有陶林直隶厅、兴和直隶厅、五原直隶厅、靖湖厅等；直隶厅地置厅方面，只有绥化直隶厅一例；府地置厅方面，只有蒲犁厅一例；县地和直隶州地共同置厅方面，只有南洲直隶厅是由华容县和澧州直隶州共同析置土地而设置的，这是朝廷在原有直隶州地置厅和县地置厅的基础上发展起来的；新辟疆土地置厅方面，有喀喇沙尔直隶厅、库车直隶厅、玛喇巴什直隶厅、乌什直隶厅、英吉沙尔直隶厅等。

宣统年间，大清王朝走向了灭亡，朝廷在垂死挣扎之际依然在调整行政区划。宣统朝新设政区厅的辖地来源有所减少，只有土司地、旗人居住地、县地、散州地、散厅地这 5 类。土司地置厅有凭祥厅一例；旗人居住地置厅有辉南直隶厅、滨江直隶厅、珲春厅、呢吗口厅、讷河直隶厅；县地置厅包括县析置厅和县改置厅，前者有营口直隶厅、南田厅、盐边厅、个旧厅，后者有榆树直隶厅；散州地置厅有铜鼓厅一例；散厅地置厅有东宁厅一例。

如表 4-1 所示为新设政区厅辖地来源统计表，可以更直观地反映政区厅设立来源的演变情况。

表 4-1 新设政区厅辖地来源统计表

时期	土司地	卫所地	旗人居住地	县地	散州地	直隶州地	散厅地	直隶厅地	府地（亲辖地）	县地+散州地	县地+直隶州地	新辟疆土
康熙朝	2	3	0	0	0	0	0	0	0	0	0	0
雍正朝	13	4	6	8	2	0	1	1	7	0	0	0
乾隆朝	7	5	5	18	4	0	0	7	7	0	0	6
嘉庆朝	0	0	3	10	0	2	1	0	0	0	0	0
道光朝	0	0	0	8	0	1	0	1	0	0	0	0
咸丰朝	0	0	0	0	0	0	0	0	1	0	0	0
同治朝	1	0	1	1	1	1	0	0	0	1	0	0
光绪朝	4	0	16	11	4	0	6	1	1	0	1	8
宣统朝	1	0	5	5	1	0	1	0	0	0	0	0
合计	28	12	36	61	13	4	9	10	16	1	1	14

根据表 4-1，可以概括出政区厅辖地来源具有以下特征。

第一，政区厅的辖地来源随着时间的推移而不断丰富，从最初的卫所地，陆续增加了土司地、旗人居住地、县地、州地、厅地、新辟疆土等，由单一走向了多元。早期在卫所、土司等土地设厅，后来发展为在府、州、县等政区土地设厅，反映了政区厅逐渐纳入清代行政区划体系的动态过程。

第二，新设政区厅的主要辖地来源有所不同。康熙朝新设政区厅的辖地来源是卫所地和土司地并重，发展到雍正时期则以土司地为主，乾隆朝至道光朝以县地为主，咸丰时期仅剩府地这一种来源，同治朝辖地来源比较均衡，光绪朝旗人居住地成为主要的辖地来源，宣统朝旗人居住地和县地并重。

第三，政区厅辖地来源在出现时间和地域分布上存在差异。卫所地这一来源出现得最早，始于康熙中期。卫所地置厅，主要发生在长城沿线的山西、甘肃以及陕西等地。土司地这一来源出现得也比较早，始于康熙晚期。土司地置厅，主要发生在西南少数民族聚居的云南、贵州等地。旗人居住地、县地、散厅地和直隶厅地等辖地来源都出现于雍正时期。新辟疆土这一辖地来源出现于乾隆时期。直隶州地这一辖地来源出现于嘉庆时期。旗人居住地置厅主要发生在直隶、山西、奉天等地，新辟疆土置厅发生在伊犁将军辖区

（新疆省）、府地置厅、州地置厅、县地置厅，主要发生在中原地区。

第四，政区厅的各种辖地来源的数量差异显著。数量排前三位的是县地（61个）、旗人居住地（36个）、土司地（28个）。也就是说，县地、旗人居住地和土司地是清代政区厅的主要辖地来源。县地置厅以乾隆朝最为突出，光绪朝和嘉庆朝随其后。旗人居住地置厅以光绪朝最为突出，雍正朝、乾隆朝、宣统朝随其后。土司地置厅以雍正朝最为突出，乾隆朝和光绪朝随其后。府地置厅、新辟疆土置厅、散州置厅、散厅地置厅、卫所地置厅、直隶厅地置厅这6种设厅方式数量差距不大，均为10多个。府地置厅以雍正朝和乾隆朝最突出。新辟疆土地置厅只发生在乾隆朝和光绪朝。散州地置厅数量较多的是乾隆朝和光绪朝。散厅地置厅以光绪朝最典型。卫所地置厅只发生在康雍乾时期，且三朝的数量较为均衡。直隶州地置厅、县和散州组合地置厅、县和直隶州组合地置厅这3种设厅方式的数量较少，仅为个位数，特别是后两种方式各只有1例。

综上所述，政区厅辖地来源具有以上4个演变特征，其中最显著的特征是辖地来源由单一走向多元，以县地、土司地、旗人居住地为主。

三、设立数量起伏明显

清代各朝均有设立新的政区厅。民国时期则没有新设立政区厅，仅仅将日本殖民统治时期台湾原有的2个政区厅保留了一段时间。康熙时期，新设政区厅数量较少；雍乾时期，新设政区厅数量快速增长；嘉庆至同治时期，新设政区厅数量减少；光绪时期，新设政区厅数量又快速增长；宣统时期数量再次减少。为准确地把握清代新设政区厅数量的演变特征，我们对清代各朝、各年份新设政区厅的总量、密度分别作了统计分析。

首先，对不同时期新设厅总数和年平均新设厅数分别作了统计，如表4-2所示。

表 4-2 清代各朝新设政区厅总数和年平均新设厅数统计表

时期	新设厅总数	年平均新设厅数
康熙朝	5	0.08
雍正朝	42	3.23
乾隆朝	61	1.02
嘉庆朝	17	0.68
道光朝	10	0.30
咸丰朝	1	0.09
同治朝	6	0.46
光绪朝	52	1.53
宣统朝	13	4.33
合计	207	0.75

注：乾隆朝复置了雍正朝所裁撤热河直隶厅，并复置了本朝曾裁撤的盐茶厅。这两次复置政区厅亦纳入了新设政区厅的统计范围之中。

图 4-1 和图 4-2 分别是清代各朝新设政区厅总数统计图及清代各朝年平均新设厅数量统计图，可以更直观地反映清代各朝设厅数量的差异性。

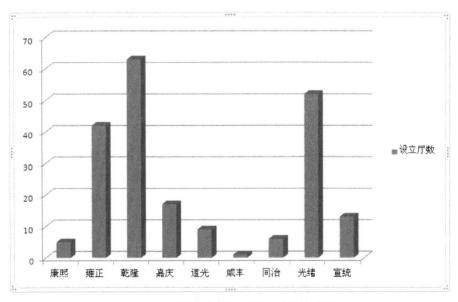

图 4-1 清代各朝新设政区厅总数统计图

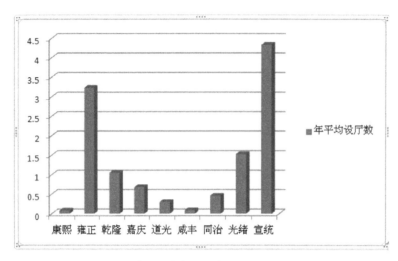

图 4-2　清代各朝年平均新设厅数量统计图

　　根据以上图表可以发现，自康熙朝出现政区厅以来，各朝新设政区厅数量波动显著。就新设厅总量而言，康雍乾时期政区厅设立数量不断增长，至乾隆朝达到设厅的顶峰 61 个。嘉道咸时期政区厅设立数量持续下降，均为个位数，咸丰时期仅增加 1 个，同光时期政区厅设立数量继续上升，至光绪朝达到次顶峰，宣统朝设置数量又大幅下降。因此，清代各朝新设厅数量演变呈现"升—降—升—降"变化特征，即从康熙朝的低值一直升到乾隆朝的高值，再一直降到咸丰朝的低值，再一直升到光绪朝的高值，最后降到宣统朝的低值。雍正、乾隆、光绪三朝设厅总量比较大。康熙朝、嘉庆朝、道光朝、咸丰朝、同治朝设厅总量较小。就设厅密度而言，康熙朝年平均年新设厅数为最低值，到雍正朝增到次顶峰，之后一直下滑，至咸丰时期降到次低值，从同治时期开始数量回升，直到宣统时期达到顶峰。清代年平均新设政区厅数量排前三位的依次是宣统朝、雍正朝、光绪朝，后三位依次是康熙朝、咸丰朝、道光朝。

　　对清代各年份新设政区厅数量作统计，结果如图 4-3 所示。就各年份新设厅数量而言，清代从康熙二十六年（1687 年）出现政区厅以来，一共有101 个年份新设过政区厅。各年份新设政区厅数量同样起伏明显。新设厅数量排前三位的年份依次是宣统元年（1909 年）（9 个）、雍正七年（1729 年）（8

个）、雍正十年（1732 年）与光绪二十八年（1902 年）（均为 7 个）。

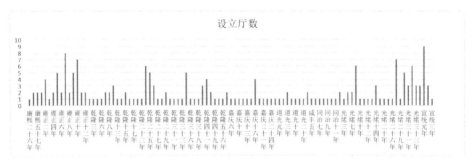

图 4-3　清代各年份新设政区厅数量统计图

1945 年恢复对台湾行使主权时保留了澎湖厅、台东厅、花莲港厅，勉强可以算是变相地设立了政区厅，只不过当年这 3 个政区厅都被裁撤了。

四、不同时期政区厅裁撤数量差异显著，裁撤去向从分散走向集中

清代一共裁撤过 57 个政区厅，其中散厅 28 个、直隶厅 29 个；民国政府一共裁撤了 148 个政区厅（含 2 个日本殖民统治台湾时期所设之政区厅）；另有 3 个台湾境内政区厅是被日方裁撤的。

清代政区厅裁撤现象最早发生在雍正朝。雍正朝政区厅被裁撤后的去向包括并入直隶厅、改置为府、改置为县、改置为州、改置为直隶厅、并入散厅等多种形式。雍正二年（1724 年）三月，裁撤柳沟直隶厅，其地改隶安西直隶厅。之后陆续发生政区厅的裁撤现象。例如，雍正五年（1727 年）裁撤南笼厅，改置南笼府；雍正八年（1730 年），改靖远厅为靖远县；雍正十一年（1733 年），废复州厅置复州；雍正十一年，改热河直隶厅为承德直隶州；雍正十二年（1734 年），将佛山直隶厅改为广州府分府；雍正十三年（1735 年），裁攸乐厅，将其地并入思茅厅。

乾隆朝政区厅被裁撤后的去向包括改置为县、并入散州、改置为散州、改置为直隶州、并入散厅、并入直隶厅、改置为府之分府、改置为府等。乾隆年间裁撤政区厅的现象更加多见。一方面，继续将厅并入县、改置县、并

入直隶厅、改置府。例如，乾隆元年（1736年）裁撤建武厅，并入兴文县、屏山县；乾隆四十一年（1776年），奇台厅改置奇台县；乾隆四十三年（1778年），四旗直隶厅等改置为县；乾隆三十八年（1773年），昌吉厅改置昌吉州；乾隆四十四年（1779年），阿尔古直隶厅并入美诺直隶厅；乾隆二十四年（1759年），安西直隶厅改置安西府。这些例子表明，乾隆时期厅裁撤去向包括并入县、改置县、改置散州、并入直隶厅等。厅地并入县是乾隆时期新出现的政区厅裁撤去向。另一方面，乾隆年间新增了一种裁撤厅的去向——并入直隶州。乾隆四十一年，裁撤五嶂厅，将其并入广西直隶州。

嘉庆年间没有裁撤厅。道光年间，厅的裁撤去向包括改置县和并入县。例如，道光元年（1821年），太平直隶厅改置太平县；道光四年（1824年）十二月，裁仪封厅，将其地并入兰阳县。个别政区厅被裁撤的同时，又从其地析出新的政区厅。例如，道光元年十月，裁太平直隶厅，改置太平县，并析其城口地置城口厅。咸丰年间没有裁撤厅。同治年间，厅只有一个裁撤去向，那便是改置县。同治十三年（1874年），盐茶厅改置海域县。

光绪年间，政区厅裁撤现象增多，裁撤去向再次丰富起来，包括改置县、改置散州、改置直隶州以及改置府。厅裁撤后改置府的情况最多。例如，光绪三年（1877年）十月，裁昌图厅，改置昌图府；光绪八年（1882年）五月，裁吉林直隶厅，改置吉林府；光绪十四年（1888年）正月，裁伊犁直隶厅，改置伊犁府；光绪十五年（1889年），裁长春直隶厅，改置长春府；光绪二十八年（1902年）六月，裁新民厅，改置新民府；光绪三十年（1904年）十二月，裁呼兰直隶厅，改置呼兰府；光绪三十二年（1906年）正月，裁伯都讷直隶厅，改置新城府；光绪三十四年（1908年），裁打箭炉直隶厅置康定府。政区厅裁撤后改置为县、散州、直隶州的例子包括以下几个：光绪元年（1875年）十二月，裁噶玛兰厅改置宜兰县，裁淡水厅改置新竹县；光绪十二年（1886年）四月，裁小镇安厅，改置镇边县；光绪三年，裁岫岩厅，岫岩城地置岫岩州；光绪六年（1880年），裁长寨厅，改置长寨州；光绪三十二年五月，裁阳江直隶厅，复置为阳江直隶州；光绪三十四年六月，裁叙永直隶厅，改置永宁直隶州等。

宣统时期，裁撤政区厅的去向包括改置为府、并入散厅。其中改置为府依然是政区厅裁撤后最主要的去向。宣统时期裁撤五常直隶厅等 5 个直隶厅，将它们改置为府；裁撤明江厅、靖湖厅，将它们并入其他政区厅。

将清代各朝设立政区厅数量与裁撤政区厅数量进行对比，如图 4-4 所示。对比结果如下：第一，清代各朝新设政区厅数量均大于裁撤政区厅数量，这表明各朝都为政区厅的发展作出了贡献。第二，清代各朝新设数量和裁撤数量的演变趋势相似，都是从康熙时期的低值一直升到乾隆时期的高值，再降到嘉道咸时期的低值，再逐渐升到光绪朝的高值，最后降到宣统朝的低值。第三，清代各年份裁撤政区厅数量和设立政区厅的数量演变趋势不尽相同，有些年份新设很多政区厅却没有裁撤厅，例如雍正七年（1729 年）和光绪二十七年（1901 年）；也有些年份没有设政区厅，但裁撤数量很大，例如乾隆四十三年（1778 年）。

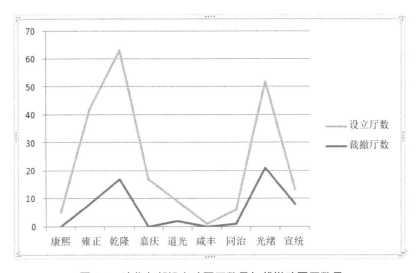

图 4-4　清代各朝设立政区厅数量与裁撤政区厅数量

民国时期，裁撤政区厅的去向包括改置为府、改置为县。绝大多数政区厅被裁后都是直接被改置为县；个别政区厅先改置为府，不久后才被改置为县。例如，民国元年（1912 年），升理化厅为理化府，转年三月改理化府为理化县；民国元年，改上思直隶厅为上思府，民国三年（1914 年）改上思府为上思县。绝大多数政区厅被改置后只有政区类型变化，而名称则没有变化。例如，改太平厅为太平县，改东宁厅为东宁县。也有少量政区厅被改置后既有政区类型的变化，又有名称上的变化。例如，改古州厅为榕江县，改张家口直隶厅为张北县，改宁灵厅为金积县。改名是出于地理特征等原因。例如，裁撤古州厅时因境内有榕江而取名榕江县。值得注意的是，虽然民国时期的政区厅总体上处于被裁撤的状态，但是个别政区厅出现过先并入其他政区、之后被裁撤等特殊情况。又如，民国元年（1912 年）11 月，废黑河府，将其并入瑷珲直隶厅，转年 1 月才将瑷珲直隶厅改置为瑷珲县。

综上可以发现，不同时期裁撤政区厅数量差异显著。民国时期裁撤政区厅数量远大于清代。清代除了康熙朝和咸丰朝只有设立厅没有裁撤厅之外，其他七朝都是既有新设立政区厅又有裁撤政区厅。其中，光绪、乾隆朝所裁撤的政区厅数量最为突出，分别为 21 个和 17 个，加起来占了清代裁撤厅总数的三分之二；雍正朝和宣统朝裁撤政区厅数量居中；嘉庆至同治朝裁撤政区厅数量微小。清代裁撤政区厅裁撤数量排前三位的年份是乾隆四十三年（1778 年）（7 个）、宣统元年（1909 年）（5 个）、光绪二十八年（1902 年）（4个）。不论是清代还是民国时期，散厅和直隶厅都被裁撤过。政区厅裁撤去向多种多样，要么被改置为府、州、县等其他政区，要么并入州、厅、县等其他政区之中。散厅裁撤去向有县、散州、散厅、府，并且去向以县为主；直隶厅裁撤去向有县，散州，直隶州，直隶厅，府之分府、府，并且去向以府为主。政区厅裁撤后并入或改置为散州、县，主要发生在乾隆时期和民国时期；厅裁撤后并入或改置为直隶州，主要发生光绪时期；厅裁撤后并入或改置为散厅、直隶厅，只发生在雍正、乾隆和光绪时期；厅裁撤后改置为府，主要发生在光绪和宣统年间，以光绪年间最为突出。政区厅裁撤去向的变化规律是从均衡走向集中，先是走向以县为主，然后走向以府为主，最后又走向以县为主。雍正朝开始裁撤政区厅，该朝政区厅裁撤去向比较均衡；乾隆朝至同治朝所裁撤政区厅最多的去向是县；光绪朝至宣统朝大多数政区厅裁撤去向为府；民国时期几乎所有政区厅裁撤去向为县。

五、层级与隶属关系相对稳定

清代统治者对其所设置一些政区厅的层级和隶属关系作了部分调整，不过总体上相对稳定；民国时期则没有调整政区厅的层级和隶属关系。

康熙年间开始出现厅的设置，但是该时期没有调整厅的层级。到康熙末年，一直保持着 3 个散厅和 2 个直隶厅的状态。雍正年间最早出现了政区厅层级调整现象。该时期三次调整政区厅的层级：雍正八年（1730 年），将叙永厅升为叙永直隶厅；雍正十一年（1733 年），将黔彭厅升为黔彭直隶厅；雍正十三年（1735 年），将威远直隶厅降为威远厅。

乾隆年间政区厅层级调整最为频繁，总共 14 次调整厅的层级，以散厅升直隶厅为主。乾隆六年（1741 年），将归化城厅升为归化城直隶厅；乾隆二十五年（1760 年），将松潘厅升为松潘直隶厅；乾隆二十五年，将杂谷厅升为杂谷直隶厅；乾隆二十七年（1762 年），将石砫厅升为石砫直隶厅；乾隆二十九年（1764 年），将和林格尔厅升为和林格尔直隶厅；乾隆二十九年，将萨拉齐厅升为萨拉齐直隶厅；乾隆二十九年，将托克托厅升为托克托直隶厅；乾隆二十九年，将清水河厅升为清水河直隶厅；乾隆三十八年（1773 年），将奇台直隶厅降为奇台厅；乾隆三十八年，将辟展直隶厅降为辟展厅；乾隆三十八年，将哈密直隶厅降为哈密厅；乾隆四十一年（1776 年），将仁怀厅升为仁怀直隶厅；乾隆四十四年（1779 年），将吐鲁番厅升为吐鲁番直隶厅；乾隆四十九年（1784 年），将哈密厅升为哈密直隶厅。

嘉庆至道光年间一共 4 次调整厅的层级，全都是将散厅升为直隶厅。嘉庆元年（1796 年），将乾州厅升为乾州直隶厅；嘉庆元年，将凤凰厅升为凤凰直隶厅；嘉庆元年，将永绥厅升为永绥直隶厅；嘉庆二年（1797 年），将松桃厅升为松桃直隶厅。

道光年间调整过一次厅的层级。道光二年（1822 年），将腾越直隶厅降为腾越厅。

咸丰、同治年间没有调整厅的层级。

光绪年间调整厅层级的次数仅次于乾隆年间，且以散厅升直隶厅为主。光绪三年（1877 年），将兴京厅升为兴京直隶厅；光绪十年（1884 年），将丰镇厅升为丰镇直隶厅，将宁远厅升为宁远直隶厅；光绪二十八年（1902 年），将宾州厅升为宾州直隶厅；光绪二十九年（1903 年），将打箭炉厅升为打箭炉直隶厅；光绪三十一年（1905 年），将淅川厅升为淅川直隶厅；光绪三十四年

（1908 年），将普安直隶厅降为盘州厅；光绪三十四年，又将仁怀直隶厅降为散厅，名曰赤水厅。

宣统年间没有调整厅的层级。

下面对清代政区厅层级调整的次数和方式进行统计分析。首先对政区厅层级调整的次数进行探讨。

清代调整政区厅层级的总次数为 30 次。一共有五朝调整过政区厅层级。调整厅层级次数排前三位的朝代是乾隆朝、光绪朝、嘉庆朝，其中乾隆朝调整次数明显最多。康熙、咸丰、同治、宣统四朝没有调整厅的层级。

表 4-3 清代各朝调整政区厅层级次数统计表

朝代	康熙	雍正	乾隆	嘉庆	道光	咸丰	同治	光绪	宣统
次数	0	3	14	4	1	0	0	8	0

如图 4-5 所示，清代一共有 20 个年份调整过厅的层级，其中多数年份只调整过一次政区厅的层级，有 6 个年份调整次数超过 1 次，分别是乾隆二十九年（1764 年）（4 次）、乾隆三十八年（1773 年）（3 次）、嘉庆元年（1796 年）（3 次）、乾隆二十五年（1760 年）（2 次）、光绪十年（1884 年）（2 次）、光绪三十四年（1908 年）（2 次）。

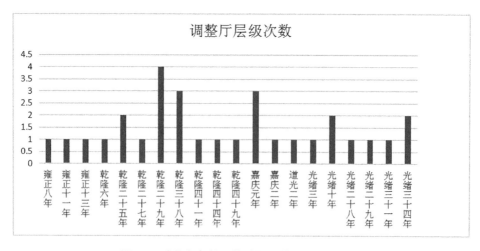

图 4-5 清代各年份调整政区厅层级次数统计图

接下来，对政区厅层级调整的方式进行探讨。清代政区厅层级调整方式包括 4 种：一是由散厅升为直隶厅；二是由直隶厅降为散厅；三是由散厅升为直隶厅，再降为散厅；四是由直隶厅降为散厅，再升为直隶厅。每种层级调整方式的次数如表 4-4 所示。

表 4-4 清代政区厅层级调整方式的次数统计表

层级调整方式	由散厅升为直隶厅	由直隶厅降为散厅	由散厅升为直隶厅，再降为散厅	由直隶厅降为散厅，再升为直隶厅
次数	21	4	1	2

清代调整过层级的政区厅数量为 28 个，约占总厅数的 14%。可见，清代政区厅层级总体上相对稳定。层级调整以将散厅升为直隶厅为主，有 21 个厅属于这种情况，占调整过层级之厅总数的 75%，表明清代政区厅层级调整以升级为主。有 3 个政区厅的层级变动最频繁，发生过先升后降或先降后升现象。

总之，清代政区厅层级相对稳定，有些朝调整过厅的层级，也有一些朝没有调整，呈现出时断时续的特点。乾隆朝、光绪朝、嘉庆朝是调整厅层级次数最多的 3 个时期。调整厅层级次数最多的年份是乾隆二十九年（1764 年）（4 次）。整个清代政区厅层级调整以将散厅升为直隶厅为主。

民国时期的政区厅层级非常稳定，没有变化。

接下来，我们探讨清代政区厅隶属关系的调整情况。

清代政区厅隶属关系的调整从雍正朝开始，直到光绪朝。雍正八年（1730 年），将叙永厅升为叙永直隶厅，改隶四川省川南永宁道；雍正九年（1731 年），将大关厅改隶云南省昭通府；雍正十年（1732 年），将靖逆直隶厅改隶甘肃省安西道；雍正十一年（1733 年），将黔彭厅升为黔彭直隶厅，改隶四川省川东道；雍正十三年（1735 年），将威远直隶厅降为威远厅，改隶云南省镇沅府。

乾隆四年（1739 年），八沟直隶厅、四旗直隶厅、塔子沟直隶厅等改隶直隶省热河道；乾隆六年（1741 年），升归化城厅为归化城直隶厅，改隶山西省归绥道；乾隆二十一年（1756 年），维西厅改隶云南省丽江府；乾隆二十五年（1760 年），升松潘厅为松潘直隶厅，改隶四川省松茂道；乾隆二十五年，升为杂谷直隶厅，改隶四川省松茂道［嘉庆二十五年（1820 年）改名成龙绵茂道］；乾隆二十七年（1762 年），升石砫厅为石砫直隶厅，改隶四川省川东道；乾隆二十九年（1764 年），升和林格尔厅为和林格尔直隶厅，升清水河厅为清水河直隶厅，升萨拉齐厅为萨拉齐直隶厅，升托克托厅为托克托直隶厅，将它们均改隶山西省归绥道；乾隆三十五年（1770 年），将他郎厅改隶云南省普洱府；乾隆三十五年，将威远厅改隶云南省普洱府；乾隆三十八年（1773 年），将辟展直隶厅降为辟展厅，改隶甘肃省镇西府；乾隆三十八年，将哈密直隶厅降为哈密厅，改隶甘肃省镇西府；乾隆三十八年，将奇台直隶厅降为奇台厅，改隶甘肃省镇西府；乾隆四十一年（1776 年），将仁怀厅升为仁怀直隶厅，改隶贵州省贵西道，道光二十二年（1842 年）改隶贵州省贵平石仁粮储道，光绪三十四年（1908 年）降为赤水厅，改隶贵州省遵义府；乾隆四十四年（1779 年），将辟展厅升为吐鲁番直隶厅，改隶甘肃省镇迪道；乾隆四十九年（1784 年），将哈密厅升为哈密直隶厅，改隶甘肃省安肃道。

嘉庆元年（1796 年），升凤凰厅为凤凰直隶厅，升乾州厅为乾州直隶厅，升永绥厅为永绥直隶厅，将它们均改隶湖南省辰沅永靖道；嘉庆二年（1797 年），升松桃厅为松桃直隶厅，改隶贵州省贵东道；道光二年（1822 年），降腾越直隶厅为腾越厅，改隶云南省永昌府；光绪三年（1877 年），升兴京厅为兴京直隶厅，改隶盛京将军；光绪四年（1878 年），将百色直隶厅改隶广西省左江道；光绪十年（1884 年），将伊犁直隶厅、镇西直隶厅、喀喇沙尔直隶厅、库车直隶厅、玛喇巴什直隶厅、乌什直隶厅、英吉沙尔直隶厅等均改隶新疆省；光绪十年，升丰镇厅为丰镇直隶厅，升宁远厅为宁远直隶厅，将它们均改隶山西省归绥道；光绪十一年（1885 年），将澎湖厅、埔里社厅改隶台湾省台湾府；光绪十三年（1887 年），将埔里社厅改隶台湾省新置的台湾府；光绪二十八年（1902 年），将宾州厅升为宾州直隶厅，改隶吉林将军辖区；光绪二十九年（1903 年），升打箭炉厅为打箭炉直隶厅，改隶四川省建昌上南道；光绪三十一年（1905 年），将淅川厅升为淅川直隶厅，改隶河南省南汝光淅道；光绪三十一年，将佛冈直隶厅、赤溪直隶厅改隶广东省广肇罗道；光绪三十一年，将阳江直隶厅改隶广东省高雷阳道；光绪三十四年（1908 年），将普安直隶厅降为盘州厅，改隶贵州省兴义府；光绪三十四年，将仁怀直隶厅降为赤水厅，改隶贵州省遵义府；宣统元年（1909 年），庄河直隶厅、凤凰直隶厅、兴京直隶厅改隶兴凤道。

清代政区厅隶属关系相对稳定，其调整情况呈现出时断时续的特点，累计有 57 次调整过政区厅的隶属关系。一共有六朝对厅隶属关系作过调整。调整隶属关系次数较多的是光绪朝（22 次）和乾隆朝（20 次）。康熙、咸丰、同治三朝没有对厅隶属关系作过调整（见表 4-5）。

表 4-5　清代各朝调整厅隶属关系次数统计表

朝代	康熙	雍正	乾隆	嘉庆	道光	咸丰	同治	光绪	宣统
次数	0	5	20	4	2	0	0	23	3

清代一共有 50 个政区厅调整过隶属关系，约占总厅数的 24%。可见，清代政区厅隶属关系总体上相对稳定。如图 4-6 所示，清代一共有 31 个年份对厅隶属关系作过调整。调整次数排前三位的年份依次是光绪十年（1884 年）（9 次）、乾隆二十九年（1764 年）（4 次）、光绪三十一年（1905 年）（4 次）。有 8 个政区厅发生过多次改隶现象，它们分别是仁怀厅（3 次）、威远直隶厅（2 次）、辟展直隶厅（2 次）、哈密直隶厅（2 次）、埔里社厅（2 次）、兴京厅（2 次）、凤凰直隶厅（2 次）、宾州厅（2 次）。

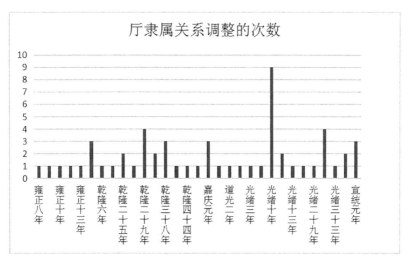

图 4-6　清代各年份调整厅隶属关系次数统计图

清代政区厅调整隶属关系的方式包括以下两种：第一种是随着层级变动而调整隶属关系，例如，黔彭厅由散厅升为黔彭直隶厅后，由隶属府改为隶属道；第二种是非层级变动原因引起的隶属关系调整，例如，维西厅因距离原隶属的鹤庆军民府太远而改隶丽江府。第一种方式占了主体，其中往往是由隶属于府改为隶属于道。

民国时期政区厅隶属关系非常稳定，几乎没有变化。

综上所述，清代政区厅层级和隶属关系比较稳定，主要变化是将散厅升为直隶厅，由隶属于府改为隶属道。乾隆朝、光绪朝是调整政区厅层级和隶属关系最频繁的两个时期。民国时期政区厅的层级和隶属关系都非常稳定。

第二节 政区厅设置演变的影响因素

中国历史上政区厅设置之所以呈现出诸多演变特征，是因为其背后的影响因素在发挥作用。下面将对政区厅设置演变的影响因素进行分析。

一、卫所和土司的政区化

卫所和土司的政区化在很大程度上影响着清代政区厅的设置。顺治朝，诸多卫所、土司并入府、州、县或改置为府、州、县。至康熙朝，随着卫所和土司的持续政区化，朝廷开创性地将卫所地或土司地改置为政区厅。也就是说，从康熙朝开始，政区厅成为卫所和土司政区化的去向之一。康熙时期，南笼厅、靖逆直隶厅、柳沟直隶厅的设置受到卫所政区化的影响，乾州厅、凤凰厅的设置受到土司政区化的影响。

雍正朝为了追求全国地方行政区划的统一，大规模地推行撤销卫所。据《清实录》记载，雍正二年（1724年），"兵部等衙门议覆：条奏内改并各卫所归于州县管辖一条，……滇、蜀两省曾经裁减卫所，未闻不便。今除边卫无州县可归，与潜运之卫所，军民各有徭役，仍旧分隶外，其余内地所有卫所悉令归并州县"①。清代大规模地将卫所改为州、县便是在雍正朝完成的。人口稠密，州、县行政机构密集地区内的卫所被裁撤后，一般是并入附近的

---

① 《清世宗实录》，卷十九，雍正二年闰四月甲申。

州、县；辖区面积较大的卫所被裁撤后，往往改置为其他政区。例如，雍正三年（1725 年），朝廷将天津卫改为天津州。卫所地的大规模政区化，为政区厅的设置创造了更多机会。例如，雍正二年（1724 年）十月，将靖远卫改为靖远厅，"又议覆川陕总督年羹尧奏言：甘肃之河西各厅自古皆为郡县。至明代始改为卫所。今生齿繁庶、不减内地，宜改卫所为州县。……其肃州卫政务即令肃州通判管理，靖远卫政务改归靖远厅管理"。雍正三年，裁撤各省都司，此后卫所遂隶属各省督抚管辖，其中漕运卫所同时也受漕运总督节制。在这种背景下，卫所的民政化进一步加快。雍正朝所设的复州厅、松潘厅等政区厅均由卫所改置而来。

雍正年间，政区厅的设立方式得到扩展，并且以土司地置厅为主，这是因为朝廷加大了土司地"改土归流"的规模。雍正四年（1726 年），为了解决土司割据的积弊，云贵总督鄂尔泰建议取消土司世袭制度，设立府、厅、州、县，派遣有一定任期的流官进行管理。雍正帝对此甚为赞赏，令其悉心办理。雍正六年（1728 年），又命贵州按察使张广泗在黔东南推行"改土归流"政策，于是"改土归流"的步伐迈得更大了。清政府在"改土归流"地区清查户口，丈量土地，征收赋税，建城池，设学校；同时废除原来土司的赋役制度，与内地一样，按地亩征税，数额一般少于内地，土民所受的剥削稍有减轻。"改土归流"的地区包括滇、黔、桂、川、湘、鄂六省，涉及土家族、苗族、彝族、布依族、侗族、瑶族、水族等。雍正时期的"改土归流"主要集中在云南、贵州两省，并于雍正九年（1731 年）基本实现。雍正时期，在"改土归流"之地设置了大量政区厅。维西厅、大关厅、清江厅、八寨厅、丹江厅、古州厅、龙州厅、水城厅、松桃厅、都江厅、明江厅、台拱厅等诸多政区厅均是"改土归流"的结果。因此，雍正朝新设厅数的快速增长，主要得益于大规模的"改土归流"。

乾隆时期，卫所民政化进入尾声。乾隆朝因卫所政区化而设的政区厅有洮州厅、丰镇厅、宁远厅、越嶲厅、雷波厅等。清代卫所民政化对政区厅设置的影响从康熙中期一直延续到乾隆中期。乾隆时期，因土司"改土归流"设立了缅宁厅、石砫厅、小镇安厅、龙陵厅、下江厅、阿尔古直隶厅、美诺直隶厅等政区厅，主要集中在乾隆中后期。

由于卫所政区化、土司地"改土归流"在乾隆朝时已基本完成，因此从嘉庆朝开始，卫所地置厅消失、土司地置厅很少出现，仅有同治朝设置的那马厅、光绪朝设置的百色直隶厅等 4 个政区厅以及宣统朝所设的凭祥厅。

总之，卫所和土司的政区化，深深地影响着清代政区厅设置的演变。最早对清代政区厅设置产生影响的是卫所的政区化，同样影响消失得最早的也是卫所的政区化。土司政区化对清代政区厅设置演变的影响始于雍正朝，一直延续到宣统朝。

二、朝廷对职官数量的控制

清朝定鼎北京后，其在入关前所设置的国家机构及职官，无论从规模上还是从人数上看都不能适应新的统治形势的需要了，因此基本上沿袭明制建立国家机构和设置职官，之后朝廷不断完善其国家机构和职官。

就职官数量而言，雍正朝在地方上新设大量政区，并添设官员治之。如前文所述，卫所地、土司地、旗人居住地的大量政区厅均是在雍正朝设立的。雍正朝在内地也添设了许多政区。雍正朝是整个清代添府数量最多的时期。学者史卫东在其论文中统计得出：雍正朝只裁撤了 1 个府，却新添了 37 个府[①]。该朝新设州、县数量也不少。从雍正末年开始，朝廷意识到政区设置过多存在一定的弊端，于是雍正十三年（1735 年）十月，刑部右侍郎杨超奏请酌停州、县的改隶和官员的添设。

> 改隶一邑则一切刑名钱谷、册籍卷宗概须赍造，乘机舞弊，百蠹丛生，辗转稽查，急难就绪。添设一官则修理衙署，招募胥吏，动关国帑，文书期会，益见纷繁，冗吏冗员更多供给。又况百姓安于故常，改隶既有投供报册之劳，添官又有送迎悉索之扰。地无定境则奸宄或致潜藏，官数既增则责任转无专属。臣请敕下直省督抚，嗣后所属州县，除实在离府辽远必须改隶及村镇繁难之地实应添官弹压者，仍准具题外，其余控制既已得宜，一概不准渎奏，则在民之纷扰可免，在官之责任愈专，

---

① 史卫东：《省制以来统县政区发展研究》，华东师范大学博士学位论文，2006 年。

国帑不致虚糜，地方益臻宁谧矣。①

杨超认为，除了实在离府辽远必须改隶及村镇繁难之地实应添官弹压之外，其余情况一概不允许改隶或添官。该思想对乾隆时期的政区数量定额政策产生了重要影响。

鉴于雍正朝大量新设政区和职官的弊端，乾隆六年（1741 年）朝廷下令，保持职官尤其是佐杂官员数额定制，"从前各省佐杂等官，各督抚有奏请添设、改隶，责任转无专属，请嗣后倘各省需用人员，止准于通省内随时改调，不得奏增糜费"②。从此，朝廷追求官员定额和政区数量的稳定，对新置政区和新添官缺进行严格控制。

乾隆时期国力日渐强盛，人丁繁殖加速。乾隆六年，全国人口突破 1 亿，再到乾隆五十五年（1790 年），人口超过 3 亿。迅猛的人口增长使地方政务越来越繁杂，同时加大了设立新政区的需求。于是，不断增长的设置新政区的需求与持续追求稳定的"政区数量定额"这一体制交织在一起。清廷既要兼顾清代地方政区和职官数量的"定额化"，又要满足日益增长的新置政区的"刚性需求"，于是设置政区厅成为解决这一矛盾冲突的理想途径。朝廷将同知或通判分驻改为专管一地，这样既设立了新政区，又没有增添过多的官员和机构，没有增添过多的财政负担，满足了政区数量定额的要求。例如，在旗人居住地设置的四旗直隶厅，在卫所地设置的洮州厅、丰镇厅、宁远厅以及在府、州、县地设置的太湖厅、仁怀厅、龙胜厅、莲花厅、抚彝厅等厅，均是移同知、通判去专管而形成的，未添设新的知州、知县、同知、通判。

以莲花厅为例，分析朝廷控制添设职官数量对政区厅设置的影响。康熙三十九年（1700 年），江西省永新县和安福县西部的上西乡均以"难治"闻名。雍正五年（1727 年），江西巡抚将吉安府分防同知移驻碧西、上西两乡适中的莲花桥，职责为"弹压（碧西、上西两乡）军民，代征通赋"，素不干预民事。为了改变这种状况，乾隆七年（1742 年），江西巡抚陈宏谋向清

---

① 雍正十三年十月二十日刑部右侍郎杨超奏，《宫中档雍正朝奏折》第 25 辑，故宫博物院，1977 年，第 278 ～ 279 页。
② 《清高宗实录》卷一百四十三，乾隆六年五月癸未。

廷题请设立新县。乾隆皇帝认为："增设一官，则文移期会，事绪益纷，供给迎送，闾阎滋扰。且封疆骤改，奸宄或致潜藏，官吏日增，责任转无专属。自后必州县离府窵远，实宜改隶，市镇繁杂之地，须添官弹压者，方准具题酌度，其余不许渎奏。"巡抚陈宏谋旋于次年再次上奏："援照湖南乾州州同、凤凰营通判管理民事之例，复请拨两乡民屯钱漕及刑名事件，分设一厅专辖。"并对拟设的莲花厅的管辖区域、官员配备及职能都提出了具体的设想。莲花厅同知之缺，定为繁、疲、难三项相兼，在外调补。由于新设莲花厅的官员、费用均从吉安府及永新、安福两县内调拨，没有增加新的款项，"此乃实在支出之用，所费无多，有益地方，仍归实用，并非虚糜，较之设县已甚节省"①。其奏请获得了朝廷的许可。可见，朝廷之所以在该地设政区厅是因为当地属于难治之地，需要加强治理，且新设州、县政务繁杂，需要增添官吏，而设置政区厅既可以达到地方治理的目的，又无须增加新的人力、物力、财力。

从乾隆朝至同治朝，朝廷始终严格控制添设职官的数量，直到光绪时期因边防危机严峻而不得已添设大量新政区并增加大量的职官数额。因此，清廷对添设职官数量的控制在很长时间内限制了省、府、州、县等传统政区数量的增长，却在一定程度上推动了政区厅的设置。

三、国防形势的变化

清前期，边疆形势良好，特别是在康熙、雍正、乾隆三朝的持续努力下消除了准噶尔贵族噶尔丹势力对西北疆土的威胁之后，其边疆形势总体上比较稳定，疆土相对稳固，直到嘉庆以后形势逐渐恶化。国防形势的变化影响着清代政区的变迁，对政区厅的影响尤为显著。

大清定鼎中原后，面临着各地南明势力的反抗。顺治三年（1646年），郑成功多次领军在闽赣一带与清军作战。是年，隆武政权灭亡，郑成功避走金门，招兵买马，坚持反清斗争。南明帝系旋由桂王朱由榔继承，改元"永历"。顺治六年（1649年），郑成功奉永历年号为正朔，永历帝册封其为"延

---

① 陈宏谋：《请分厅疏》，乾隆《莲花厅志》卷八上，清乾隆二十五年刻本。

平王"。顺治十八年（1661年），郑成功赶走荷兰殖民者，统治台湾地区。郑军与清军隔海对峙，逐步演变成地方割据政权。康熙二十二年（1683年），清政府派福建水师提督施琅率水陆官兵击败郑军，郑克塽率众归顺清政府，台湾纳入清政府的直接统治之下。康熙二十三年（1684年），在台湾地区设台湾府，隶福建省，辖台湾县、凤山县、诸罗县。朝廷实施"闽台一体"管理策略，设置分巡台厦道驻台湾府和内地毗邻台湾的地域厅"厦门厅"。康熙朝将台湾纳入其直接统治之下并设地方政区，为雍正朝在台湾地区设置政区厅奠定了基础。

雍正朝，对清代经略台湾的"闽台合治"体制进行了改革。台厦道难以有效兼顾台厦，并且澎湖列岛作为台湾海峡的中枢，为台湾海峡要冲之地，仅设一员巡检驻防，管控力度太小，不足以弹压地方。于是，"加福建兴泉道巡海道衔移驻厦门，改台厦道为台湾道，添设台湾府通判一员驻澎湖，裁澎湖巡检一员"。将台厦道改为台湾道专管台湾，加强了对台湾的管控。在要冲之地澎湖地区裁巡检，设通判，置澎湖厅，在加强对澎湖管理的同时，其实也是加强了对台湾的管控。

乾隆年间，西北边疆形势和西南边疆形势都发生了巨大变化。西北边疆变化最大，朝廷击溃噶尔丹贵族势力，稳定西北边疆，并且开疆拓土。乾隆十九年（1754年）至二十年（1755年），平定准噶尔之乱，收复库车、乌什等地，在西北边疆的战事取得了重大胜利。乾隆十九年，杜尔伯特、和硕特、辉特等部内属大清。乾隆二十年，朝廷平定准噶尔；二十二年（1757年），收库车、沙雅尔、阿克苏、乌什诸城；二十三年（1758年），收和阗、喀什噶尔、叶尔羌诸城；二十七年（1762年），将这些地区统于伊犁将军。乾隆年间，清代疆土达到全盛。乾隆中期以来，为了加强西北防务和边区的管理，从乾隆二十四年（1759年）开始，在甘肃省境内设置了以管理西北边防要地为职能的巴里坤直隶厅，之后又在甘肃省和伊犁将军辖区陆续设置了具有同样职能的哈密直隶厅、乌鲁木齐直隶厅、昌吉厅、伊犁直隶厅、辟展直隶厅、奇台直隶厅，使清代政区厅新增了一种辖地来源——新辟疆土。此外，乾隆朝也撤厅设府，以提升朝廷对西域疆土的管控力度。例如，乾隆二十四年，将安西直隶厅改置为安西府；乾隆三十八年（1773年），将巴里坤直隶厅改置为镇西府，同时将乌鲁木齐直隶厅改置为迪化州，隶属于镇西府。在西南边疆方面，乾隆三十一年（1766 年）爆发了中缅战争。于是，乾隆三十五年（1770 年），朝廷在筹备中缅战争善后事宜时，将永昌府同知移驻龙陵地方，设龙陵厅，将芒市、遮方两土司拨归管辖，并置龙陵营，设游击一员，兵六百名。

　　嘉庆以后，清代统治者未再大面积开疆拓土。从道光朝开始，在帝国主义势力的侵犯下，清代东北、西北、西南等海疆以及东海、南海、黄海海疆的国防形势日益严峻。道光三年（1823 年），朝廷为加强对东南沿海岛屿的管辖，析宁波府象山县石浦地置石浦厅 ①。道光二十年（1840 年），英舰封锁广州珠江口，中英爆发鸦片战争，英舰攻陷浙江定海，抵达天津附近，其后返回广东，转年占领香港。道光二十一年（1841 年），清代统治者为加强对浙江定海地区的管控力度，设置了定海直隶厅。道光二十二年（1842 年），清廷和英国签订了中国近代史上第一个丧权辱国的不平等条约《南京条约》，其中包括向英国赔款，将香港岛割让给英国，开放广州、厦门、福州、宁波、上海等五处为通商口岸等内容。咸丰朝，帝国主义列强加快了入侵清朝国土的步伐。咸丰六年（1856 年），英国借口"亚罗号事件"，挑起了第二次鸦片战争。法国借口法籍天主教神甫马赖在广西西林被杀，亦出兵入侵中国。英法联军攻占广州。咸丰八年（1858 年），英法联军攻占大沽炮台，侵入天津城郊，扬言进攻北京。清政府在英法侵略者的威逼恫吓下，分别与俄、英、法、美签订《天津条约》。《天津条约》签订后，英法联军撤离天津，沿海陆续南下。咸丰九年（1859 年），英国再次攻打天津大沽口，蓄意挑起冲突，被清军击退。咸丰十年（1860 年），英法再次发动侵华战争，先后占领浙江舟山、大连湾、烟台，封锁了渤海湾，并以此作为进攻大沽口的基地。是年八月，英法联军由天津北塘登陆，占领天津，并以和谈为掩护向北京进军。咸丰帝逃至热河行宫，命恭亲王奕䜣留京议和。奕䜣代表清政府与英、法、俄签订了《中英北京条约》《中法北京条约》《中俄北京条约》，并批准了中英、中法《天津条约》。在《中俄北京条约》中，朝廷承认了咸丰八年沙俄迫使清黑龙江将军奕山签订的《瑷珲条约》，将黑龙江以北和乌苏里江以东中国领土割予

---

① 光绪《清会典》卷十四，中华书局影印本，1991 年，第 16 页，第 122 页。

俄国，使清朝丧失了 100 万平方千米的领土。沙俄不断侵犯黑龙江边境，朝廷对边疆控制日益削弱，因此朝廷开放边禁，鼓励移民，使大量汉族流民移入东北，使东北地区旗民杂处现象愈加突出。同治元年（1862 年）在呼兰城所设的呼兰直隶厅，便是在这样的背景下设立的。

同治三年（1864 年），中俄签订《勘分西北界约记》，将北起阿穆哈山，南达葱岭，西自爱古斯河、巴尔喀什湖、塔拉斯河一线，东临伊犁九城、塔尔巴哈台绥靖城总面积约 44 万平方千米的中国西部领土划入俄境。同治四年（1865 年），中亚浩罕汗国军事头目阿古柏在英国的支持下，乘新疆动乱之机率军入侵伊犁将军辖地，自立为"汗"，建立伪政权。同治十年（1871 年），沙俄利用新疆反清起义和浩罕汗国军官阿古柏入侵新疆后的混乱局面，趁火打劫，出兵侵占伊犁。同治十三年（1874 年），日本利用台湾高山族误杀漂流到台湾的琉球船民事件出兵侵犯台湾。同年十月，中日签订《北京专约》，日军自台湾撤出。

光绪朝，陆疆、海疆国防形势全面恶化。在海疆方面，光绪元年（1875 年），日本逼迫琉球与中国断绝关系，命令琉球停止对清朝贡，不接受清朝册封，使清朝丧失了对琉球的宗主权。在此背景下，朝廷意识到台湾海防战略地位的重要性，于光绪元年在台北艋舺地方设台北府。按照传统府制，府当有辖县，于是朝廷将淡水厅、噶玛兰厅分别改置为新竹县、宜兰县，隶台北府。光绪十年（1884 年），中法发生马尾海战。清军福建水师全军覆没。法军占领基隆、澎湖等地。后来，法舰全部撤出闽江口。马尾海战使清廷进一步意识到台湾海防的重要性。光绪十三年（1887 年），台湾淡水厅析置基隆厅，深化地方管理。光绪二十年（1894 年），中日发生甲午战争，北洋水师全军覆没，转年结束，中日签订《马关条约》。光绪二十六年（1900 年），八国联军侵华，攻占天津、北京、保定、张家口等地。慈禧太后和光绪皇帝仓皇出逃西安。光绪二十七年（1901 年），清廷被迫与列强签订《辛丑条约》。

在西北边疆方面，光绪朝以来面临着被英俄列强操控的局面。光绪二年（1876 年），清军在陕甘总督左宗棠的带领下进军新疆，于转年年底击溃阿古柏势力，收复了除伊犁地区以外的全部新疆领土，粉碎了英、俄两国妄图通过支持和利用阿古柏变新疆为其殖民地的阴谋。光绪七年（1881 年），清政府与俄国签订《中俄伊犁条约》，收回了伊犁九城及特克斯河流域附近的领土，规定伊犁以西应归俄管属，对斋桑湖以东之界作出调整，割让给俄国约 7 万平方千米土地，并留下了 2 万多平方千米的帕米尔待议区。朝廷在中俄划分伊犁等地界限后认识到在西域设置政区的重要性，设立新疆省，设置了喀喇沙尔直隶厅、库车直隶厅、玛喇巴什直隶厅、乌什直隶厅、英吉沙尔直隶厅、库尔喀喇乌苏直隶厅、精河直隶厅、塔尔巴哈台直隶厅等一系列政区厅，巩固和充实西北边防。

在东北边疆方面，光绪早期为加强东北边防设置了五常直隶厅、宾州厅、双城直隶厅、绥化直隶厅等政区厅。光绪二十二年（1896 年），沙俄"借地"在东北筑路；二十四年（1898 年），沙俄强"租"旅大地区；二十六年（1900年），沙俄在参加八国联军攻占北京的同时又出兵侵占东北江东六十四屯。光绪三十一年（1905 年），日俄战争爆发，俄日划分各自势力范围，东北边疆危机空前严重。光绪二十七年（1901 年），慈禧太后推行"新政"。新政内容之一是采取放垦政策，推行官垦蒙地，面向关内农民公开招垦，以增加财政收入并充实边防。内蒙古地区和东北地区，都是地广人稀，可垦地亩数量多，于是成为放垦的重点区域。光绪二十八年（1902 年）至光绪三十四年（1908 年），朝廷在东北地区大力推行"移民实边"政策，并大规模设置新的政区。朝廷在东北地区建省，并在旗人居住地设置大量政区厅，以充实东北边防。例如，光绪二十八年九月，在南荒围场弛垦地置延吉直隶厅，在宁古塔三岔口招垦局地置绥芬直隶厅。光绪三十年（1904 年）十二月，在通肯、海伦河新垦地置海伦直隶厅，在扎赉特旗莫勒红冈子垦地置大赉直隶厅。光绪三十四年，在曾被沙俄侵占的江东六十四屯一带设置瑷珲直隶厅。旗人居住地成为光绪时期新设政区厅的主要来源。为加强东北边防，朝廷也积极调整政区厅的层级。例如，光绪三年（1877 年），将兴京厅升为兴京直隶厅；光绪二十八年，将宾州厅升为宾州直隶厅。光绪时期，裁昌图厅、新民厅、海龙厅，分别置昌图府、新民府、海龙府，亦是出于进一步加强东北防务的需要。

在西南边疆方面，云南、广西、西藏国防形势逐渐严峻。光绪七年（1881 年），法国以帮助越南肃清北折红河两岸的"黑旗军""黄旗军"为由，大肆派兵进入北折占领河内，爆发法越战争，使清朝西南边疆局势严峻化。

光绪九年（1883年），爆发中法战争。光绪十一年（1885年），法军进攻中越边境的广西镇南关，被清军击退。中法签订并交换《中法会订越南条约》，北越驻军分期撤退回国，法国解除对台湾和北海的封锁。朝廷为加强广西边防，于光绪十八年（1892年）在南宁府境内设置上思直隶厅。此外，光绪十一年，英国以缅甸对其木材公司进行罚款制裁为借口对缅甸发起第三次侵略战争，势力逼近云南边疆。于是，光绪十四年（1888年），清廷在滇缅边界的南段孟连和勐勐两土司地设置了镇边抚夷直隶厅，归迤南道节制，进一步优化了王朝在云南西部边疆的设置。光绪十四年、二十九年（1903年），英军两次入侵西藏。朝廷为加强对川西、藏东地区的威慑，于光绪二十九年升打箭炉厅为打箭炉直隶厅，并于光绪三十四年（1908年）改置康定府。

宣统朝，继续在东北设置了营口直隶厅、辉南直隶厅、滨江直隶厅、东宁厅、珲春直隶厅、榆树直隶厅、呢吗口厅等一系列政区厅。以宣统元年（1909年）设置的呢吗口厅为例，"东三省总督锡良等奏吉林幅员辽阔、密迩强邻，设官守土尤宜首重边防。此次奏请添改道府厅州县各缺。大小共计二十余处。……另于密山府属呢吗口地方设一分防同知，以资镇摄"[1]。可见，该时期添改道府、厅、州、县主要是为了充实边防。宣统元年，将五常直隶厅、宾州厅、双城直隶厅、延吉直隶厅、绥芬直隶厅等均改为府。这些都是因充实边防的需要而裁厅为府。此外，东南沿海的南田厅、西南边地的个旧厅等均是出于加强边防的需要而设。宣统朝之所以设厅密集度高，主要原因就是边防压力大。

总之，清代国防形势的变化始终影响着清代政区的变迁。从雍正朝开始，国防形势直接影响到了政区厅的设立、层级变动、隶属关系调整以及裁撤等方面。光绪以后，边疆形势的急剧恶化，对光宣时期政区厅设置的影响最为突出。

四、地理位置与交通条件

清代政区厅的设置还受到地理因素的影响。清代大量政区厅是因为其自身处于边疆地区和外部国防形势的变化而设置的。除此之外，还有许多政区

---

① 《宣统政纪》卷十七，宣统元年秋七月己酉。

厅的设置受到地理环境的影响。

雍正五年（1727 年）三月，因地方紧要而设龙州厅，"又太平府新改上龙下龙二土司所属镇南大关系安南贡道，且水路可通内地，最为紧要，须设流官弹压，请将太平府通判移驻上下龙地方、兼管凭祥土州等处，经理镇南大关水陆隘口，绥辑土民"①。雍正五年八月，考虑到"贵州威宁府属之永宁县去府千里，驻劄衙署乃与四川之叙永同知共在永宁，而所属人民散处于四川江安、纳溪、兴义等县，且无贵州营汛，而以四川永宁协营弁代为稽查，奸良莫辨"②，故将永宁县改归四川，由叙永同知管辖。雍正九年（1731 年）二月，大甲溪以北地方距县城太远而置淡水厅，"彰化县距大甲溪一百五十六里，溪北更为辽远。一切钱粮命盗等项悉令赴县，殊属不便。请将大甲溪以北地方归淡水同知就近管理"。雍正六年（1728 年），因玉环虽近内地，而隔一海渡，其地在台、温两县之间，故置玉环直隶厅以加强对该地的管控。

乾隆十三年（1748 年），由于盐茶同知"所管州城西北一带，距城窵远"③，故而从固原州移至海喇都，将同知衙署改为中军参将衙门，复设盐茶厅。乾隆二十一年（1756 年）五月，因与丽江府距离较近，将原隶鹤庆军民府的维西厅改隶云南省丽江。乾隆三十二年（1767 年），因太湖之中的洞庭东山、西山与它们所隶属的吴县相隔甚远，官员不便于管理当地钱粮命盗等政务，故将这两处改置为独立政区——太湖厅。乾隆三十二年，因长江口屡涨沙洲，通州、崇明等地居民争抢沙地，故设海门同知驻扎于沙中适中之地，设海门直隶厅。凡通州、崇明、新涨各沙，归海门同知管理。乾隆四十一年（1776 年），因云南省曲靖府五嶅厅距曲靖府达八站，难以查察，故裁五嶅厅，改置五嶅州，还属广西直隶州。

嘉庆三年（1798 年），因漳州府漳浦县云霄地处析漳州府漳浦县、平和县、诏安县三县冲要之处，故而设置云霄厅。光绪二十八年（1902 年）八月，玛喇巴什直隶厅因与疏勒直隶州争水界，将疏勒直隶州改为疏勒府，将玛喇巴什直隶厅改为巴楚州隶属于疏勒府。光绪三十二年（1906 年），因太湖厅西

---

① 《清世宗实录》卷五十四，雍正五年三月壬辰。
② 《清世宗实录》卷六十，雍正五年八月乙未。
③ 《清高宗实录》卷三百一十三，乾隆十三年四月癸酉。

山地区的户婚、田土、命盗等司法案件全部划归太湖厅管辖，钱粮划归了吴县，并且西山与太湖厅同知驻扎的东山相距湖面数十里，同知对西山命盗各案兼顾难周，故析西山地区置靖湖厅。宣统三年（1911 年），因靖湖厅辖境面积过小，不太符合基层政区"百里之区"的特征，故而将其并入太湖厅。

五、土地开垦与流民、游民聚集

自古以来，汉民族都是安土重迁的民族，受农耕生产方式的制约，人口常年定居一方。清代以前对于定居人口，往往由地方政区通过编户方式进行管理。清代入主中原之初，战争局势尚未平息，人口锐减，大量土地荒芜，户籍散失，里甲制度松散。顺治元年（1644 年），朝廷认识到流民问题的严重性，希望通过丈量土地和编审人丁的办法改变现状，"真定巡按卫周允疏言：巡行各处，极目荒凉，旧额钱粮，尚难敷数，况地亩荒芜，百姓流亡十居六七，若照额责征，是令见在之丁代逃亡者重出垦熟之田，为荒芜者包赔也。臣以为欲清荒田，法在丈量，欲清亡丁，法在编审。果能彻底清楚，则钱粮自有实数，官吏无巧朦之弊，百姓免代赔之累矣。疏入。下所司议"①。顺治朝里甲和保甲制度并存。顺治五年（1648 年），规定每三年进行一次人丁编审。顺治十三年（1656 年）后，改为每五年编审一次。该时期，人丁编审的方式是胥吏衙役直接深入民间编审，人丁编审的对象仅是承担赋役的成年男丁，流民、游民未被纳入人丁编审范围。由于自然灾害、人口快速增长、农业生产技术发展缓慢、土地兼并、米价上涨、水利失修、吏治腐败、战乱等诸多诱因，大量农民失去土地，背井离乡谋求生计，形成了具有一定规模的流民、游民群体。宫宝利教授在《清代游民问题探析》一文中对清代流民和游民加以区分："清代农民中因自然灾害等原因，在本地无法生存，流徙他方，被视为流民。其中，一部分人待灾害消除便重返家园，脱离游荡状态，重新与土地结合；也有的人流徙到他处，垦荒佣耕，继续从事农业生产。这些人经过一段流徙求食的生活后又重新与土地结合，不再是流民，而又成为国家的编民。因而流民对他们来说，只是一种暂时的、过渡性的称呼。另一

① 《清世祖实录》卷十二，顺治元年十二月庚申。

部分人则因不能重新与土地结合，成为彻底被排挤出农业生产的失业人口，从而由流民演变成游民。"[1]

顺治朝为了增加税收，确保战争军费支出以及恢复地方生产，积极开荒劝垦，但是由于急科重赋，农民参与垦荒的积极性不高。早在顺治中后期时就已零星出现土地买卖之事，但不够普遍，规模也不大。朝廷视东北地区为"龙兴之地"，由修筑土堤"柳条边"，设置哨卡，限制内地汉人和朝鲜、蒙古人等去边外采参、狩猎和垦殖。朝廷为解决八旗子弟的生计问题，豁免了旗人的税赋与劳役，进行大规模"圈地"，圈占了京城附近顺天、保定、承德、永平、河间等府的无主荒地和原本属于汉民的大量良田，将其划归旗人。在京畿"圈地"的同时，又在口外盟旗游牧地占用大量土地。口外这一称呼，广义的统称长城以北的整个内蒙古，而狭义的则大致包括山西右玉杀虎口外的察哈尔右翼、归化城土默特和伊克昭、乌兰察布二盟[2]。顺治元年（1644年），朝廷在察哈尔八旗游牧地设立了若干所官庄[3]。转年，朝廷将长城沿线上的古北口、罗文峪口、冷口、独石口、张家口外的土地拨与正黄、镶黄等七旗的宗室、官员、兵丁[4]。驻防外地的八旗在山东、山西、陕西、江苏、宁夏等地也进行过圈地，不过规模较小。旗人"圈地"，造成了直隶一带大量农民无地可耕、丧失生活来源，形成了失地农民群体。清前期长城关口外自然条件良好，"田土高而腴，雨雪常调，无荒歉之年，更兼土洁泉甘，诚佳壤"[5]。新开垦的田地带来了大量的农耕劳动力需求。

康熙初期，一些富有者还没有以全部资力去购置农田。可不久，上自绅富，下至委巷工贾胥吏之俦，赢十百金，莫不志在良田，土地兼并活动的主要对象，不断出卖土地，或沦为佃户，或离开土地去另谋生路[6]。流民、游民数量随之增长。为进一步恢复农业生产，安定流民、游民，康熙朝继续实施

① 宫宝利：《清代游民问题探析》，《南开学报》，1998 年第 4 期。
② 乌云格日勒：《口外诸厅的变迁与清代蒙古社会》，《山西大学学报（哲学社会科学版）》，2007 年第 2 期。
③ 嵇璜等：《清朝文献通考》，商务印书馆，1936 年。
④ 李鸿章：《大清会典事例》，中华书局，1991 年。
⑤ 《清圣祖实录》卷二百二十四，康熙四十五年三月己未。
⑥ 李三谋：《清代土地贸易关系初探》，《农业考古》，1996 年第 1 期。

开荒劝垦政策。康熙七年（1668年），四川巡抚张德奏疏称："此等游手游食之人，既无恒产，自无恒心，在他省无地可耕，久则势必邪侈之事，无所不为。一至蜀土，无产而有产，自为良民，在于蜀省，无人而有人，渐填实而增赋税，一举两得，无逾于此。"[①] 可见，在朝廷看来，垦荒既能增加赋税，又能吸纳游手游食之人，将其转为良民。流民、游民成为被朝廷认可的垦荒力量之一。康熙十年（1671年）至十二年（1673年），朝廷持续性放宽起新垦地的起科年限，从三年增加至十年，提高了农民参与垦荒的积极性。康熙十五年（1676年），出于筹备镇压三藩战争军费的考虑，又改为三年起科；平定三藩之乱后，调回六年起科，垦荒效果得以提升。在社会局势总体稳定、农业生产逐渐恢复、朝廷赋税收入有所保障的情况下，朝廷对基层社会的控制进一步加强。康熙四十七年（1708年），朝廷调整保甲制度，十户设一牌头、十牌设一甲长、十甲设一保长，将保甲制度视为"捕盗良法"。随着保甲制度的日趋完善，其在人口管理上的功能日益凸显，同时具备了编户和治安的功能。例如，"巴邑三里各甲，俱经本县选定，保正每保一人，给予草册一本，二笔一墨，今将该管地段确切查明各户姓名，作何生理，有无粮业，及户内人口若干，填注草册内，户户开列"[②]。康熙后期，内地多数行省抛荒土地以及易垦土地已复垦，但是人口却快速增加，人地矛盾显现。清廷三令五申禁止汉民自发流向口外进行民垦，防止流民、游民给社会带来不安定因素。许多来自河南、山东、直隶等省的破产农民不顾朝廷禁令跑到口外开荒种地。清政府通过保甲法稽查游民，约束限制四方游民的活动[③]。

康熙时期朝廷占了关外大量土地，用于建公主府、牧厂、马场、农地、粮庄、围场、行宫，为朝廷与准噶尔贵族的战争提供粮饷。康熙二十年（1681年），朝廷实行"肄武绥藩"的策略，在口北翁牛特右旗和喀喇沁右旗牧地设木兰围场[④]。朝廷在木兰围场以行围狩猎的方式练军，起到锻炼军队、控制蒙古、团结满蒙、震慑沙俄、巩固北部边防的效果。此后，朝廷又在京

① 《明清史料》丙编，第十册，户部题本，北京图书馆出版社，2008年。
② 许乃钊：《乡首辑要合钞》卷二，清咸丰年间刻本，第2页。
③ 宫宝利：《清代游民问题探析》，《南开学报》，1998年第4期。
④ 景爱：《清代热河木兰围场研究》，中国古籍研究，第一卷，上海古籍出版社，1996年，第461～534页。

师和木兰围场之间建立了以热河行宫为代表的 20 多个行宫，以解决皇帝、大臣、将士等对食宿和生活必需品的需求问题。木兰围场和热河行宫的建立，带来了巨大的人流、物流，对口北地区土地开垦和人口增长起到了巨大的推动作用。康熙五十一年（1712 年），朝廷颁布"盛世滋生人丁，永不加赋"之令，使内地人口大量滋长。

雍正元年（1723 年），朝廷推行"摊丁入亩"政策，按土地数量征收人头税，减轻了百姓的赋税负担，再次刺激了人口的增长。在土地规模总体稳定的情况，人口的增长加剧了人地矛盾。在内地人口数量不断增长、人地矛盾加剧的背景下，在长城口外土地的开垦所产生的劳动力需求下，口内失土农民纷纷背井离乡，奔赴地广人稀的口外谋生。口外地区随着土地不断开垦和口内农业人口持续流入，农耕得到推广和发展，同时形成了"旗民杂处"的局面。长城口外"旗民杂处"的局面，打破了原有的"旗民分治"传统。清初，朝廷以八旗组织为界构筑起"旗民分治"的社会控制与管理方式，使旗人与民人保持着居则分城、官则分缺、业则例有分限、刑则固有等差的社会界限[1]。"旗民杂处"现象的出现，使农耕与游牧两种生产方式并存，一方面有助于促进旗民的接触与融合，另一方面也不断产生旗民之间的矛盾，给地方治理带来了新的问题。当汉人大规模进入以少数民族为主体的土司地或旗人居住地时，按照当地管理体制，他们就和当地人口一样不编户、不征税，不利于朝廷对这些人口的管理和赋税的征收。此外，总管旗的旗长为总管，多是不通汉文，处理旗民互讼事件十分棘手。朝廷逐渐意识到加强"旗民杂处"地区管理，将其纳入内地行政区划体系的必要性。清廷需要设立既可以弹压少数民族、处理旗民矛盾，又能保持对当地人口进行编户的新型政区。于是，从雍正时期开始，朝廷仿照卫所地和土司地派驻同知、通判专管的做法，将同知、通判派驻"旗民杂处"地区专管一方，处理旗民矛盾，强化地方管理，从而在这些地区产生了归化城厅、热河直隶厅、张家口直隶厅等诸多政区厅。雍正元年所设立的归化城厅、热河直隶厅便是为处理旗民矛盾问题而设。雍正二年（1724 年）所设的张家口直隶厅、雍正十年（1732 年）所设的多伦诺

---

[1] 孙静：《试论八旗汉军与满洲的差异性》，《中央民族大学学报（哲学社会科学版）》，2006 年第 5 期。

尔厅、雍正十二年（1734 年）所设的独石口厅均是旗民分治的结果，它们共同构成了著名的"口北三厅"，成为清代治理旗民矛盾的典型成功案例。政区厅官员享有三种权力：第一种是治理辖境旗人的权利，第二种是独自享有旗民交涉的"会审权"，第三种是享有治理地方刑钱等事的原州县官享有的权利①。这些权利使政区厅得以有效解决旗民杂处带来的问题。

朝廷面临着人地矛盾产生的汉民谋生问题，"国家承平日久，生齿殷繁，土地所出，仅可赡给，偶遇荒歉，民食维艰，将来户口日滋，何以为业，惟开垦一事，于百姓最有裨益"，于是将开垦作为解决人地矛盾的最佳办法。雍正五年（1727 年），朝廷颁布了山头地角、零星土地"免其升科"的谕令，鼓励百姓积极开垦山区。朝廷对农民垦种山地和零星土地的鼓励和引导，使许多农民涌向江西、四川等省山地，是历史上第二次"湖广填四川"高潮的重要组成部分。据《遵义府志》记载：清初在四川的泸州、合江、叙永一带就已有"闽、广、楚、蜀之人烧窑种靛，贸易其间"。又据《屏山县志》记载："雍正时，大批移民由湖广迁入。"②大量流民、游民涌入屏山县，加大了地方管理难度，于是朝廷于雍正八年（1730 年）将建武通判移驻屏山县新镇，置建武厅。

乾隆朝人口持续快速增长，农民离乡垦荒现象大量存在。一些农民在收成不好时为了养家糊口不得不变卖土地，成为流民、游民。有的富人不时地将银、钱贷给急需用钱的农家，其高利息迫使一些农户破产，失去家业和土地。例如，"豫省连岁不登，凡有恒产之家，往往变卖糊口，近更有于青黄不接之时，将转瞬成熟麦地贱价准卖。山西等处富户，闻风赴豫，举放利债，借此准折地亩，……一经准折，即攘为己有"③。面对大量流民、游民的管理问题，乾隆五年（1740 年），朝廷规定各督抚于每年十一月将户口数与谷数一并造报（番疆苗界不入编审者不在此例），使户丁编审对象从承担赋役的成年男丁扩展为全民。乾隆时期，汉民继续涌入旗人居住地，旗民杂处带来的矛盾依然困扰朝廷。虽然乾隆五年颁布了法令，严格禁止汉人进入山海关，但是

---

① 赵国峰：《清代东北地方厅研究》，东北师范大学硕士学位论文，2005 年。
② 屏山县志编纂委员会：《屏山县志》，四川人民出版社，1998 年。
③ 《清高宗实录》，卷一千二百五十五，乾隆五十一年五月。

依然难以阻挡汉民涌入东北。该时期在更多的"旗民杂处"之地出现政区厅，有些在原旗人居住地设置的政区厅又析置新的政区厅。乌兰达哈直隶厅、三座塔直隶厅、岫岩厅、兴京厅等厅的设立便是为了管理东北和直隶省的旗民杂处之地。

迫于与日俱增的人口压力，乾隆朝多次颁布零星土地"永免升科""永为世业"之令，期望进一步提高土地利用率。在朝廷政策的引导下，许多农民涌向了山区或沿海沙地，使这些贫瘠之地称为流民汇聚之地。江西地区山多地少，许多流民涌向山区，推动朝廷调整行政区划。乾隆八年（1743 年），在吉安府永新和安福两县之砻西、上西两乡地置莲花厅，就与该地区流民难以管控有关。川、陕、楚边界各省深山老林中土著人民还不到十分之一二，湖广的流民却占了十分之五，江西各省的流民则占了十分之三四。流民的增长导致匪患滋长。"川省五方杂处，良莠不齐，诈扰抢夺之案甲于天下。"[1] 川省难治之区，重庆为最，重庆府巴县地处长江与嘉陵江交汇处，是长江上游最大的水路贸易集散地，庞大的流民群体加剧了匪患的滋生[2]。于是，乾隆二十三年（1758 年），将江北分防同知为理民督捕同知，割巴县义、礼二里以及仁里六甲之地置江北厅，加强对该地匪患的治理。

乾隆中期征服伊犁地区后，朝廷在该地实行军屯的基础上又积极鼓励民垦，扩大生产。朝廷通过分地、发放农具和种子等形式，大力招徕邻近伊犁并且土地贫瘠的甘肃北部农民，因此吸引了大量肃北贫民到伊犁开垦耕种。在此背景下，朝廷设置了伊犁直隶厅、辟展直隶厅、奇台直隶厅等政区厅，管理当地屯田纳粮。乾隆三十七年（1772 年），朝廷废除人丁编审制，对人丁户籍的直接管控由严格变得松散，为人口流动创造了便利条件。乾隆三十八年（1773 年），朝廷在流民聚集的赣州府定南县山区设置定南厅。继"湖广填四川"人口移民潮之后，掀起了一场"川楚移陕南"的移民浪潮，"至乾隆年间，流民基本填充了汉水谷地和秦巴山地老林地区"[3]。由于流民的涌入，朝

---

① 《巴县档案》，《为政之要重安民，而安民莫先除暴》，档号：6-7-133。

② 罗权：《清代四川巴县匪患的类型、分布及应对》，《西南交通大学学报（社会科学版）》，2017 年第 3 期。

③ 张晓虹：《清代移民与陕西汉水流域民间风俗的嬗变》，《中国历史地理论丛》，2002 年第 3 辑。

廷同样在陕南地区调整行政区划。乾隆四十七年（1782 年），在西安府咸宁县境内置孝义厅；乾隆五十四年（1789 年），在兴安府安康县地置汉阴厅。

　　嘉庆朝，随着东北地区大量流民的涌入和地域开发的推进，朝廷在东北地区设置伯都讷直隶厅、长春直隶厅等政区厅。随着流民不断迁入秦岭或大巴山区，该地区设置了一批政区厅。嘉庆五年（1800 年），在五郎关厅的关口驻城建镇，将其改名为宁陕厅；嘉庆七年（1802 年），置定远厅；道光三年（1823 年），置砖坪厅；道光四年（1824 年），置佛坪厅。道光元年（1821 年），为了加强对川陕边境老林流民的管理，设立了城口厅。咸同时期的太平天国运动结束后，清廷针对南方多省人口锐减、耕地荒芜的现状，认为"善后要政，莫急于垦荒"，各主要荒废省区先后拟定出垦荒章程，各垦荒州县先后设立"劝农局""招垦局""招耕局"之类的机构，从事荒地的招垦事宜①。咸丰十年（1860 年），朝廷改变了东北封禁政策，开始弛禁并招民垦荒，使许多关内流民涌现关外。同治元年（1862 年），在呼兰城设呼兰直隶厅也是在移民实边的情况下为管理流民而设。

　　光绪时期，朝廷继续推行招民垦殖政策，诏令"凡有愿赴边地开发之人，各视其力之所及，自行认垦，所垦之地，即作该垦户业"②。光绪朝为解决财政压力，开始在东北、内蒙古等地大范围放垦。东北大放垦使当地人口猛增。"从光绪三年（1877 年）至二十三年（1897 年），在二十年之中，奉天人口增加 100 余万，吉林增加了 40 余万……从光绪二十三年至宣统三年（1911 年）的十四年中，奉天增加了 600 万，吉林增加了 470 万。"③内蒙古地区的开垦力度虽然小于东北，但是也吸引了不少流民、游民。光绪二十八年（1902 年），设立五原直隶厅、陶林直隶厅、武川直隶厅、兴和直隶厅、东胜直隶厅等直隶厅，以强化对蒙汉农牧交错地带的管理。其他省份同样因为流民、游民管理问题而设政区厅。湖南省北部洞庭西湖淤积形成的南洲，因地积田广吸引大量流民、游民前来垦荒，民众间争洲夺地以至命案层出，于是光绪二十年

---

① 吴善中：《客民·游勇·盐枭——近代长江中下游、运河流域会党崛起背景新探》，《扬州大学学报（人文社会科学版）》，1990 年第 5 期。
② 吴丰培：《赵尔丰川边奏牍》，四川民族出版社，1984 年，第 51 页。
③ 彭雨新：《清代土地开垦史》，农业出版社，1990 年，第 269 页。

（1894年）朝廷在南洲及周边地区设置了南洲直隶厅，以资控制。光绪二十九年（1903年），朝廷在闽粤流民集聚的江西省赣州府置虔南厅。宣统朝同样如此。因四川省宁远府盐源县乃"失业流民之所处，滇黔负贩之所经"[1]之地，流民汇聚，于宣统元年（1909年）析盐源县阿所拉巡检地置盐边厅。宣统二年（1910年），朝廷又在流民汇聚的赣州府南昌府铜鼓营地区置铜鼓厅。

总之，清代日益突出的人地矛盾产生了大量无产无土的流民、游民。统治者本着"天下有田之民易安，无田之民难安"的治世思想，期望通过垦荒扩大农业生产，充实边地，并安定游民、流民。这些游民、流民在垦荒之地高度集中，带来了地方治理难题，对清代许多政区厅的设置产生了不可忽视的推动作用。

六、地方社会动乱

清代统治者入关之后，将有限的八旗兵力主要部署在北方要地，依靠明朝的降官降将充当前驱对付农民起义军和南明朝廷势力。尤其是顺治十六年（1659年）吴三桂攻占云南，迫使南明永历帝逃亡缅甸，消除了南明势力在内地的威胁，为稳定南方形势作出了贡献。清廷将汉人降将有功者分封管理在一些南方省份。其中以三藩为代表：吴三桂封平西王，镇守云南，兼辖贵州；尚可喜封平南王，镇守广东；耿仲明封靖南王，镇守福建。

康熙帝深知朝廷中外之利害和前代藩镇之得失，鉴于三藩势力掌控着辖地行政、军队、税赋等大权，对朝廷构成很大的威胁，于是在康熙十二年（1673年）下旨撤除三藩。是年十一月，吴三桂发布檄文，起兵叛乱，从而发生了历时八年的"三藩之乱"。其间，吴三桂在湖南衡州称帝。清廷与三藩之间的战争遍及云南、贵州、广西、福建等诸多省份。康熙二十年（1681年），被清兵围困于云南昆明的吴三桂之孙吴世璠自杀，吴军开城投降[2]，标志着清

---

[1] 光绪《盐源县志》卷一二《艺文志》。陈震宇：《邑侯徐公竹崖德政碑》，清光绪二十年刻本。

[2] 中国人民大学清史研究所：《清史编年》第二卷，（康熙朝）上，中国人民大学出版社，1988年，第410页。

廷彻底镇压了"三藩之乱",基本清除了南方地方割据势力,避免了国家分裂。战争结束后,朝廷在福州、广州、荆州派八旗兵驻防,在广西、云南派绿营兵镇守。康熙二十二年(1683年),朝廷又收复了台湾,结束了沿海一带朝廷与南明残余势力斗争的局势。地方局势的稳定,为朝廷进行卫所政区化和"改土归流"提供了稳定的社会环境。康熙二十六年(1687年)在卫所地开始出现政区厅就是得益于平定三藩后的稳定局势。

雍正元年(1723年),青海和硕特首领罗卜藏丹津纠集部分蒙古贵族公开反清叛乱。这次叛乱历时不足八月就被抚远大将军年羹尧平定下来,但这也直接导致了清政府治藏政策的变化①。乾隆二十七年(1762年)在甘肃境内与青海交界之地设置循环厅,"兰州同知驻劄河州城内,所管番民七十一寨、一十五族,计一万四千余户,俱散处边外之循化、保安、起台三营地方,距城窎远,难于控制",由循化厅河州同知办理"一切命盗词讼案件"与"番民完纳粮赋"事宜。雍正朝大规模"改土归流"深化了朝廷对民族地区的控制,同时也加强了对少数民族的统治与剥削,加剧了中央与少数民族地区之间的矛盾。在"改土归流"的苗地,修城、建署、筑碉、开驿等,大量无偿役使苗民,加之繁重的赋税和各种名目的摊派,给苗民带来了沉重的负担。苗民不堪忍受残酷的剥削和压迫,反抗情绪日益高涨。雍正十三年(1735年),苗民在包利的领导下,在贵州古州厅发起武装起义,至乾隆元年(1736年)被朝廷镇压。为了控制苗民,清政府强制"苗汉杂居",便于监视苗民的一举一动。乾隆五年(1740年),吴金银等在广西省广南、龙胜等地领导苗、瑶、侗等族起义,被朝廷镇压。在这种情况下,朝廷为了加强对当地少数民族的管理,于乾隆六年(1741年)在龙胜地区设置龙胜厅。朝廷还在广大苗区编保甲、立寨长,实行连坐法,以加强对苗民的控制。乾隆十二年(1747年),四川省大金川土司攻打明正土司等地,朝廷派官兵弹压,至乾隆十四年(1749年)平息战事。乾隆三十六年(1771年),大、小金川土司共同反清叛乱,至乾隆四十一年(1776年)被朝廷镇压。于是,乾隆四十一年,朝廷在大、小金川土司地分别置阿尔古直隶厅和美诺直隶厅。

乾隆中期以后,地方各族民族起义接二连三地爆发了。乾隆二十六年

---

① 《清高宗实录》卷六百五十六,乾隆二十七年辛丑。

（1761年），僧人郑洪二化名万云龙，在福建创立天地会，反清复明。乾隆三十三年（1768年），万云龙派手下卢茂率众攻漳浦县衙门，被清军镇压。乾隆三十九年（1774年），王伦就率领白莲教分支清水教徒，在山东寿张县发动农民起义，聚集上万门徒民众，杀死临近三个县的地方官员，占领临清。在内部意见有分歧的情况下被朝廷镇压。乾隆四十六年（1781年），甘肃兰州府循化厅发生苏四十三领导的回民起义。起义军攻陷甘肃河州，直攻兰州，占领城西南高山，最终被清军镇压。朝廷令地方官以"办善后"为由，在各地设立乡约制度，限制穆斯林正常的宗教活动，对各地穆斯林严加管制，并妄加罪名，肆意捕杀迫害。乾隆四十八年（1783年），甘肃地区再次爆发了田五、张文庆领导的回民起义。乾隆五十一年（1786年），因台湾府知府孙景燧取缔天地会，逮捕天地会领袖林爽文之叔伯，林爽文率军劫狱反抗，攻下彰化，杀台湾知府孙景燧，进驻彰化县衙门。林爽文建立了革命政权，被推为"顺天盟主大元帅"。之后，攻下淡水、诸罗。乾隆五十三年（1788年），起义军进攻台湾府城失败，被清军镇压。林爽文起义，迫使乾隆皇帝不得不在大屠杀的同时，下令罢掉"番、民田界之禁"，允许汉族和高山族人民自由垦荒。乾隆六十年（1795年），爆发了规模较大的波及湖南、贵州、四川三省的苗民起义。汉族官僚地主及商人等"客民"不断侵占苗族人民的土地，化"苗地"为"民地"，再加上官吏欺压百姓，贵州省铜仁府松桃厅苗民石柳邓发动起义。湘西永绥厅石三保、凤凰厅吴半生、乾州厅吴八月等各寨苗民纷起响应，攻占贵州、湖南、四川许多州县。

嘉庆元年（1796年），清军平息乾隆末年以来的苗民起义。嘉庆元年、二年（1797年），朝廷为了加强对苗人的治理，将凤凰厅、永绥厅、乾州厅、松桃厅均升为直隶厅。嘉庆元年，白莲教教首刘之协举起了反清大旗，发起白莲教起义。这场轰轰烈烈大起义，是清代中叶影响最大的一次农民起义，纵横川、陕、楚、豫、甘五省，历时9年半，至嘉庆十年（1805年）才被镇压下去，严重地动摇了清朝的统治基础。在镇压起义过程中，朝廷于嘉庆六年（1801年）将川、陕、鄂交界处的太平县改为太平直隶厅，以加强对这些地区的控制。嘉庆时期，贵州松桃直隶厅、湖南永绥直隶厅苗民又发起起义。其中，嘉庆九年（1804年），永绥直隶厅石宗四、石贵银发动的起义规模最大。

咸丰元年（1851 年），广西省桂平县爆发了太平天国运动，历时 14 年，势力辐射广西、湖南、江苏等 17 省，至同治三年（1864 年）以失败告终。咸丰元年至同治七年（1868 年），在黄河、淮河流域，爆发了由捻党转化而来的捻军起义。在皖、豫、鲁、苏、鄂交界地区，形成十余支相对独立的队伍，并逐步由分散、零星的斗争趋向联合。同治元年（1862 年），任武和郝明堂领导回民发起起义，攻下陕西省渭南、高陵、华州、华阴等县。同年，太平天国军进攻淅川厅，围城数日，转而西进攻占厅内荆紫关镇。同治三年，太平天国军和捻军会师于李官桥镇，附近百姓踊跃投军，两军兵力大增，对朝廷威胁加大。同治七年，左宗棠平定陕甘回民起义。为了强化对回民的控制，同治十年（1871 年）、十一年（1872 年）先后在甘肃增设化平川直隶厅、宁灵厅等政区厅。

光绪三十一年（1905 年），朝廷将地处河南西南边界，界连楚、陕的淅川厅升为淅川直隶厅。这也和地方民族起义有一定关系。光绪三十一年，以河南省淅川厅界连楚陕、教堂林立为由，将淅川厅升为淅川直隶厅，也有出于防范该地民众起义的考虑。

辛亥革命推翻了清朝的统治，推进了中国近代民主化的进程，同时它也摧毁了清代地方行政管理秩序，给清末民初的地方社会带来了较大的混乱。许多省份在革命成功之后建立了军政府，作为省内最高的管理机构。面对当时混乱无序的社会局面，相对于类型复杂、层级较多的行政区划制度而言，类型简单、层级较少的行政区划制度能够将革命军的统治力更为直接而高效地传导到地方社会，更加有利于稳定社会局面，因而上述各省纷纷推行省县二级制，使大量政区厅和府州一道被改置为县。民国初年，中央政府积极顺应政区简化的趋势，在全国范围内推行府州厅改县，同时为了削弱地方军政府的专权，将道作为二级政区，形成了政区类型简化的省道县三级政区制度。

七、地方政区的行政效能问题

地方政区行政效能的高低关系着政区设置是否能达到统治者的需求。当一些地方政区行政效能低下时，统治者会进行政区调整。例如，雍正十三年（1735 年）十月，云南省普洱府思茅厅是"蠢顽聚处"，原设通判对该地管控力度不足，故将攸乐同知移驻思茅，裁撤攸乐厅，将其辖地并入思茅厅，并将驻防攸乐的普洱镇标右营游击移驻思茅统兵防守。乾隆八年（1743 年），因原设知县难以弹压莲花地区，故析江西省吉安府永新县 20 个都、安福县 12 个都置莲花厅。"盖知县之职，以之整饬境内则易，以之弹压边疆则难。易以分府驻防，固职之与地尤相宜者也。况居此者又皆自知县之卓异升擢而来，其洞悉民情、练习吏事，有制锦之能，而无宰割之伤。宜乎振贫起瘵，旋至立效，为斯土之福星。独体统严肃云尔哉。若诸属员或因或革，并随时地制宜，而循分称职，亦各视其长焉。"① 可见，莲花厅的设置是为了消除当地设县难以弹压民众的弊端。

地处江浙边界的江苏省太湖地区原来归陆地上的吴县管辖，知县驻地与太湖民众之间隔着大面积湖面，管理起来有诸多不便。为了提高行政效能，乾隆元年（1736 年）设太湖同知管理太湖地区捕盗政务，乾隆三十二年（1767 年）太湖同知专管太湖地区，其地成为政区厅②。乾隆十二年（1747 年）二月，因永吉州旗民政务俱申报府尹转咨影响行政效能，故将其升为吉林直隶厅。"据宁古塔将军阿兰泰奏称永吉一州设在吉林乌拉，系宁古塔将军所辖地方。该州向隶奉天府，一应办理旗民政务俱申报府尹转咨，不但稽延时日，且于办理事件，多至掣肘。请将永吉州改设理事同知，属宁古塔将军管辖等语，着照该将军所请，永吉州改设理事同知。管理该州政务。"③ 乾隆二十九年（1764 年），因和林格尔厅、萨拉齐厅、托克托厅、清水河厅等散厅径报政务于归化城直隶同知核转，行政效率低，故将它们都升为直隶于归绥道的直隶厅，致使乾隆二十九年成为清代调整厅层级最多的年份。乾隆三十五年（1770 年），景东府、蒙化府、永北府因无属县，不合府制，故分别改置为景东直隶厅、蒙化直隶厅、永北直隶厅。乾隆三十八年（1773

---

① 道光《定南厅志》卷四，《文秩官》，清乾隆四十四年刻本。
② 胡恒：《清代太湖厅建置沿革及其行政职能变迁考实》，《苏州大学学报（哲学社会科学版）》，2014 年第 5 期。
③ 《清高宗实录》卷二百八十四，乾隆十二年十二月壬戌。

年），因赣州府定南县地处万山，界连江广，政务繁剧，原设的知县不足以弹压，故将赣州府同知移驻该地置定南厅。嘉庆二十五年（1820 年），因州判不足以弹压作为中缅陆路交通要道的云南腾越地区，改置直隶同知，置腾越直隶厅。光绪三十年（1904 年），因太平洲一带原分属于四府六县，管理不便，稽查难周，故在该地设置独立政区——太平厅。光绪三十二年（1906 年），因太湖厅西山地区的户婚、田土、命盗等司法案件全部划归太湖厅管辖，钱粮划归吴县管辖，并且西山与太湖厅同知驻扎的东山相距湖面数十里，同知对西山命盗各案兼顾难周，故析西山地区置靖湖厅。光绪三十四年（1908 年）四月，普安直隶厅因贵西道被裁而无道员巡查，不再符合直隶厅体制，故将其降为盘州厅。

八、地方经济社会的发展

地方经济社会的发展或多或少地对清代政区厅的设置产生了影响。康熙五十一年（1712）规定以后滋生人丁不再加征丁银，其后逐步实行摊丁入地，丁银全部并入田赋。康雍乾时期，在康雍时期"滋生人丁，永不加赋""摊丁入亩"政策和相对和平的社会背景下，人口数量突飞猛进。雍正二年（1724 年）至七年（1729 年），朝廷在大部分省份实施"摊丁入亩"政策，将丁银纳入田亩之中征收。雍正时期，随着人丁和纳粮数的增加，有些专管卫所地或旗民杂处地的政区厅转型成为州、县或并入州、县。例如，将直隶省热河直隶厅改为热河直隶州，将甘肃省平凉府盐茶厅并入固原州，将甘肃省巩昌府靖远厅改置为靖远县。

乾隆时期，一些地方政区由于人丁兴盛、政务繁杂，改置或析置政区厅。析置政区厅的例子包括：直隶省顺天府下设东、南、西、北四路直隶厅，分别管理各路州、县刑名捕盗之事；山西省归化城直隶厅析置和林格尔厅、萨拉齐厅、托克托厅、清水河厅四个散厅；湖南省城步县析置长安厅；甘肃省兰州府河州析置循化厅。也有一些政区厅由于人口渐盛、纳粮渐多而走向府、州、县。例如，乾隆三十八年（1773 年），因巴里坤直隶厅发展成为居民稠密的边陲大都会，且为交通要道，故将其改为镇西府，并将乌鲁木齐直隶厅改置为迪化州隶属于镇西府，又将哈密直隶厅、辟展直隶厅、奇台直隶厅降为散厅，隶属于镇西府，以确保镇西府规模。

有的政区厅随着手工业的发展由散厅发展为直隶厅。例如，乾隆四十一年（1776 年），地处川贵边境的仁怀厅，酿酒业日趋兴盛，人丁渐盛，境内多闽、广、楚、蜀各省烧窑、制陶、制造酒坛之人，故升为仁怀直隶厅①，以加强对当地的管理。有的政区厅随着人口、农业、贸易的发展而成为府，并影响周边其他政区厅的走向。乾隆四十三年（1778 年），因热河地方"数十年来户口日增，民生富庶，且农耕蕃殖，市肆殷阗，其秀民蒸蒸向化，弦诵相闻。现已兴建学宫，议定庠额，并命设立考棚，将来人文日盛，俨然成一大都会"②，故将热河直隶厅改置为承德府，并将其周边地域较大的八沟直隶厅改置为散州，将地域较小的四旗直隶厅、塔子沟直隶厅、哈喇河屯直隶厅、乌兰达哈直隶厅、三座塔直隶厅均改置为县，皆隶属于承德府。

道光四年（1824 年），由于地处中原的仪封厅已经和普通县地无异，故裁撤仪封厅，将其地并入兰阳县。同治七年（1868 年）闰四月，因为土客矛盾冲突严重，析广州府新宁县赤溪、曹冲等地置赤溪直隶厅③，隶广东省。同治十三年（1874 年）十月，因盐茶厅成为政区厅时其同知所管辖的政务已经从以盐税和茶税为主转为以命盗词讼征粮为主，但是其名称依然沿用盐茶厅，随着当地的发展，盐茶厅"名实不符"的特征愈加明显，故将其改为海域县。

光绪时期，一些地区因商业发展置政区厅。光绪二十五年（1899 年），因湖北省汉口镇在开埠后商人大量涌入，华洋交涉，地方紧要，故在汉阳府汉阳县汉水以北地区析置夏口厅④，治汉口镇，管理当地民政政务。有的直隶厅由于人丁旺和征粮量多而改置为直隶州。光绪二十八年（1902 年）八月，因库车直隶厅广延八百里，征粮一万余石，土性沃饶，将其改为库车直隶州。

① 《清高宗实录》卷一千零九十九，乾隆四十一年五月壬辰。
② 《清高宗实录》卷一千零四十八，乾隆四十三年正月乙亥，又卷一千零五十，二月甲午。
③ 《清穆宗实录》卷二百三十一，同治七年闰四月丁巳。
④ 《清德宗实录》，卷四百四十一，光绪二十五年三月甲子。

本 章 小 结

中国历史上政区厅的设置具有以下演变特征：第一，政区厅名称非常稳定。第二，政区厅辖地来源由单一走向多元，以县地、旗人居住地、土司地为主要来源。第三，政区厅设立数量起伏明显。乾隆光绪两朝设厅数量大，雍正、宣统两朝设厅密集度高。第四，不同时期政区厅裁撤数量差异显著，裁撤去向从均衡走向集中，先是走向"以县为主"，然后走向"以府为主"，最后又走向"以县为主"。第五，政区厅层级、隶属关系相对稳定，主要将散厅升为直隶厅，由隶府改为隶道。

政区厅的设置演变主要受到以下八个因素的影响：卫所和土司的政区化，朝廷对职官数量的控制，国防形势的变化，地理位置与交通条件，土地开垦与流民、游民聚集，地方社会动乱，地方政区的行政效能问题，地方经济社会的发展。任何一个因素都可能引起政区厅设置的变化。卫所和土司的政区化因素在康雍乾时期是政区厅设置演变的主要影响因素，之后基本没有影响了；朝廷对职官数量的控制，主要是在乾隆至同治时期，间接地影响政区厅的设置；边防形势变化因素主要是乾隆至宣统时期，特别是在乾隆朝和光绪朝对政区厅设置影响较大；地理环境因素是区域性的次要影响因素；土地开垦与流民、游民的汇聚是比较重要的影响因素，是长期性的、全国性的，在乾隆朝和光绪朝影响最为明显，四川、湖南、山西、东三省等地受流民影响较大；民众起义是突发性的、暂时性的、区域性的；经济社会因素是区域性的、次要的。总之，清代政区厅设置的影响因素中，影响较大的依次是国防形势变化，土地开垦与流民、游民的汇聚，卫所和土司的政区化。

上述影响因素交织在一起，使中国历史上政区厅的设置呈现出五个方面的演变特征。就具体政区厅而言，其设置情况往往受到多个因素的影响。例如，八沟直隶厅的设置受到流民、游民聚集，地方经济社会发展因素的影响；莲花厅设置受到职官数量控制，行政区划效能问题，流民、游民聚集等因素的影响；伊犁厅的设置受到国防形势变化，流民、游民聚集的影响；太湖厅的设置受到地理与交通条件、地方政区行政区划效能因素的共同影响；阿尔古直隶厅的设置受到土司政区化、地方社会动乱的共同影响；镇边抚彝直隶厅受到土司政区化、国防形势变化的综合影响。

第五章　政区厅的时空分布特征

对政区厅进行时空分布研究，是历史地理学的重要研究领域。政区厅作为新型政区，其时空分布有何特征？本章对政区厅的时间分布和空间分布分别进行探讨。不同朝代或不同年份政区厅时空分布以该朝代或年份结束时刻的情况为准。

第一节　政区厅的时间分布特征

中国历史上政区厅的时间演变特征如下。

一、清代呈现总体增长态势，民国快速消亡

清代政区厅呈现总体上升态势。康熙二十六年（1687 年）出现第一个政区厅，发展到康熙五十七年（1718 年）为 3 个散厅和 2 个直隶厅，此数量规模保持到康熙末年。可见，康熙朝厅增长速度缓慢，散厅和直隶厅数量始终很少。

雍正朝厅增长速度明显加快，其时间分布情况如图 5-1 所示。雍正时期厅数从雍正元年（1723 年）的 7 个发展至雍正十三年（1735 年）的 41 个，顶峰时期是雍正十二年（1734 年）的 42 个。雍正元年，散厅数量为 4 个，发展至雍正十三年达到顶峰 33 个。雍正元年，直隶厅数量为 3 个，发展至雍正

十三年的 8 个，顶峰时期是雍正十一年（1733 年）和雍正十二年（1734 年）的 10 个。可见，雍正时期厅数的时间分布的演变整体呈现上升趋势。散厅数量时间分布演变趋势与厅的整体趋势相似，而直隶厅数量增长缓慢。

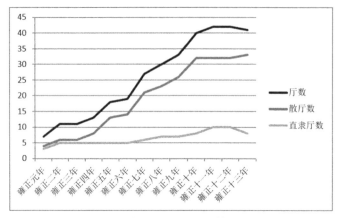

图 5-1　雍正朝政区厅的时间分布

乾隆朝政区厅发展速度也很快，该时期厅的时间分布情况如图 5-2 所示。乾隆元年（1736 年）厅数为 41 个，发展至乾隆六十年（1795 年）的 83 个。其间，乾隆四十一年（1776 年）达到顶峰 88 个。乾隆元年，散厅数量为 32 个，发展至乾隆六十年的 58 个。其间，乾隆五十六年（1791 年）达到顶峰 59 个。雍正元年（1723 年）直隶厅数量为 9 个，发展至乾隆六十年的 26 个。其间，乾隆三十七年（1772 年）、四十一年至四十三年（1778 年）达到顶峰 32 个。可见，乾隆时期散厅和直隶厅数量均有较大增长。散厅数量依然远大于直隶厅数量且增速要快于直隶厅。其间，乾隆中期政区厅发展最快。

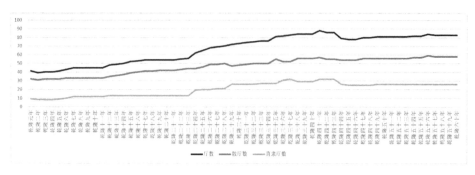

图 5-2　乾隆朝政区厅时间分布

嘉庆朝厅数依然在增加。嘉庆元年（1796 年），厅数为 83 个，至嘉庆二十五年（1820 年）达到顶峰 100 个。嘉庆元年，散厅数量为 55 个，发展至嘉庆二十四年（1819 年）、嘉庆二十五年，达到顶峰 62 个。嘉庆元年，直隶厅数量为 29 个，至嘉庆二十五年达到最高值 38 个。可见，嘉庆朝时期厅数总体上呈现上升趋势，但是增速放缓，特别是散厅的增速相比乾隆时期下降显著。

道光元年（1821 年），厅数量为 101 个，至道光二十三年（1843 年）达到顶峰 109 个。道光元年，散厅数量为 63 个，至道光二十三年达到顶峰 71 个。道光元年，直隶厅数量为 38 个，至道光二十三年依然为 38 个，其间略有波动。可见，道光朝厅的时间分布变化不大，总体上呈现稳中有升的趋势，增速比咸丰朝慢，特别是直隶厅数量基本保持稳定。

咸丰元年（1851 年），政区厅数量为 109 个，于咸丰五年（1855 年）至咸丰十一年（1861 年）达到顶峰 110 个。咸丰时期散厅数量始终为 71 个。咸丰元年，直隶厅数量为 38 个，于咸丰五年至咸丰十一年达到顶峰 39 个。可见，咸丰朝厅数非常稳定，散厅数量没有变化，直隶厅只增加了 1 个。

同治元年（1862 年），政区厅数量为 111 个（散厅数量 71 个、直隶厅为 40 个），于同治十年（1871 年）至十三年（1874 年）达到顶峰 116 个（散厅 73 个、直隶厅 43 个）。可见，同治朝厅数的增速有所提高，其中散厅和直隶厅增速接近。

光绪朝政区厅时间分布变化显著。该时期厅的时间分布情况如下图 5-3 所示。光绪元年（1875 年），厅数为 115 个，至光绪三十四年（1908 年）达到最高值 145 个。光绪元年，散厅数量为 72 个，发展至光绪三十四年达到顶峰 76 个。光绪元年，直隶厅数量为 43 个，至光绪三十四年为 69 个，其中光绪三十二年（1906 年）达到顶峰 71 个。可见，光绪朝总体上厅数增长显著，增速提升，特别是光绪后期。光绪时期散厅增加不多，直隶厅则迅猛增长，不仅增速超过散厅，而且在光绪三十年（1904 年）至三十一年（1905 年）直隶厅数甚至超过了散厅数。

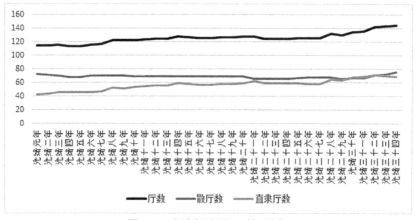

图 5-3　光绪朝政区厅时间分布

　　宣统元年（1909 年），政区厅总数为 151 个，为历史上数量最多的时期。宣统三年（1911 年），政区厅总数降到 148 个。宣统元年，散厅数量为 82 个，至宣统三年增至 83 个。宣统元年，直隶厅数量为 69 个，之后逐渐降至低谷65 个。宣统朝这三年，政区厅数量变化不太大。

　　民国元年（1912 年），政区厅总数为 100 个，散厅 62 个，直隶厅 38 个。民国二年（1913 年），政区厅数减至 11 个，其中散厅 4 个，直隶厅 7 个。民国三年（1914 年）政区厅消亡（不含日本在台湾所设的政区厅）。1945 年，收回台湾后暂时保留了日方所设的 3 个政区厅，所以我国再次出现了政区厅。当年将其裁撤，政区厅再次消亡。

　　总之，清代政区厅呈现总体增长态势，康熙、嘉庆、道光、咸丰、同治等五个时期政区厅分布数量缓慢增长；雍正、乾隆、光绪、宣统等四个时期政区厅分布数量较快，民国时期政区厅快速消亡。散厅的快速增长主要发生在雍正、乾隆、光绪三个时期。直隶厅的快速增长主要发生在光绪时期。大部分时期，散厅数多于直隶厅数。在光绪朝和民国的个别年份里，直隶厅数量超过散厅数量。

二、经历起步期、成长期、平稳期、高潮期和消亡期

　　图 5-4 为以年份为单位的政区厅时间分布图。由于 1945 年在台湾省保留

的两个政区厅于当年内被裁撤，因此图中未能显示 1945 年政区厅的变化。

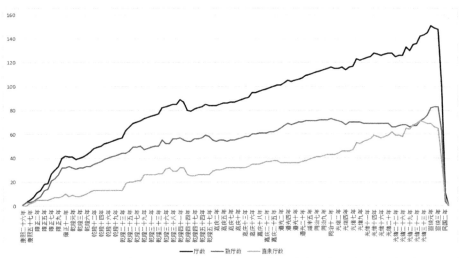

图 5-4 以年份为单位的政区厅时间分布

中国历史上的政区厅经历了起步期、成长期、稳定期、高潮期、消亡期五个发展阶段。

第一，康熙二十六年（1687 年）至康熙六十一年（1722 年）属于政区厅发展的起步期。该阶段政区厅数量增长缓慢，从 1 个增长到 5 个，年均增长约 0.11 个。这一时期散厅和直隶厅均增长缓慢。

第二，雍正元年（1723 年）至乾隆四十一年（1776 年）属于政区厅的成长期。该阶段政区厅从 7 个增长到 88 个，年均增长 1.5 个。该时期政区厅的增长主要来自散厅，从 4 个增长至 57 个。

第三，乾隆四十二年（1777 年）至光绪五年（1879 年）属于政区厅的稳定期。该时期厅数从 86 个增长到 114 个，年均增长约 0.27 个。该时期政区厅数增量平稳，增长速度稍快于起步期，散厅和直隶厅均缓慢增长。

第四，光绪六年（1880 年）至宣统元年（1909 年）属于政区厅的高潮期。该时期厅数从原先的 116 个增长到 151 个，年均增长约 1.17 个。该时期政区厅的增长主要来自直隶厅，从 46 个增至 69 个。

第五，宣统二年（1910 年）至 1945 年属于政区厅的消亡期。其中，宣统二年至民国三年（1914 年），厅数从 149 个降到 0 个，年均裁撤 29.8 个。

1945 年，民国政府在台湾省保留日方所设的 3 个政区厅，并于当年裁撤，可以算是消亡期的特殊表现。

第二节　政区厅的空间分布特征

由于民国时期的政区厅处于消亡期，快速被裁撤，并且没有新增政区厅。因此，本节以清代为例，探讨政区厅的空间分布特征。政区厅的空间分布特征有以下几个方面。

一、遍布于大多数省份，分布范围具有广泛性

我们按照政区厅出现时间从早到晚的顺序，对清代各省政区厅分布情况分别进行梳理。

贵州省最早出现政区厅，从康熙二十六年（1687 年）出现南笼厅开始，至清末一共有过 16 个政区厅。该省政区厅在不同时期的分布情况如表 5-1 所示。

表 5-1　贵州省政区厅在不同时期的分布情况统计表

朝代	厅名														
康熙	南笼厅														
雍正	南笼厅	长寨厅	清江厅	八寨厅	丹江厅	古州厅	归化厅	郎岱厅	水城厅	松桃厅	都江厅	台拱厅			
乾隆	长寨厅	清江厅	八寨厅	丹江厅	古州厅	归化厅	郎岱厅	水城厅	松桃厅	都江厅	台拱厅	仁怀厅	下江厅		
嘉庆	长寨厅	清江厅	八寨厅	丹江厅	古州厅	归化厅	郎岱厅	水城厅	松桃厅	都江厅	台拱厅	仁怀直隶厅	下江厅	普安直隶厅	
道光	长寨厅	清江厅	八寨厅	丹江厅	古州厅	归化厅	郎岱厅	水城厅	松桃直隶厅	都江厅	台拱厅	仁怀直隶厅	下江厅	普安直隶厅	
咸丰	长寨厅	清江厅	八寨厅	丹江厅	古州厅	归化厅	郎岱厅	水城厅	松桃直隶厅	都江厅	台拱厅	仁怀直隶厅	下江厅	普安直隶厅	

（续表）

朝代	厅名														
同治	长寨厅	清江厅	八寨厅	丹江厅	古州厅	归化厅	郎岱厅	水城厅	松桃直隶厅	都江厅	台拱厅	仁怀直隶厅	下江厅	普安直隶厅	
光绪	长寨厅	清江厅	八寨厅	丹江厅	古州厅	归化厅	郎岱厅	水城厅	松桃直隶厅	都江厅	台拱厅	仁怀直隶厅	下江厅	普安直隶厅	罗斛厅
宣统	清江厅	八寨厅	丹江厅	古州厅	归化厅	郎岱厅	水城厅	松桃直隶厅	都江厅	台拱厅	赤水厅	下江厅	盘州厅	罗斛厅	

注：乾隆四十一年（1776年），仁怀厅升为仁怀直隶厅，并于光绪三十四年（1908年）改为赤水厅；嘉庆二年（1797年），松桃厅升为松桃直隶厅；光绪三十四年，普安直隶厅降为盘州厅。

从上表可知，贵州地区政区厅分布的增长主要发生在雍正朝，此后分布变化不太大。光绪朝政区厅分布数量最多，达到15个。贵州地区从康熙至宣统每朝都是以散厅为主，康雍乾时期仅有散厅。

贵州省政区厅在不同地区的分布情况如表5-2所示。

表5-2　贵州省政区厅在不同地区的分布情况统计表

地区	厅名		
贵平石仁粮储道	仁怀直隶厅		
贵西道	普安直隶厅	仁怀直隶厅	
贵东道	松桃直隶厅		
安庆军民府	南笼厅		
安顺府	归化厅	郎岱厅	
大定府	水城厅		
都匀府	八寨厅	丹江厅	都江厅
贵阳府	长寨厅	罗斛厅	
黎平府	古州厅	下江厅	
铜仁府	松桃厅		
兴义府	盘州厅		
镇远府	清江厅	台拱厅	
遵义府	仁怀厅（赤水厅）		

注：道光二十二年（1842年），仁怀直隶厅由隶属贵西道改为隶属贵平石仁粮储道。

从上表看出，贵州省政区厅以散厅为主。该省散厅数量较多，分布地域广泛，其中分布最多的是都匀府，为 3 个散厅。该省直隶厅数量较少，分布最多的是贵西道，为 2 个直隶厅。

湖南省出现政区厅的时间仅晚于贵州，始于康熙四十三年（1704 年）。该省政区厅在不同时期的分布情况如表 5-3 所示。

表 5-3 湖南省政区厅在不同时期的分布情况统计表

朝代	厅名					
康熙	乾州厅	凤凰厅				
雍正	乾州厅	凤凰厅	永绥厅			
乾隆	乾州厅	凤凰厅	永绥厅			
嘉庆	乾州直隶厅	凤凰直隶厅	永绥厅	晃州直隶厅		
道光	乾州直隶厅	凤凰直隶厅	永绥直隶厅	晃州直隶厅	古丈坪厅	
咸丰	乾州直隶厅	凤凰直隶厅	永绥直隶厅	晃州直隶厅	古丈坪厅	
同治	乾州直隶厅	凤凰直隶厅	永绥直隶厅	晃州直隶厅	古丈坪厅	
光绪	乾州直隶厅	凤凰直隶厅	永绥直隶厅	晃州直隶厅	南洲直隶厅	古丈坪厅
宣统	乾州直隶厅	凤凰直隶厅	永绥直隶厅	晃州直隶厅	南洲直隶厅	古丈坪厅

注：嘉庆元年（1796 年）永绥厅升为永绥直隶厅。

由上表可知，湖南省政区厅从康熙朝 2 个散厅，发展至宣统朝的 1 个散厅和 5 个直隶厅。康雍乾时期只有散厅，嘉庆朝以后以直隶厅为主。

湖南省政区厅在不同地区的分布情况如表 5-4 所示。

表 5-4 湖南省政区厅在不同地区的分布情况统计表

地区	厅名			
辰沅永靖道	晃州直隶厅	永绥直隶厅	乾州直隶厅	凤凰直隶厅
岳常澧道	南洲直隶厅			
永顺府	古丈坪厅			
辰州府	永绥厅	乾州厅	凤凰厅	

由上表可知，湖南省政区厅数量不多且分布比较集中。直隶厅分布于辰沅永靖道和岳常澧道，其中，辰沅永靖道厅较多。散厅隶属于辰州府或永顺府，以辰州府为主。

甘肃省出现政区厅的时间为康熙五十七年（1718 年），稍晚于湖南省。该省政区厅在不同时期的分布情况如表 5-5 所示。

表 5-5 甘肃省政区厅在不同时期的分布情况统计表

朝代	厅名																
康熙	靖逆直隶厅	柳沟直隶厅															
雍正	靖逆直隶厅	柳沟直隶厅	安西直隶厅	靖远厅	盐茶厅												
乾隆	靖逆直隶厅	安西直隶厅	盐茶厅	摆羊戎厅	洮州厅	抚彝厅	巴里坤直隶厅	哈密直隶厅	乌鲁木齐直隶厅	循化厅	昌吉厅	奇台直隶厅	伊犁直隶厅	贵德厅	辟展直隶厅		
嘉庆	盐茶厅	巴燕戎格厅	洮州厅	抚彝厅	哈密直隶厅	循化厅	伊犁直隶厅	贵德厅	吐鲁番直隶厅								
道光	盐茶厅	巴燕戎格厅	洮州厅	抚彝厅	哈密直隶厅	循化厅	伊犁直隶厅	贵德厅	丹噶尔厅	吐鲁番直隶厅							
咸丰	盐茶厅	巴燕戎格厅	洮州厅	抚彝厅	哈密直隶厅	循化厅	伊犁直隶厅	贵德厅	丹噶尔厅	吐鲁番直隶厅	镇西直隶厅						
同治	盐茶厅	巴燕戎格厅	洮州厅	抚彝厅	哈密直隶厅	循化厅	伊犁直隶厅	贵德厅	丹噶尔厅	化平川直隶厅	宁灵厅	镇西直隶厅	吐鲁番直隶厅				
光绪	巴燕戎格厅	洮州厅	抚彝厅	哈密直隶厅	循化厅	吐鲁番直隶厅	伊犁直隶厅	贵德厅	丹噶尔厅	化平川直隶厅	宁灵厅	镇西直隶厅	喀喇沙尔直隶厅	库车直隶厅	玛喇巴什直隶厅	乌什直隶厅	英吉沙尔直隶厅
宣统	巴燕戎格厅	洮州厅	抚彝厅	循化厅	贵德厅	丹噶尔厅	化平川直隶厅	宁灵厅									

　　注：乾隆三十四年（1769 年），摆羊戎厅改名为巴燕戎格厅；乾隆三十八年（1773年），哈密直隶厅降为哈密厅，乾隆四十九年（1784 年）升为哈密直隶厅；乾隆三十八年，奇台直隶厅降为奇台厅；乾隆三十八年，辟展直隶厅降为辟展厅，乾隆四十四年（1779年）六月升为吐鲁番直隶厅；光绪十年（1884 年），哈密直隶厅、吐鲁番直隶厅、伊犁直隶厅、镇西直隶厅、喀喇沙尔直隶厅、库车直隶厅、玛喇巴什直隶厅、乌什直隶厅、英吉沙尔直隶厅改隶新疆省。

　　从上表可知，甘肃省政区厅在不同时期变化显著。康雍乾时期政区厅数量逐渐增长，至乾隆朝达到 15 个。嘉庆时期政区厅数量较少，此后又逐渐增加，至光绪朝达到 17 个。宣统朝政区厅数量再次减少。上述变化主要是由直隶厅数量演变造成的，其散厅数量比较稳定。该省政区厅数量最少的是康熙朝，最多的是光绪朝。

甘肃省政区厅在不同地区的颁布情况如表 5-6 所示。

表 5-6　甘肃省政区厅在不同地区的分布情况统计表

地区	厅名			
甘肃省	伊犁直隶厅			
阿克苏道	喀喇沙尔直隶厅	库车直隶厅	乌什直隶厅	
安肃道（甘肃道）	哈密直隶厅	安西直隶厅		
安西道	巴里坤直隶厅	哈密直隶厅	靖逆直隶厅	
平庆泾固化道	化平川直隶厅			
哈密兵备道	乌鲁木齐直隶厅			
喀什噶尔道	玛喇巴什直隶厅	英吉沙尔直隶厅		
镇迪道	镇西直隶厅	辟展直隶厅	吐鲁番直隶厅	奇台直隶厅
肃州道	柳沟直隶厅	靖逆直隶厅		
甘州府	抚彝厅			
巩昌府	靖远厅	洮州厅		
兰州府	循化厅			
宁夏府	宁灵厅			
平凉府	盐茶厅			
西宁府	摆羊戎厅（巴燕戎格）	贵德厅	丹噶尔厅	
镇西府	辟展厅	哈密厅	奇台厅	
乌鲁木齐直隶厅	昌吉厅			

从上表可以看出，甘肃省政区厅分布很广泛。就直隶厅而言，既有直隶于甘肃省的伊犁直隶厅，又有隶属于阿克苏道等道的喀喇沙尔直隶厅、库车直隶厅等直隶厅。直隶厅分布最多的是镇迪道，有 4 个直隶厅。就散厅而言，既有隶属于甘州府等府的抚彝厅等散厅，又有隶属于乌鲁木齐直隶厅的昌吉厅。甘肃省散厅分布最多的是西宁府和镇西府，各有 3 个散厅。

山西省政区厅的设置始于雍正元年（1723 年）。该省政区厅在不同时期的分布情况如表 5-7 所示。

表 5-7 山西省政区厅在不同时期的分布情况统计表

朝代	厅名											
雍正	归化城厅											
乾隆	归化城厅）	丰镇厅	宁远厅	和林格尔厅	萨拉齐厅	托克托厅	清水河厅					
嘉庆	归化城直隶厅	丰镇厅	宁远厅	和林格尔直隶厅	萨拉齐直隶厅	托克托直隶厅	清水河直隶厅					
道光	归化城直隶厅	丰镇厅	宁远厅	和林格尔直隶厅	萨拉齐直隶厅	托克托直隶厅	清水河直隶厅					
咸丰	归化城直隶厅	丰镇厅	宁远厅	和林格尔直隶厅	萨拉齐直隶厅	托克托直隶厅	清水河直隶厅					
同治	归化城直隶厅	丰镇厅	宁远厅	和林格尔直隶厅	萨拉齐直隶厅	托克托直隶厅	清水河直隶厅					
光绪	归化城直隶厅	丰镇厅	宁远厅	和林格尔直隶厅	萨拉齐直隶厅	托克托直隶厅	清水河直隶厅	陶林直隶厅	兴和直隶厅	武川直隶厅	五原直隶厅	东胜直隶厅
宣统	归化城直隶厅	丰镇直隶厅	宁远直隶厅	和林格尔直隶厅	萨拉齐直隶厅	托克托直隶厅	清水河直隶厅	陶林直隶厅	兴和直隶厅	武川直隶厅	五原直隶厅	东胜直隶厅

注：乾隆六年（1741 年），归化城厅升为归化城直隶厅；乾隆二十九年（1764 年），和林格尔厅、萨拉齐厅、托克托厅、清水河厅升为直隶厅；光绪十年（1884 年），丰镇厅、宁远厅升为直隶厅。

从上表可以看出，山西省的政区厅数量逐步增长，从雍正时期的 1 个到乾嘉道咸同时期的 7 个，再到光宣时期的 12 个。康雍时期都是散厅，乾隆至光绪时期散厅固定为 2 个，直隶厅越来越多，至宣统时期全是直隶厅。

山西省政区厅在不同地区的分布情况如表 5-8 所示。

表 5-8　山西省政区厅在不同地区的分布情况统计表

地区	厅名											
归绥道	陶林直隶厅	兴和直隶厅	武川直隶厅	五原直隶厅	东胜直隶厅	丰镇直隶厅	宁远直隶厅	和林格尔直隶厅	清水河直隶厅	萨拉齐直隶厅	托克托直隶厅	归化城直隶厅
大同府	丰镇厅	归化城厅										
朔平府	宁远厅											
归化城直隶厅	和林格尔厅	清水河厅	萨拉齐厅	托克托厅								

从上表可以看出，山西省散厅分布于大同府、朔平府以及归化城直隶厅，其中归化城直隶厅分布的散厅最多，为 4 个。直隶厅全部集中于归绥道，数量多达 12 个。

直隶省政区厅的设置也始于雍正元年（1723 年）。该省政区厅在不同时期的分布情况如表 5-9 所示。

表 5-9　直隶省政区厅在不同时期的分布情况统计表

朝代	厅名													
雍正	热河直隶厅	张家口直隶厅	八沟直隶厅	多伦诺尔直隶厅	独石口直隶厅									
乾隆	张家口直隶厅	八沟直隶厅	多伦诺尔直隶厅	独石口直隶厅	热河直隶厅	四旗厅直隶厅	塔子沟直隶厅	哈喇河屯直隶厅	东路直隶厅	西路直隶厅	南路直隶厅	北路直隶厅	乌兰达哈直隶厅	三座塔直隶厅
嘉庆	张家口直隶厅	多伦诺尔直隶厅	独石口直隶厅	东路直隶厅	西路直隶厅	南路直隶厅	北路直隶厅	乌兰达哈直隶厅						
道光	张家口直隶厅	多伦诺尔直隶厅	独石口直隶厅	东路直隶厅	西路直隶厅	南路直隶厅	北路直隶厅	乌兰达哈直隶厅						

（续表）

朝代	厅名										
咸丰	张家口直隶厅	多伦诺尔直隶厅	独石口直隶厅	东路直隶厅	西路直隶厅	南路直隶厅	北路直隶厅	乌兰达哈直隶厅			
同治	张家口直隶厅	多伦诺尔直隶厅	独石口直隶厅	东路直隶厅	西路直隶厅	南路直隶厅	北路直隶厅	乌兰达哈直隶厅			
光绪	张家口直隶厅	多伦诺尔直隶厅	独石口直隶厅	东路直隶厅	西路直隶厅	南路直隶厅	北路直隶厅	乌兰达哈直隶厅	围场厅		
宣统	张家口直隶厅	多伦诺尔直隶厅	独石口直隶厅	东路直隶厅	西路直隶厅	南路直隶厅	北路直隶厅	乌兰达哈直隶厅	围场厅		

从上表可以看出，直隶省的政区厅绝大多数都是直隶厅，只出现过一个散厅。雍正时期，该省有 5 个直隶厅，乾隆年间迅速增长至 14 个；嘉庆至同治时期，降为 9 个直隶厅；光绪宣统年间，增加了 1 个散厅。

直隶省政区厅在不同地区的分布情况如表 5-10 所示。

表 5-10　直隶省政区厅在不同地区的分布情况统计表

地区	厅名					
霸昌道	热河直隶厅	八沟直隶厅	四旗直隶厅	塔子沟直隶厅		
口北道	张家口直隶厅	多伦诺尔直隶厅	独石口直隶厅			
热河道	哈喇河屯厅	乌兰达哈直隶厅	三座塔直隶厅	八沟直隶厅	四旗直隶厅	塔子沟直隶厅
顺天府	东路直隶厅	南路直隶厅	西路直隶厅	北路直隶厅		
承德府	围场厅					

从上表可以看出，直隶省的直隶厅大多分布于霸昌道、热河道、顺天府等地，其中热河道的直隶厅最多，为 6 个。直隶省东、南、西、北四路直隶厅比较特殊，是隶属于顺天府的。该省唯一的散厅分布于承德府。

云南省政区厅的设置始于雍正二年（1724 年）。该省政区厅在不同时期的分布情况如表 5-11 所示。

表 5-11　云南省政区厅在不同时期的分布情况统计表

朝代	厅名																		
雍正	五嶍厅	威远直隶厅	维西厅	大关厅	思茅厅	鲁甸厅	他郎厅	攸乐厅											
乾隆	五嶍厅	威远厅	维西厅	大关厅	思茅厅	鲁甸厅	他郎厅	缅宁厅	中甸厅	龙陵厅	景东直隶厅	蒙化直隶厅	永北直隶厅						
嘉庆	威远厅	维西厅	大关厅	思茅厅	鲁甸厅	他郎厅	缅宁厅	中甸厅	永北直隶厅	龙陵厅	景东直隶厅	蒙化直隶厅	巧家厅	安平厅	腾越直隶厅				
道光	威远厅	维西厅	大关厅	思茅厅	鲁甸厅	他郎厅	缅宁厅	中甸厅	龙陵厅	景东直隶厅	蒙化直隶厅	永北直隶厅	巧家厅	安平厅	腾越直隶厅	镇沅直隶厅			
咸丰	威远厅	维西厅	大关厅	思茅厅	鲁甸厅	他郎厅	缅宁厅	中甸厅	龙陵厅	景东直隶厅	蒙化直隶厅	永北直隶厅	巧家厅	安平厅	腾越厅	镇沅直隶厅			
同治	威远厅	维西厅	大关厅	思茅厅	鲁甸厅	他郎厅	缅宁厅	中甸厅	龙陵厅	景东直隶厅	蒙化直隶厅	永北直隶厅	巧家厅	安平厅	腾越厅	镇沅直隶厅			
光绪	威远厅	维西厅	大关厅	思茅厅	鲁甸厅	他郎厅	缅宁厅	中甸厅	龙陵厅	景东直隶厅	蒙化直隶厅	永北直隶厅	巧家厅	安平厅	腾越厅	镇沅直隶厅	镇边抚彝直隶厅	富州厅	
宣统	威远厅	维西厅	大关厅	思茅厅	鲁甸厅	他郎厅	缅宁厅	中甸厅	龙陵厅	景东直隶厅	蒙化直隶厅	永北直隶厅	巧家厅	安平厅	腾越厅	镇沅直隶厅	镇边抚彝直隶厅	富州厅	个旧厅

注：雍正十三年（1735 年），威远直隶厅降为威远厅；道光二年（1822 年），腾越直

隶厅降为腾越厅。

从上表可以看出，云南省政区厅数量不断增加，从雍正朝的 8 个，增长至宣统朝的 19 个。该省政区厅以散厅为主，直隶厅在多数时期为 4～5 个。

云南省政区厅在不同地区的分布情况如表 5-12 所示。

表 5-12　云南省政区厅在不同地区的分布情况统计表

地区	厅名			
迤东道	威远直隶厅			
迤南道	镇沅直隶厅	镇边抚彝直隶厅		
迤西道	景东直隶厅	蒙化直隶厅	永北直隶厅	腾越直隶厅
昭通府	鲁甸厅			
东川府	巧家厅			
广南府	富州厅			
广西府	五嵧厅			
鹤庆军民府	维西厅			
开化府	安平厅			
丽江府	中甸厅	维西厅		
临安府	个旧厅			
普洱府	思茅厅	攸乐厅	威远厅	他郎厅
顺宁府	缅宁厅			
乌蒙府	大关厅			
永昌府	龙陵厅	腾越厅		
元江府	他郎厅			
昭通府	大关厅			
镇沅府	威远厅			

从上表可以看出，云南省的直隶厅分布相对集中，散厅分布则很分散。该省直隶厅分布于迤东道、迤南道、迤西道这三个道，其中迤西道分布的直隶厅最多，为 4 个。云南省散厅分布于昭通府、东川府等 15 个府，其中分布最多的是普洱府，为 4 个。

四川省政区厅的设置始于雍正四年（1726 年）。该省政区厅在不同时期的分布情况如表 5-13 所示。

表 5-13　四川省政区厅在不同时期的分布情况统计表

朝代	厅名														
雍正	黔彭厅	叙永厅	建武厅	松潘厅	打箭炉厅										
乾隆	叙永直隶厅	松潘厅	打箭炉厅	杂谷厅	江北厅	石砫厅	越巂厅	雷波厅	马边厅	阿尔古直隶厅	美诺直隶厅	黔彭直隶厅	建武厅		
嘉庆	叙永直隶厅	松潘直隶厅	打箭炉厅	理番直隶厅	江北厅	石砫直隶厅	越巂厅	雷波厅	马边厅	阿尔古直隶厅	懋功屯务直隶厅	太平直隶厅	峨边厅		
道光	叙永直隶厅	松潘直隶厅	打箭炉厅	理番直隶厅	江北厅	石砫直隶厅	越巂厅	雷波厅	马边厅	阿尔古直隶厅	懋功屯务直隶厅	峨边厅	城口厅	太平直隶厅	
咸丰	叙永直隶厅	松潘直隶厅	打箭炉厅	理番直隶厅	江北厅	石砫直隶厅	越巂厅	马边厅	雷波厅	阿尔古直隶厅	懋功屯务直隶厅	峨边厅	城口厅		
同治	叙永直隶厅	松潘直隶厅	打箭炉厅	理番直隶厅	江北厅	石砫直隶厅	越巂厅	马边厅	雷波厅	阿尔古直隶厅	懋功屯务直隶厅	峨边厅	城口厅		
光绪	叙永直隶厅	松潘直隶厅	打箭炉厅	理番直隶厅	江北厅	石砫直隶厅	越巂厅	马边厅	雷波厅	阿尔古直隶厅	懋功屯务直隶厅	峨边厅	城口厅	理化厅	三坝厅
宣统	松潘直隶厅	理番直隶厅	江北厅	石砫直隶厅	越巂厅	马边厅	雷波厅	阿尔古直隶厅	懋功屯务直隶厅	峨边厅	城口厅	理化厅	三坝厅	盐边厅	

注：雍正八年（1730 年），叙永厅升为叙永直隶厅；雍正十一年（1733 年），黔彭厅升为黔彭直隶厅；乾隆二十五年（1760 年），松潘厅、杂谷厅升为直隶厅；乾隆二十七年（1762 年），石砫厅升为石砫直隶厅；乾隆四十八年（1783 年），美诺直隶厅改名为懋功屯务直隶厅；嘉庆八年（1803 年），杂谷直隶厅改为理番直隶厅；光绪二十九年（1903 年），打箭炉厅升为打箭炉直隶厅。

从上表可以看出，四川省政区厅数量呈现逐渐增长趋势。雍正朝政区厅数量为 5 个，乾隆朝迅速增至 13 个，嘉庆以后缓慢增加，至宣统朝达到 14 个。乾隆早期四川省的散厅明显多于直隶厅，乾隆中后期开始，直隶厅数量有所增加。

四川省政区厅在不同地区的分布情况表 5-14 所示。

表 5-14 四川省政区厅在不同地区的分布情况统计表

地区	厅名			
川南永宁道	叙永直隶厅			
川东道	太平直隶厅	石砫直隶厅	黔彭直隶厅	
建昌上南道	打箭炉直隶厅			
松茂道（成龙绵茂道）	阿尔古直隶厅	杂谷直隶厅（理番直隶厅）	松潘直隶厅	美诺直隶厅（懋功屯务直隶厅）
巴安府	三坝厅			
保宁府	雷波厅			
嘉定府	峨边厅			
康定府	理化厅			
夔州府	石砫厅			
龙安府	杂谷厅	松潘厅		
宁远府	越嶲厅	盐边厅		
绥定府	城口厅			
叙州府	建武厅	马边厅	叙永厅	
雅州府	打箭炉厅			
重庆府	江北厅	黔彭厅		

从上表可以看出，四川省直隶厅的主要分布于松茂道（成龙绵茂道）和川东道，前者的直隶厅最多，为 4 个。该省散厅分布比较分散，分布于 11 个府，其中叙州府散厅较多，为 3 个。

盛京将军辖区（奉天省）政区厅设置始于雍正五年（1727 年）。该省政区厅在不同时期的分布情况如表 5-15 所示。

表 5-15 盛京将军辖区（奉天省）政区厅在不同时期的分布情况统计表

朝代	厅名								
雍正	复州厅								
乾隆	岫岩厅	兴京厅							
嘉庆	岫岩厅	兴京厅	昌图厅	新民厅					
道光	岫岩厅	兴京厅	昌图厅	新民厅	金州厅				
咸丰	岫岩厅	兴京厅	昌图厅	新民厅	金州厅				
同治	岫岩厅	兴京厅	昌图厅	新民厅	金州厅				

（续表）

朝代	厅名									
光绪	岫岩厅	兴京厅	昌图厅	新民厅	金州厅	凤凰直隶厅	海龙厅	法库直隶厅	江家屯厅	庄河直隶厅	盘山厅
宣统	兴京直隶厅	金州厅	凤凰直隶厅	法库直隶厅	锦西厅	庄河直隶厅	盘山厅	营口直隶厅	辉南直隶厅		

注：光绪三年（1877 年），兴京厅升为兴京直隶厅；光绪三十二年（1906 年），江家屯厅改名为锦西厅。

从上表可以看出，清代前期和中期，盛京将军辖区（奉天省）政区厅数量增长缓慢，特别是咸丰和同治两朝没有变化。光绪朝政区厅数量快速增长，达到 11 个，宣统朝数量略有下降。光绪以前该地区只有散厅，光绪以后既有散厅又有直隶厅，并且宣统朝直隶厅数量超过了散厅，可见清晚期该地直隶厅数量增长较快。

盛京将军辖区（奉天省）政区厅在不同地区的分布情况如表 5-16 所示。

表 5-16　盛京将军辖区（奉天省）政区厅在不同地区的分布情况统计表

地区	厅名					
盛京将军辖区（奉天省）	法库直隶厅					
东边道（兴凤道）	凤凰直隶厅	庄河直隶厅	兴京直隶厅			
锦新营口道	营口直隶厅					
临长海道	辉南直隶厅					
奉天府	复州厅	岫岩厅	昌图厅	新民厅	海龙厅	兴京厅	金州厅
锦州府	江家屯厅（锦西厅）	盘山厅				

从上表可以看出，盛京将军辖区（奉天省）的直隶厅分布较为分散，既有直接隶属于盛京将军辖区（奉天省）的法库直隶厅，又有隶属于道的凤凰直隶厅等厅。其中，东边道（兴凤道）分布的直隶厅最多，为 3 个。散厅分布较为集中，仅分布于奉天府和锦州府，前者分布的散厅最多，为 7 个。

福建省政区厅的设置始于雍正五年（1727 年）。该省政区厅在不同时期的分布情况如表 5-17 所示。

表 5-17 福建省政区厅在不同时期的分布情况统计表

朝代	厅名					
雍正	澎湖厅	淡水厅				
乾隆	澎湖厅	淡水厅	马巷厅			
嘉庆	澎湖厅	淡水厅	云霄厅	噶玛兰厅	马巷厅	
道光	澎湖厅	淡水厅	云霄厅	噶玛兰厅	马巷厅	
咸丰	澎湖厅	淡水厅	云霄厅	噶玛兰厅	马巷厅	
同治	澎湖厅	淡水厅	云霄厅	噶玛兰厅	马巷厅	
光绪	澎湖厅	淡水厅	云霄厅	噶玛兰厅	埔里社厅	马巷厅
宣统	云霄厅	马巷厅				

注：光绪十一年（1885 年），澎湖厅、埔里社厅改隶台湾省。

从上表可以看出，福建省的政区厅经历了"先增后减"的过程。该省政区厅数量从雍正朝的 2 个，逐步发展至光绪朝的 6 个，再到宣统时期降为 2 个。福建省所分布的政区厅均为散厅。

福建省政区厅在不同地区的分布情况如表 5-18 所示。

表 5-18 福建省政区厅在不同地区的分布情况统计表

地区	厅名			
泉州府	马巷厅			
台湾府	淡水厅	噶玛兰厅	埔里社厅	澎湖厅
漳州府	云霄厅			

从上表可以看出，福建省政区厅集中分布于泉州府、台湾府、漳州府三个府，其中台湾府政区厅数量最多，为 4 个。

浙江省政区厅的设置始于雍正六年（1728 年）。该省政区厅在不同时期的分布情况如表 5-19 所示。

表 5-19 浙江省政区厅在不同时期的分布情况统计表

朝代	厅名			
雍正	玉环直隶厅			
乾隆	玉环直隶厅			
嘉庆	玉环直隶厅			
道光	玉环直隶厅	石浦厅	定海直隶厅	
咸丰	玉环直隶厅	石浦厅	定海直隶厅	
同治	玉环直隶厅	石浦厅	定海直隶厅	
光绪	玉环直隶厅	石浦厅	定海直隶厅	
宣统	玉环直隶厅	石浦厅	定海直隶厅	南田厅

从上表可以看出，浙江省分布的政区厅数量不多，不过持续时间长，从雍正朝延续到宣统朝。雍乾嘉时期，该省只有散厅，道光以后，散厅和直隶厅均有分布。宣统时期，该省政区厅数量最多，为4个。

浙江省政区厅在不同地区的分布情况如表5-20所示。

表5-20　浙江省政区厅在不同地区的分布情况统计表

地区	厅名	
浙江省	玉环直隶厅	
宁绍台道	定海直隶厅	
宁波府	石浦厅	南田厅

从上表可知，浙江省两个直隶厅中有一个厅直接隶属于省，另一个隶属于宁绍台道。浙江省的两个散厅均分布于宁波府。

广西省政区厅设置始于雍正七年（1729年）。该省政区厅在不同时期的分布情况如表5-21所示。

表5-21　广西省政区厅在不同时期的分布情况统计表

朝代	厅名									
雍正	龙州厅	明江厅								
乾隆	龙州厅	明江厅	龙胜厅	小镇安厅						
嘉庆	龙州厅	明江厅	龙胜厅	小镇安厅						
道光	龙州厅	明江厅	龙胜厅	小镇安厅						
咸丰	龙州厅	明江厅	龙胜厅	小镇安厅						
同治	龙州厅	明江厅	龙胜厅	小镇安厅	那马厅					
光绪	龙州厅	明江厅	龙胜厅	小镇安厅	那马厅	百色直隶厅	安化厅	中渡厅	信都厅	上思直隶厅
宣统	龙州厅	明江厅	龙胜厅	那马厅	百色直隶厅	安化厅	中渡厅	信都厅	上思直隶厅	凭祥厅

从上表可以看出，雍正至同治时期，广西省政区厅数量增长缓慢，光绪朝快速增长，光绪宣统年间的政区厅数量达到10个。光绪以前，该省只有散厅，之后出现两个直隶厅，但仍然以散厅为主。

广西省政区厅在不同地区的分布情况如表5-22所示。

表 5-22　广西省政区厅在不同地区的分布情况统计表

地区	厅名		
太平思顺道	上思直隶厅		
右江道	百色直隶厅		
左江道	百色直隶厅		
桂林府	龙胜厅	中渡厅	
平乐府	信都厅		
庆远府	安化厅		
思恩府	那马厅		
太平府	龙州厅	明江厅	凭祥厅
镇安府	小镇安厅		

从上表可以看出，广西省直隶厅分布于 3 个道。百色直隶厅先后隶属于右江道和左江道。广西省散厅分布于桂林府等 6 个府，其中太平府分布的散厅最多，为 3 个。

江西省政区厅的设置始于雍正八年（1730 年）。该省政区厅在不同时期的分布情况如表 5-23 所示。

表 5-23　江西省政区厅在不同时期的分布情况统计表

朝代	厅名			
乾隆	莲花厅	定南厅		
嘉庆	莲花厅	定南厅		
道光	莲花厅	定南厅		
咸丰	莲花厅	定南厅		
同治	莲花厅	定南厅		
光绪	莲花厅	定南厅	虔南厅	
宣统	莲花厅	定南厅	虔南厅	铜鼓厅

从上表可以看出，江西省政区厅在乾嘉道咸同时期一直为 2 个，光宣时期各新增 1 个。宣统时期厅数最多，为 4 个。江西省所分布的政区厅均为散厅。

江西省政厅在不同地区的分布情况如表 5-24 所示。

表 5-24　江西省政区厅在不同地区的分布情况统计表

地区	厅名	
赣州府	定南厅	虔南厅
吉安府	莲花厅	
南昌府	铜鼓厅	

从上表可知，江西省政区厅分布于 3 个府，其中赣州府有 2 个，吉安府、

南昌府各有 1 个。

广东省政区厅的设置始于雍正十年（1732 年）。该省政区厅在不同时期的分布情况如表 5-25 所示。

表 5-25 广东省政区厅在不同时期的分布情况统计表

朝代	厅名				
雍正	南澳厅	佛山直隶厅			
乾隆	南澳厅				
嘉庆	南澳厅	佛冈直隶厅	连山直隶厅		
道光	南澳厅	佛冈直隶厅	连山直隶厅		
咸丰	南澳厅	佛冈直隶厅	连山直隶厅		
同治	南澳厅	佛冈直隶厅	连山直隶厅	赤溪直隶厅	阳江直隶厅
光绪	南澳厅	佛冈直隶厅	连山直隶厅	赤溪直隶厅	阳江直隶厅
宣统	南澳厅	佛冈直隶厅	连山直隶厅	赤溪直隶厅	

从上表可以看出，广东省的政区厅数量时增时减，雍正时期有 2 个，乾隆时期降为 1 个，嘉道咸时期为 3 个，同光时期有 5 个，宣统时期降至 4 个。同光时期，该省政区厅数量最多。广东省的散厅始终只有 1 个，直隶厅经历了 1 个到 0 个再到多个的变化过程，最多是为 4 个。

广东省政区厅在不同地区的分布情况如表 5-26 所示。

表 5-26 广东省政区厅在不同地区的分布情况统计表

地区	厅名	
高雷阳道	阳江直隶厅	
广东粮驿道	佛冈直隶厅	赤溪直隶厅
广肇罗道	佛冈直隶厅	赤溪直隶厅
南韶连道	连山直隶厅	
肇阳罗道	阳江直隶厅	
广州府	佛山直隶厅	
潮州府	南澳厅	

从上表可以看出，广东省直隶厅分布比较分散，4 个直隶厅分布于 5 个道和 1 个府。阳江直隶厅先后分布于高雷阳道和肇阳罗道。佛冈直隶厅、赤溪直隶厅先后分布于广东粮驿道和广肇罗道。佛山直隶厅比较特殊，它隶属于广州府。直隶厅分布数量最多的是广东粮驿道和广肇罗道，各为 2 个。广东省唯一的散厅分布于潮州府。

陕西政区厅的设置始于乾隆十二年（1747 年）。该省政区厅在不同时期的分布情况如表 5-27 所示。

表 5-27 陕西省政区厅在不同时期的分布情况统计表

朝代	厅名						
乾隆	潼关厅	留坝厅	孝义厅	五郎关厅	汉阴厅		
嘉庆	潼关厅	留坝厅	孝义厅	五郎关厅	汉阴厅	定远厅	
道光	潼关厅	留坝厅	孝义厅	宁陕厅	汉阴厅	定远厅	砖坪厅	佛坪厅
咸丰	潼关厅	留坝厅	孝义厅	宁陕厅	汉阴厅	定远厅	砖坪厅	佛坪厅
同治	潼关厅	留坝厅	孝义厅	宁陕厅	汉阴厅	定远厅	砖坪厅	佛坪厅
光绪	潼关厅	留坝厅	孝义厅	宁陕厅	汉阴厅	定远厅	砖坪厅	佛坪厅
宣统	潼关厅	留坝厅	孝义厅	宁陕厅	汉阴厅	定远厅	砖坪厅	佛坪厅

注：嘉庆五年（1800 年），五郎关厅改名为宁陕厅。

从上表可以看出，陕西省政区厅数量增长主要集中在乾嘉道三个时期。乾隆朝该省出现 5 个政区厅，嘉庆朝增加 1 个，道光朝增加 2 个，之后一直保持 8 个政区厅的规模。陕西省分布的政区厅均为散厅。

陕西省政区厅在不同地区的分布情况如表 5-28 所示。

表 5-28 陕西省政区厅在不同地区的分布情况统计表

地区	厅名		
汉中府	留坝厅	定远厅	佛坪厅
同州府	潼关厅		
西安府	孝义厅	五郎关厅（宁陕厅）	
兴安府	汉阴厅	砖坪厅	

从上表可以看出，陕西省 8 个政区厅集中分布于 4 个府。其中，汉中府分布的政区厅数量最多，为 3 个。

吉林将军辖区（吉林省）政区厅的设置始于乾隆十二年（1747 年）。该地区政区厅在不同时期的分布情况如表 5-29 所示。

表 5-29 吉林将军辖区（吉林省）政区厅在不同时期的分布情况统计表

朝代	厅名						
乾隆	吉林直隶厅						
嘉庆	吉林直隶厅	长春直隶厅	伯都讷直隶厅				
道光	吉林直隶厅	长春直隶厅	伯都讷直隶厅				
咸丰	吉林直隶厅	长春直隶厅	伯都讷直隶厅				

（续表）

朝代	厅名								
同治	吉林直隶厅	长春直隶厅	伯都讷直隶厅						
光绪	吉林直隶厅	长春直隶厅	伯都讷直隶厅	五常直隶厅	宾州厅	双城直隶厅	延吉直隶厅	绥芬直隶厅	
宣统	滨江直隶厅	东宁厅	榆树直隶厅	呢吗口厅	五常直隶厅	宾州直隶厅	双城直隶厅	延吉直隶厅	绥芬直隶厅	珲春直隶厅

注：光绪二十八年（1902年），宾州厅升为宾州直隶厅；宣统二年（1910年），呢吗口厅改名为虎林厅。

从上表可知，吉林将军辖区（吉林省）政区厅数量呈现先慢后快的增长趋势。乾隆朝有1个政区厅，嘉庆朝增加2个，保持到同治朝不变。至光绪朝，政区厅数量增速加快，新增了5个，宣统朝又增加2个。吉林将军辖区（吉林省）大部分政区厅都是直隶厅。光绪以前，该省的政区厅均为直隶厅。光宣时期出现过3个散厅，但仍然以直隶厅为主。

吉林将军辖区（吉林省）政区厅在不同地区的分布情况如表5-30所示。

表5-30 吉林将军辖区（吉林省）政区厅在不同地区的分布情况统计表

地区	厅名					
吉林将军辖区（吉林省）	吉林直隶厅	宾州直隶厅	五常直隶厅	双城直隶厅	延吉直隶厅	绥芬直隶厅
吉林副都统辖区	长春直隶厅					
西北道路	伯都讷直隶厅	滨江直隶厅	榆树直隶厅			
东南道路	珲春直隶厅					
阿勒楚喀副都统辖区	宾州厅					
密山府	呢吗口厅（虎林厅）					
绥芬府	东宁厅					

从上表可以看出，吉林将军辖区（吉林省）直隶厅分布情况多样。吉林直隶厅、宾州直隶厅等6个直隶厅直接隶属于吉林将军辖区（吉林省）。长春直隶厅隶属于吉林副都统辖区。伯都讷直隶厅等4个直隶厅隶属于西北道路或东南道路。其中，直接隶属于吉林将军辖区（吉林省）的直隶厅数量最多。

就散厅而言，呢吗口厅（虎林厅）和东宁厅均隶属于府，宾州厅则隶属于阿勒楚喀副都统辖区。

江苏省政区厅的设置始于乾隆三十二年（1767 年）。该省政区厅在不同时期的分布情况如表 5-31 所示。

表 5-31　江苏省政区厅在不同时期的分布情况统计表

朝代	厅名				
乾隆	太湖厅	海门直隶厅			
嘉庆	太湖厅	海门直隶厅	川沙厅		
道光	太湖厅	海门直隶厅	川沙厅		
咸丰	太湖厅	海门直隶厅	川沙厅		
同治	太湖厅	海门直隶厅	川沙厅		
光绪	太湖厅	海门直隶厅	川沙厅	太平厅	靖湖厅
宣统	太湖厅	海门直隶厅	川沙厅	太平厅	靖湖厅

从上表可以看出，江苏省政区厅数量呈现先慢后快的增长趋势。乾隆时期有 2 个政区厅，嘉庆朝增加 1 个并保持到同治朝。光绪时期又增加了 2 个，使光宣时期政区厅的数量达到了 5 个。江苏省政区厅以散厅为主，始终只有 1 个直隶厅。

江苏省政区厅在不同地区的分布情况如表 5-32 所示。

表 5-32　江苏省政区厅在不同地区的分布情况统计表

地区	厅名	
常镇通海道	海门直隶厅	
松江府	川沙厅	
苏州府	太湖厅	靖湖厅
镇江府	太平厅	

从上表可以看出，江苏省散厅分布于松江府等 3 个府，其中苏州府政区厅的分布数量最多，为 2 个厅。该省唯一的直隶厅分布于常镇通海道。

河南省政区厅的设置始于乾隆四十九年（1784 年）。该省政区厅在不同时期分布情况如表 5-33 所示。

表 5-33　河南省政区厅在不同时期的分布情况统计表

朝代	厅名	
乾隆	仪封厅	
嘉庆	仪封厅	
道光	仪封厅	淅川厅

（续表）

朝代	厅名	
咸丰	淅川厅	
同治	淅川厅	
光绪	淅川厅	
宣统	淅川直隶厅	

注：光绪三十一年（1905年），淅川厅升为淅川直隶厅。

从上表可以看出，河南省分布的政区厅数量很少，从乾隆朝延续到宣统朝。道光朝政区厅的数量最多，为2个。光绪之前，河南省只有散厅，光绪时期先有散厅后改为直隶厅，宣统时期只有直隶厅。

河南省政区厅在不同地区的分布情况如表5-34所示。

表5-34 河南省政区厅在不同地区的分布情况统计表

地区	厅名
南汝光淅道	淅川直隶厅
开封府	仪封厅
南阳府	淅川厅

从上表可以看出，河南省唯一的直隶厅分布于南汝光淅道，两个散厅则分布于开封府和南阳府。

黑龙江将军辖区（黑龙江省）政区厅的设置始于同治元年（1862年）。该省政区厅在不同时期的分布情况如表5-35所示。

表5-35 黑龙江将军辖区（黑龙江省）政区厅在不同时期的分布情况统计表

朝代	厅名								
同治	呼兰直隶厅								
光绪	呼兰直隶厅	绥化直隶厅	黑水直隶厅	海伦直隶厅	大赉直隶厅	肇州直隶厅	安达直隶厅	瑷珲直隶厅	呼伦直隶厅
宣统	大赉直隶厅	肇州直隶厅	安达直隶厅	瑷珲直隶厅	呼伦直隶厅	讷河直隶厅			

从上表可以看出，黑龙江将军辖区（黑龙江省）的政区厅虽然出现得晚，但是光绪时期数量激增，达到9个。宣统时期政区厅又降至6个。该地区的政区厅全部为直隶厅。

黑龙江将军辖区（黑龙江省）政区厅在不同地区的分布情况如表 5-36 所示。

表 5-36　黑龙江将军辖区—黑龙江省政区厅在不同地区的分布情况统计表

地区	厅名						
黑龙江将军辖区（黑龙江省）	呼兰直隶厅	绥化直隶厅	黑水直隶厅	大赉直隶厅	肇州直隶厅	安达直隶厅	讷河直隶厅
兴东道	海伦直隶厅						
瑷珲道	瑷珲直隶厅						
呼伦道	呼伦直隶厅						

从上表可以看出，黑龙江将军辖区（黑龙江省）大多数直隶厅直接隶属于黑龙江将军辖区（黑龙江省）。海伦直隶厅、瑷珲直隶厅、呼伦直隶厅分别隶属于兴东道、瑷珲道以及呼伦道。

新疆省政区厅的设置始于光绪十年（1884 年）。该省政区厅在不同时期的分布情况如表 5-37 所示。

表 5-37　新疆省政区厅在不同时期的分布情况统计表

朝代	厅名											
光绪	镇西直隶厅	哈密直隶厅	伊犁直隶厅	吐鲁番直隶厅	喀喇沙尔直隶厅	库车直隶厅	玛喇巴什直隶厅	乌什直隶厅	英吉沙尔直隶厅	库尔喀喇乌苏直隶厅	精河直隶厅	塔尔巴哈台直隶厅	蒲犁厅
宣统	镇西直隶厅	哈密直隶厅	吐鲁番直隶厅	乌什直隶厅	英吉沙尔直隶厅	库尔喀喇乌苏直隶厅	精河直隶厅	塔尔巴哈台直隶厅	蒲犁厅			

注：光绪十年，镇西直隶厅、哈密直隶厅、伊犁直隶厅、吐鲁番直隶厅、喀喇沙尔直隶厅、库车直隶厅、玛喇巴什直隶厅、乌什直隶厅、英吉沙尔直隶厅由甘肃改隶新疆。

从上表可以看出，光绪朝新疆省大量设置政区厅，数量达到 13 个。宣统年间该省政区厅减少为 9 个。新疆省散厅只有 1 个，其余均为直隶厅。

新疆省政区厅在不同时期的分布情况如表 5-38 所示。

表 5-38　新疆省政区厅在不同地区的分布情况统计表

地区	厅名			
新疆省	伊犁直隶厅	喀喇沙尔直隶厅	库车直隶厅	乌什直隶厅
喀什噶尔道	玛喇巴什直隶厅	英吉沙尔直隶厅		
伊塔道	精河直隶厅	塔尔巴哈台直隶厅		
镇迪道	库尔喀喇乌苏直隶厅	镇西直隶厅	哈密直隶厅	吐鲁番直隶厅
莎车府	蒲犁厅			

从上表可以看出，新疆省直隶厅有直隶于省者，例如伊犁直隶厅等 4 个直隶厅；也有些隶属于道者，例如玛喇巴什直隶厅等 8 个直隶厅，其中镇迪道的直隶厅最多，为 4 个。新疆省唯一的散厅蒲犁厅分布于莎车府。

台湾省政区厅的设置始于光绪十三年（1887 年）。该省政区厅在不同时期的分布情况如表 5-39 所示。

表 5-39　台湾省政区厅在不同时期的分布情况统计表

朝代	厅名		
光绪	澎湖厅	埔里社厅	基隆厅

从上表可以看出，台湾省政区厅仅在光绪朝时有所分布。该省政区厅分布时间在有政区厅的省份中是最短的。台湾省政区厅全部为散厅，一共有 3 个。

台湾省政区厅在不同地区的分布情况如表 5-40 所示。

表 5-40　台湾省政区厅在不同地区的分布情况统计表

地区	厅名	
台北府	基隆厅	
台湾府（台南府）	埔里社厅	澎湖厅
新台湾府	埔里社厅	

从上表可以看出，台湾府（台南府）有 2 个散厅，台北府和新台湾府各有 1 个散厅。埔里社厅先后隶属于台湾府（台南府）、新台湾府。

湖北省政区厅的设置始于光绪二十五年（1899 年）。该省政区厅在不同时期的分布情况如表 5-41 所示。

表 5-41　湖北省政区厅在不同时期的分布情况统计表

朝代	厅名	
光绪	夏口厅	鹤峰直隶厅
宣统	夏口厅	鹤峰直隶厅

从上表可以看出，湖北省政区厅在光宣时期始终是 1 个散厅和 1 个直隶厅。

湖北省政区厅在不同地区的分布情况如表 5-42 所示。

表 5-42 湖北省政区厅在不同地区的分布情况统计表

地区	厅名
施鹤道	鹤峰直隶厅
汉阳府	夏口厅

从上表可以看出，湖北省鹤峰直隶厅隶属于施鹤道，夏口厅隶属于汉阳府。

综上所述，清代政区厅分布于疆域内大部分省份，具有广泛性。政区厅分布于其疆域内的 21 个省份，仅剩安徽、山东两省，青海、西藏两个办事大臣辖区，以及乌里雅苏台将军辖区未设政区厅。康熙年间只有贵州、四川、甘肃 3 个省有政区厅的分布，之后政区厅在各省的分布越来越广泛。雍正时期，政区厅分布数量占优势的是云南、贵州两省。乾隆时期，政区厅分布数量占优势的是甘肃、四川、直隶、云南、贵州五省。嘉道咸时期，政区厅分布数量占优势的是云南、贵州、四川三省。同治时期，政区厅分布数量占优势的是云南、贵州、四川、甘肃四省。光绪时期，政区厅分布数量占优势的是云南、贵州、四川、甘肃、新疆五省。宣统时期，政区厅分布数量占优势的是云南、贵州、四川三省。

二、分布密集区与稀疏区形成鲜明对比，分布结构呈现不均衡性

清代政区厅虽然分布范围广泛，但是从各省政区厅分布数量来看，内部差异较大。清代各省政区厅总数进行统计情况如表 5-43 所示。

表 5-43 清代各省政区厅总数统计表

省份	厅数
甘肃	27
云南	21
四川	19
贵州	16

省份	厅数
直隶	15
盛京将军辖区（奉天）	14
吉林将军辖区（吉林）	13
新疆	13
山西	12
广西	11
黑龙江将军辖区（黑龙江）	10
陕西	8
湖南	6
福建	6
广东	6
江苏	5
浙江	4
江西	4
台湾	3
湖北	3
河南	2

注：有些政区厅出现过从本省改隶到其他省份的现象。例如，光绪十年（1884年），哈密直隶厅等9个政区厅改隶新疆省。本表将这类改隶过的政区厅同时纳入其先后隶属的省份，故本表统计的各省政区厅数量合计起来要大于清代实际出现过的政区厅总数。

从上表可以看出，清代政区厅分布密集区与稀疏区形成鲜明对比，分布结构呈现不均衡性。政区厅数量排名靠前的甘肃、云南、四川、贵州、直隶、盛京将军辖区（奉天）、吉林将军辖区（吉林）、新疆、山西、广西、黑龙江将军辖区（黑龙江）、陕西等12个省份为政区厅分布密集区，其政区厅总数为179个。政区厅数量排名靠后的湖南、福建、广东、江苏、浙江、江西、台湾、湖北、河南9个省份为分布稀疏区，其政区厅总数仅为39个。这两个区域以山西、直隶省境内长城—太行山—巫山—雪峰山—广西境内南岭这条线为分界线。该分界线以北以西大多为高原、高山地形，是政区厅分布的密集区，平均每省约15个政区厅；分界线以南以东大多为丘陵、平原地形，是政区厅分布的稀疏区，平均每省不到5个政区厅。

为何北部和西南部12省政区厅分布比重大呢？云贵川桂四省政区厅数

量庞大，与土司"改土归流"、西南边防需求相关；晋直两省的政区厅数量较大，主要与流民、游民涌入旗人居住地有关；奉吉黑三省政区厅数量较大，主要与流民、游民涌入旗人居住地以及东北边防需求有关；陕西省政区厅数量较大，基本上与流民、游民涌入山区有关；甘肃省政区厅数量较大，主要与回民起义、西北边防需求相关。

为进一步了解清代政区厅分布结构呈现不均衡的过程，对不同时期各省政区厅分布数量作统计，如表 5-44 所示。

表 5-44 清代不同时期各省政区厅分布数量统计表

省份	康熙朝	雍正朝	乾隆朝	嘉庆朝	道光朝	咸丰朝	同治朝	光绪朝	宣统朝
贵州省	1	12	13	14	14	14	14	15	14
湖南省	2	3	3	4	5	5	5	6	6
甘肃省	2	5	15	9	10	11	13	17	8
山西省	0	1	7	7	7	7	7	12	12
直隶省	0	5	14	9	9	9	9	10	10
云南省	0	8	13	15	16	16	16	18	19
四川省	0	5	13	13	14	13	13	15	14
盛京将军辖区（奉天省）	0	1	2	4	5	5	5	11	9
浙江省	0	1	1	1	3	3	3	4	4
广西省	0	2	4	4	4	4	5	10	10
福建省	0	2	3	5	5	5	5	6	2
广东省	0	2	1	3	3	3	5	5	4
江苏省	0	0	2	3	3	3	3	5	5
江西省	0	0	2	2	2	2	2	3	4
吉林将军辖区（吉林省）	0	0	1	3	3	3	3	8	10
陕西省	0	0	5	6	8	8	8	8	8
河南省	0	0	1	1	2	1	1	1	1
黑龙江将军辖区（黑龙江省）	0	0	0	0	0	0	1	9	6
新疆省	0	0	0	0	0	0	0	13	9
台湾省	0	0	0	0	0	0	0	3	0
湖北省	0	0	0	0	0	0	0	2	2

从表中我们可以看出，这 21 个省份中绝大部分都是在清前期开始有政区

厅分布，只有黑龙江将军辖区（黑龙江省）、新疆省、台湾省、湖北省在清晚期同治或光绪年间出现政区厅。政区厅分布比重大的 12 个省份，在雍乾时期或光绪时期实现快速增长。其中，贵州省、甘肃省、山西省、直隶省、云南省、四川省、陕西省等 7 个省份政区厅分布的快速扩张主要发生于雍乾时期；盛京将军辖区一奉天省、广西省、吉林将军辖区（吉林省）、黑龙江将军辖区（黑龙江省）、新疆省等 5 个省份政区厅分布的快速扩张主要发生于光绪朝。

三、集中分布于边界地带，分布位置体现边缘性

从微观角度分析，清代政区厅具体分布位置有何特征？对此，对上述 21 个省份境内政区厅的分布位置进行分析。

贵州省政区厅主要分布其南部地区，水城厅、普安直隶厅、南笼厅、罗斛厅、下江厅、松桃直隶厅、怀仁直隶厅等政区厅分布于该省与云南、广西、湖南、四川各省的交界地带。湖南省全部政区厅均位于该省与鄂川贵桂等省的交界地带，其中南洲直隶厅同时紧临着洞庭湖。甘肃省政区厅分布较为广泛，其中安西直隶厅、丹噶尔厅、贵德厅、巴燕戎格厅、循化厅、宁灵厅等政区厅均位于临近伊犁、青海、内蒙古的边界地带。山西省政区厅全部位于其北部长城以北农牧交错地区，兴和直隶厅、陶林直隶厅、武川直隶厅、五原直隶厅、萨拉齐厅、托克托厅、清水河厅等政区厅位于该省与直隶或内蒙古的交界地带。直隶省的政区厅，除了东、南、西、北四路厅位于京师附近之外，其他政区厅都位于其长城口外地区，张家口直隶厅、多伦诺尔直隶厅、独石口直隶厅、热河直隶厅、三座塔直隶厅等政区厅位于该省与内蒙古、山西、盛京将军辖区的交界地带。

云南省政区厅主要位于省界或国界，维西厅、中甸厅、永北厅、巧家厅、鲁甸厅、大关厅、五嶀厅、复州厅、攸乐厅、镇边抚夷直隶厅、镇沅直隶厅、龙陵厅、腾越直隶厅等政区厅均位于该省与四川省、广西省、缅甸国的交界地带。四川省的政区厅分布位置比较广泛，其中三坝厅、盐边厅、雷波厅、建武厅、叙永直隶厅、黔彭直隶厅、太平直隶厅、松潘厅等政区厅位于该省与西藏、云南、贵州、湖北、陕西、甘肃的交界地带。盛京将军辖区（奉天

省）政区厅几乎全部分布于该省与直隶省、内蒙古、吉林省的交界或渤海海岸地带。

福建省和浙江省的政区厅全都分布于沿海地区，位于海岸或海岛地区。广西省的政区厅除了那马厅和中渡厅之外，其他 9 个厅均位于该省与广东、湖南、贵州、云南的省界或越南国界地带。江西省政区厅全部位于该省与湖南、广东两省的交界地带。广东省政区厅大多数位于南海海岸一带。陕西省政区厅全部分布于其南部（以南部为主），定远直隶厅、砖坪厅、潼关厅位于该省与四川、河南、山西的交界地带。吉林将军辖区（吉林省）政区厅绝大多数分布于其西南部与奉天省、内蒙古交界地区，北部没有政区厅。

江苏省的政区厅均位于其南部地区，都是临湖、临江或临海。靖湖厅、太湖厅位于该省与浙江省交界的太湖一带，太平厅处于长江下游的沙洲之中，海门直隶厅、川沙厅位于东海沿岸。河南省仅有的两个政区厅均分布于省界，仪封厅位于该省与直隶、山东省的交界地带，淅川厅位于该省与陕西省、湖北省的交界地带。黑龙江将军辖区（黑龙江省）政区厅全部位于国界或省界地带。瑷珲直隶厅、呼伦直隶厅分别位于该省与沙俄的东北交界、西北交界，其余政区厅均位于该省南部，多分布于该省与吉林省交界一带。

新疆省政区厅主要分布于从东边靠近甘肃的哈密至西部伊犁（光绪前期成为西北边区）这条"北线"一带和从北部塔尔巴哈台至南部蒲犁这条"西线"一带。"北线"一带分布着哈密直隶厅、镇西直隶厅、吐鲁番直隶厅、精河直隶厅、伊犁直隶厅等政区厅，其中精河直隶厅设于清代晚期，其他政区厅设于前期。"西线"一带分布着塔尔巴哈台直隶厅、伊犁直隶厅、乌什直隶厅、玛喇巴什直隶厅、英吉沙尔直隶厅、蒲犁厅等政区厅，其中伊犁直隶厅是"北线"和"西线"的交会点，除它以外的"西线"政区厅均设于清晚期。台湾省的三个政区厅中，澎湖厅处于台湾海峡中流的岛屿上，埔里社厅位于台湾岛中心地带，基隆厅位于台湾岛北部海岸。湖北省仅有的两个政区厅中，夏口厅位于东部汉阳府汉水入江口，鹤峰直隶厅位于该省西南部与湖南省的交界地带。

综上所述，清代大多数政区厅集中分布于边界地带，分布位置具有边缘性。边界地带包括内陆国界、海岸线、省界等。以伊犁直隶厅、镇边直隶厅、瑷珲直隶厅等为代表的政区厅分布于西北、西南、东北的内陆国界地区，以定海直隶厅、澎湖厅等为代表的政区厅分布于沿海要地，以淅川直隶厅、太平直隶厅等为代表的政区厅散布于各省交界地带。

本 章 小 结

中国历史上政区厅设置的时间分布特征是清代呈现总体上升态势，雍正、乾隆、光绪、宣统等四个时期的政区厅的数量增长较快，民国时期政区厅快速消亡。散厅的快速增长主要发生在雍正、乾隆、光绪三个时期。直隶厅的快速增长主要发生在光绪时期。大部分时期，散厅数多于直隶厅数。政区厅经历起步期、成长期、平稳期、高潮期、消亡期五个阶段。雍正元年（1723年）至乾隆四十一年（1776年）属于政区厅数量增长最快的阶段。

清代政区厅空间分布具有三个特征：第一，遍布于大多数省份，分布范围具有广泛性。政区厅分布于其疆域内的 21 个省份，仅剩安徽、山东两省，青海、西藏两个办事大臣辖区，以及乌里雅苏台将军辖区未设政区厅。第二，分布密集区与稀疏区形成鲜明对比，分布结构呈现不均衡性。这两个区域以山西、直隶省境内长城—太行山—巫山—雪峰山—广西境内南岭这条线为分界线。第三，集中分布于边界地带，分布位置呈现边缘性。边界地带包括内陆国界、海岸线、省界等。如果说明代边疆民族的卫所制度是一种点状的军事控制和管理模式，那么清代边疆民族地区或内地边缘地带的厅则是由点到面的一种全面的控制和管理模式。[①] 清代政区厅由众多主要分布于"边缘"地带的"点"汇聚成了一个分布不均衡的"面"。

---

① 许正文：《中国历代政区划分与管理沿革》，陕西师范大学出版社，1990 年。

第六章　政区厅的职责及其运行情况

历代地方政区都肩负着管理一方疆土及其子民的行政职责。政区厅具有哪些职责？设置了哪些组织机构？运行效果怎么样？本章将针对这些问题展开研究。

第一节　政区厅的职责

据史料记载，政区厅行政职责十分丰富，有捕盗、管粮、词讼、稽查出入人口、宣谕教化等。政区厅的行政职责分为一般职责和特殊职责，前者是指全体政区厅和其他政区都普遍具备的一般性行政职责，后者是指部分政区厅所具备的相对其他政区而言较为突出的特殊性职责。

一、政区厅具有与府、州、县相似的一般职责

古代政区普遍具备的一般性行政职能有安盗息民、处理刑名钱谷政务、教化百姓等。就政区厅而言，这些行政职责也体现得比较明显。

（一）编审人丁、处理刑名钱谷政务

在乾隆中期废除人丁编审制之前，清代统治者对人丁管控比较严格，因此地方政区肩负着编审人丁的职责。此外，地方政区还要处理境内人丁的刑

名钱谷政务。政区厅同样具有编审人丁、处理管理刑名钱谷政务的职责。例如，康熙五十年（1711 年）八月所设凤凰厅通判的首要职能是管粮，"户部议覆、偏沅巡抚潘宗洛等疏言：平䅵镇算买贮仓谷若无责成之员，恐有亏空那移情弊。应将买贮谷石责令凤凰营通判专管，辰沅靖道兼辖。年终盘查出结。如有亏空那移，道员照知府例、通判照知县例议处"。雍正二年（1724 年）七月所设的张家口直隶厅理事同知，负责管理词讼，稽查边口出入之人。乾隆八年（1743 年）十月所设的莲花厅的职责是经理刑名事件、每岁民屯额征以及编审人丁，"吏部等部议覆、江西巡抚陈宏谋疏称江西吉安府莲花桥地方离县僻远，前经题请裁汰同知，另设县治。嗣遵部咨，令照各省分防同知之例，将事件改归该同知管理，应请将永新、安福二县之䃮西、上西、两乡改为厅地。移同知衙门驻莲花桥，经理刑名事件及每岁民屯额征，五年一次编审人丁"①。乾隆十二年（1747 年）三月，潼关厅抚民同知管辖屯地钱粮等事。乾隆二十四年（1759 年）七月，"安西同知移驻巴里坤，靖逆通判移驻哈密，俱令管理粮饷，兼办地方政务"②。乾隆二十五年（1760 年）五月，"乌鲁木齐现议移驻提督，管理地方粮饷之文员，自不可少。应照哈密、巴里坤之例，设同知一员管理地方，通判一员收放粮饷"③。乾隆三十九年（1774 年）七月，因同安县为边海要区，幅员辽阔，政务殷繁，东部翔风、民安、同禾三里共五十八保皆为沿海村镇，多属大姓聚居，每恃离城窎远，逞强不法，故徙金门通判驻马巷，置马巷厅，管辖三里六十八保的一切刑名钱谷事件④，隶福建省泉州府。光绪八年（1882 年），吐鲁番同知杨大年卸任时，为移造银粮交代事，将所有经手过银粮等项汇造交代总册，移请查核接收⑤。光绪朝由于民众起义对循化厅经济发展和地方税收产生了巨大冲击，因而进行了两个阶段的大规模田赋清理。一是光绪初年在陕甘回民起义结束后进行田赋清理，一直持续到光绪二十年（1894 年）；二是光绪二十一年（1895 年）河湟事变之后，对循化厅田赋再次进行了清理。首先，编审户口，清查土地。其

---

① 《清高宗实录》卷二百零三，乾隆八年十月甲戌。
② 《清高宗实录》卷五百九十三，乾隆二十四年七月丁丑。
③ 《清高宗实录》卷六百一十二，乾隆二十五年五月丙午。
④ 乾隆《马巷厅志》卷一，《建置沿革》，光绪重刊本。
⑤ 《清代新疆档案选辑》第 1 册，光绪八年九月，第 278～279 页。

次，清查"叛产绝业"，招徕承领，给发执照，恢复生产，以充田赋。最后，鼓励垦荒，招垦升科[1]。可见，政区厅编审人丁、处理境内人丁的刑名钱谷等政务具体内容会因地方经济和税收情况的变化而变化。

（二）安盗息民

当地方发生盗贼事件或出现民众间或民众与官府间的矛盾冲突时，地方政区便要履行安盗息民职责。政区厅和其他政区一样都有安盗息民职责。例如，雍正七年（1729 年）十二月所设的清江厅、八寨厅、丹州厅、古州厅等政区厅，皆有"绥理地方、缉捕奸顽之责"。乾隆元年（1736 年）三月，"兵部议覆直隶总督李卫疏请：分八沟所辖地方事件归喀尔沁同知、承德州分管，移八沟通判及东河司巡检驻四旗适中之土城子，通判管旗民命盗等事"。乾隆三年（1738 年）十一月所设仁怀厅通判具有管辖命盗案件、征解钱粮、监散兵米等职责。又如，乾隆三十年（1765 年），位于旗民杂处之地的萨拉齐厅的蒙古公格因争租伤毙汉民郭玉尧一案的审理流程如下：首先由萨拉齐厅包头村甲长魏敏报案至萨拉齐厅通判，随后萨拉齐厅通判福庆带领吏员、仵作前去验尸、审讯相关人等，并申请将军委员定期会审，接着将军委派骁骑校温独尔户前来会审，然后由归绥道、山西按察使司核转至山西巡抚彰宝处，最后巡抚彰宝题请三法司核覆施行[2]。在整个案件的审理过程中，萨拉齐政区主政官负责接案、现场查验、审讯及申请会审等事务。乾隆三十七年（1772 年）三月，"吏部等部议覆、盛京工部侍郎兼管奉天府府尹雅德奏：奉天属岫岩城幅陨辽阔，旗民杂处。该城向未设民员，归城守尉专管，分隶辽阳、海城、盖平、复州、宁海等五州县兼辖，相距各二、三、四百里不等，稽查难周。熊岳理事通判现无应办事，请移驻岫岩。界内命盗户婚等案，悉归该通判分别旗民照例办理"。乾隆二十九年（1764 年）九月，"将应垦之地及附近马边之川秧、荞坝、上下溪一带地方，划归管理。命盗案由通判审拟解府勘

---

[1] 彭南生、苗虹瑞：《光绪朝循化厅田赋征收与民众负担》，《青海民族研究》，2020 年第 2 期。

[2] 《刑科题本》，乾隆三十年十二月十三日大学士管理刑部事务刘统勋等题，档案号：02-01-07-06058-006。

转。田土词讼悉由通判管理征解，换铸马边理民督捕通判关防"①。可见，安盗息民职责是政区厅常见的职责之一。

（三）教化百姓

"国家设官分职，所以保卫治安、化民成俗也。"② 满族统治的清王朝，如何教化人口占主体的汉民和其他少数民族人口，是摆在统治者面前的难题。政区厅作为地方行政区划之一，和州、县等政区一样肩负着教化百姓的职能。例如，雍正朝在黔东南"新疆六厅"采取大力兴办官学教育、义学教育及大兴科举等措施。清廷对"六厅"施儒教不仅是"边郡立学，欲其从化耳，岂可递成材"，而且是"施儒教而易其性""格其心思"。这是雍正朝开辟苗疆以后苗疆儒学教育普遍认同的基本纲领③。雍正五年（1727年）三月，"兵部议覆，云贵总督鄂尔泰疏奏经理狆苗事宜。……长寨既有武职巡防，仍须设一文员、宣谕化导。请以贵阳府同知移驻就近抚绥，庶兵民咸得相安"④。乾隆三十一年（1766年）八月，"将归顺州湖润寨州同一缺改设镇安府通判，驻劄小镇安，令其整饬化导"⑤。宣统时期，朝廷在镇边直隶厅办学兴教，"查滇边土目辖境，惟永昌、顺宁、普洱三府暨镇边直隶厅紧接外域，今以兴学为安边计，自以从三府一厅办起，第土民混沌未凿，即授以初等小学，恐亦难入，谨按逐年筹备宪政清单，本年应设肮简易识字学塾，以此开化较为适宜……全厅所属各土民学塾，除孟连塾仅学童16人外，其他各塾平均有学童30余名，全厅学童综述约600余名，教员21名"⑥。可见，清廷注重发挥政区在教化百姓方面的作用。

---

① 《清高宗实录》卷七百一十八，乾隆二十九年九月壬戌。
② 《兴京县志》，卷四《政治》，民国二十五年铅印本。
③ 张露：《雍正朝黔东南"新疆六厅"的治理研究》，吉首大学硕士学位论文，2018年。
④ 《清世宗实录》卷五十四，雍正五年三月癸丑。
⑤ 《清世宗实录》卷七百六十七，乾隆三十一年八月乙丑。
⑥ 云南省澜沧拉祜族自治县志编纂委员会：《澜沧拉祜族自治县志》，云南人民出版社，1996年。

二、政区厅具有管理边疆要地与难管之地的特殊职责

部分政区厅除了具有上述一般行政职责之外，还有以下两个特殊职责。

（一）管理边疆要地，对外巩固边防

如前文所述，清代政区厅在内陆边疆要地、沿海边疆要地设置了一系列政区厅，这些政区厅具有管理边疆紧要之地、对外巩固边防的特殊职责。

1.巩固内陆边疆要地的边防

在西北、西南、东北三个内陆边疆要地，部分政区厅肩负着管理内陆边疆要地巩固边防的特殊职责。

首先，就西北边疆的政区厅而言，从乾隆二十四年（1759 年）开始在这些西北新辟疆土设置了诸多政区厅，以巩固和加强西北边防。巴里坤直隶厅、哈密直隶厅、乌鲁木齐直隶厅、昌吉厅、伊犁直隶厅、辟展直隶厅、奇台直隶厅等政区厅都具有巩固西北边防的职责。道光十年（1830 年）所设的丹噶尔厅、咸丰五年（1855 年）所设的镇西直隶厅，以及光绪前期所设的喀喇沙尔直隶厅、库车直隶厅、玛喇巴什直隶厅、乌什直隶厅、英吉沙尔直隶厅、库尔喀喇乌苏直隶厅、精河直隶厅、塔尔巴哈台直隶厅等政区厅同样具有加强西北边防的职责。

其次，就西南边疆的政区厅而言，一些处于边陲之地的政区厅具有巩固西南边防的职责。例如，雍正五年（1727 年）所设龙州厅的职责是管理镇南大关的关口和绥辑土民，"又太平府新改上龙、下龙二土司所属镇南大关系安南贡道，且水路可通内地，最为紧要，须设流官弹压，请将太平府通判移驻上下龙地方，兼管凭祥土州等处，经理镇南大关水陆隘口，绥辑土民"[①]。乾隆三十一年（1766 年）爆发中缅战争后，清朝在加大西南边疆军事力量投入的同时，也积极地调整行政区划。乾隆三十五年（1770 年）所设的龙陵厅的职责也是巩固边防，"龙陵地无瘴气，其外即芒市、遮放，与外夷密迩。查永昌府同知无专辖事。应如所请，移驻该处，定为龙陵厅"[②]。光绪九年（1883

---

① 《清世宗实录》卷五十四，雍正五年三月壬辰。
② 《清高宗实录》卷八百五十一，乾隆三十五年正月丁未。

年）爆发中法战争，之后朝廷在广西和云南分别设置上思直隶厅和镇边抚夷直隶厅，这两个厅也都具有加强西南地区边防的职责。

最后，就东北边疆的政区厅而言，在东北边防的压力下，光宣两期设置的许多政区厅都肩负着巩固边防的职责。光绪五年（1879年），在中朝边界设置凤凰直隶厅以加强对边疆的管理，紧接着又设置五常直隶厅、宾州厅、双城直隶厅、绥化直隶厅。光绪晚期设置延吉直隶厅、绥芬直隶厅、海伦直隶厅、大赉直隶厅、瑷珲直隶厅。宣统朝设置辉南直隶厅、滨江直隶厅、东宁厅、珲春直隶厅、榆树直隶厅、呢吗口厅、讷河直隶厅。这些政区厅皆是流民、游民自发涌入东北以及朝廷"移民实边"政策引导的共同结果，都肩负着巩固东北边防的职责。以呢吗口厅为例，"宣统元年七月己酉，东三省总督锡良等奏：……另于密山府属呢吗口地方设一分防同知，以资镇摄"[1]。宣统二年（1910年）三月将其更名为虎林厅，"呢吗口本因俄国境内之呢吗河西流，汇于该处，故有斯名。今设同知一缺，若仍循旧时称谓，深恐日久沿讹，国界未易分晰。查该处本在七虎林河之南，拟请定为虎林厅"[2]。可见，朝廷将其改名，是为了明确其为本国疆土，进一步巩固国防。

2. 巩固海疆要地的边防

"中国的海疆疆域是随着对海岛的发现、命名、开发、管辖而逐步形成、演进的。"[3]古代社会航海技术差，各朝代很少受到海上的威胁。明代以来倭患不断，朝廷海疆防御方面强于之前的朝代。明朝初年便在东部海岸线一带设置了海防性质的卫所。明代中后期，卫所逐渐废弛，海疆防御能力大减。清初在沿海政区的设置方面，沿袭了明代"以防海盗为主"的海防思想，裁撤卫所，改置州、县。从雍正朝开始，朝廷在东海沿岸、南海海岸以及渤海沿岸设置了一些以巩固海岸要地为职责的政区厅。

首先，就东海海疆而言，具有海防职责的政区厅的设置时间要早于其他海岸地区。雍正五年（1727年），朝廷在东海海疆的澎湖岛设置了澎湖厅，

---

① 《宣统政纪》卷十七，宣统元年七月己酉。
② 《宣统政纪》卷三十三，宣统二年三月壬戌。
③ 李国强：《海岛与中国海疆史的研究》，《云甫师范大学学报（哲学社会科学版）》，2010年第3期。

"加福建兴泉道巡海道衔移驻厦门，改台厦道为台湾道，添设台湾府通判一员驻澎湖，裁澎湖巡检一员"。澎湖厅的职责是经略台湾，巩固东海沿岸边防。浙江省玉环、舟山、南田等地在清初被列为封禁之地。雍正六年（1728年）三月，在玉环地区设置了玉环直隶厅，"户部议覆，浙江总督李卫等条奏经理玉环山事宜。一、增改文员。玉环山地方周围七百余里，田地十万余亩，山吞平衍，土性肥饶，界在温台之间，实为海疆要地，请设温台玉环清军饷捕同知一员。"① "横亘海中，岛吞交错，实温台之门户，为闽浙所必经"，为清代海疆要地，故于雍正六年设立政区厅②。可见，玉环直隶厅肩负着巩固海疆要地的职责。道光二十年（1840年），英军占领浙江定海县，转年英国归还定海。在处理定海善后事宜时，朝廷将定海县改置为定海直隶厅。"查定海孤悬海外，总兵之体制既崇，知县之品级似卑，每为弁兵所藐视。应请将定海县知县升为直隶同知，作为海疆提调要缺，隶宁绍台道管辖。其考校士子，审转案件，悉照直隶州之制"③。可见，定海直隶厅的职责是加强海疆的管控。南田地区设置政区厅时间较晚。光绪元年（1875年），朝廷开禁南田，招民耕作以实其地，防止列强觊觎，说明"移民实边"的办法不仅适用于内陆边疆，也同样适用于海疆。随着人口和耕地数量的增加，行政官员缺失的问题开始显现。宣统元年（1909年）六月设置南田厅，"浙江巡抚增韫奏：浙江宁波府属南田兀峙外海，贴近三门，与宁海、定海、玉环等厅县相为犄角，诚为东浙屏蔽，南洋要冲。近来垦辟渐广，生齿日繁，自非专设文武员弁不足以资治理。拟请设一厅治，名曰南田抚民厅，以宁波府水利通判移驻，请定为海疆冲繁要缺，仍归宁波府管辖"④。南田厅设立海疆抚民通判，可见其职责是巩固海疆边防。

其次，就南海海疆的政区厅而言，以巩固边防为职责的政区厅是雍正十年（1732年）在广东省南澳地区设置的南澳厅。南澳地区曾被郑成功及其部

① 《清世宗实录》卷六十七，雍正六年三月甲戌。
② 张坦熊纂修：《特开玉环志》卷二，《险要》，清雍正十年（1732年）刻本，第56页。
③ 军机大臣穆彰阿：《奏为遵旨会议浙江定海善后章程等事》，中国第一历史档案馆藏道光朝录副奏折，道光二十六年六月二十六日，档号：03-2986-041。
④ 《宣统政纪》卷十六，宣统元年六月癸卯。

下占据。顺治三年（1646 年），"郑成功遁入南澳"，后郑成功撤离，其部将杜辉继续占据南澳。康熙三年（1664 年），杜辉降清，南澳居民被迁入内地安插。康熙二十四年（1685 年），南澳设总兵，分左右二营，左为福营，右为广营，沿袭了明代闽粤共管南澳的军事驻防格局。雍正十年（1732 年），在海疆冲要之区的南澳设置南澳厅，"孤悬海岛，界联闽粤，兵民杂处，商船络绎，实为海疆冲要之区"，故奏请"添设闽粤海防军民同知一员，驻劄南澳，照州县之例……凡四澳军民保甲、编烙渔船、监放兵饷，一切事宜，俱归该同知管理"。南澳厅的职责是巩固海疆要地的边防，具体包括军民保甲、编烙渔船、监放兵饷等。

最后，就渤海海疆的政区厅而言，以巩固边防为职责的政区厅出现得较晚，包括金州厅和营口直隶厅。道光二十三年（1843 年）裁宁海县，置金州厅，设金州海防同知管理该地 [1]。金州厅的职责为巩固渤海口边防。光绪三十二年（1906 年），清廷根据奉天将军赵尔巽"庄河地属岫南控海之滨，左右扼制海口，适当冲要设治实属相应"的奏请，在岫岩州南部地区设置庄河直隶厅，设庄河厅抚民同知，庄河直隶厅显然具有巩固渤海海疆边防的职责。

（二）管理难管之地，对内加强管控

1. 加强对少数民族聚居之地的管控

和其他王朝一样，清代同样面临如何有效管理少数民族这一问题。为了强化对少数民族聚居地的管理，有效地弹压少民，清代设置了大量政区厅。乾州厅、威远直隶厅、清江厅、八寨厅、丹江厅、古州厅、龙州厅、水城厅、松桃厅、都江厅、台拱厅、清江厅、龙胜厅、抚彝厅、理番直隶厅、贵德厅、安化厅、巧家厅等政区厅，集中分布于湖南、贵州、云南、四川、甘肃、广西等省份的少数民族聚居区，这些政区厅有一个重要的职责是加强对少数民族聚居地的管控。例如，康熙四十三年（1704 年）在湖南省所设的乾州直隶厅和凤凰直隶厅，是在当地红苗归化后，由土司地改置而来，专理苗务。雍正三年（1725 年）四月在云南所设的威远直隶厅有一项重要职责是管控云南

---

[1] 光绪《清会典事例》卷三百二十二，第 4 册，第 806 页。《盛京典制备考》卷七，《奉天职官》。

的苗猓，"云南苗猓平时踞元江新平之间，官兵巢口刀捕则遁入威远普洱茶山等处，广袤二三千里，难以控制。请将威远土州改土归流，设抚夷清饷同知一员、经历一员、盐井大使二员，于猛班设巡检一员，分理民事"①。为了在贵州东南部生苗聚居之地建立起国家统治秩序，雍正朝廷通过武力征服苗人，设立了丹江、八寨、清江、古州、都江、台拱等六个散厅，史称"新辟苗疆六厅"。这些政区厅都具有"绥理地方、缉捕奸顽之责"②。乾隆时期设置的杂谷厅、循化厅等政区厅均是以管控少数民族聚居区为主要职责。乾隆五十六年（1791 年）七月在甘肃境内与青海交界的贵德地方置贵德厅，其主要职责是管理番众，"贵德地方亦照循化改设同知管辖番夷之处"。嘉庆十六年（1811 年）在云南省所设的巧家厅，由抚民抚彝通判专管彝族民政政务。光绪三十一年（1905 年）在广西省庆远府所设的安化厅的主要职责是管理苗族聚居地。总之，清代许多政区厅都具有管控少数民族聚居地的特殊职能。

2. 加强对流民汇聚之地的管控

如前文所述，流民、游民汇聚是清代政区厅设置的影响因素之一。清代许多政区厅都具有重要职责，那便是加强对流民、游民汇聚之地的管控。从雍正朝开始出现，出现了以加强对流民、游民汇聚之地的管控为主要职责的政区厅。这些政区厅主要分布于直隶、山西、以及东三省等地。

雍正年间，在直隶地区首先出现管理口外流民的政区厅。朝廷将政区厅引入旗人居住地，形成了"旗厅并存、蒙汉分治"的局面。雍正元年（1723 年），清廷首先在归化城设归化城厅，这是因为归化城土默特位于山西口外，是山西省的汉民出口后最方便到达的具有广袤土地的地方。汉民大量流入内蒙古的雍乾时期和与光宣时期，都是政区厅设立相对集中的时期。雍正乾隆年间，朝廷又陆续在直隶和山西地区设置了热河直隶厅、张家口直隶厅、丰镇厅、宁远厅等政区厅，以管理旗民杂处之地的民政政务。例如，乾隆元年（1736 年）三月，"兵部议覆直隶总督李卫疏请分八沟所辖地方事件归喀尔沁同知、承德州分管，移八沟通判及东河司巡检驻四旗适中之土城子，通判管旗民命盗等事，巡检专司监狱"。可见，四旗直隶厅的主要职责是管控旗民杂

---

① 《清世宗实录》卷三十一，雍正三年四月乙未。
② 《清世宗实录》卷八十九，雍正七年十二月戊申。

处之地。

乾隆五年（1740年），清廷在东北推行全面封禁政策，严格限制流民从山海关等处进入东北，但是依然难以阻止汉民涌入东北。东北地区汉民数量的增加，改变了满汉土地的占有格局，使旗人的生计受到影响，给东北原有的稳定的旗人社会造成了冲击。清廷针对东北地区的旗民纠纷现象，不得不在东北设置政区厅。例如，乾隆十二年（1747年）设置吉林直隶厅；乾隆四十一年（1776年）设兴京厅，由通判来管理兴京城民政政务。另外，因岫岩地区位于辽东东段柳条边内附近，地处要冲，幅员辽阔，乾隆中叶时已"旗民杂处"，却无民官治理，乾隆四十一年，"又以凤凰城、岫岩二城政务统令岫岩通判管理，亦无庸旗员经管"。嘉庆至同治年间，清朝纲纪松弛，国力下降，自然灾害和社会动乱多发，促使更多的中原汉民"闯关东"，农民武装斗争不断使柳条边的边门和封禁卡伦陷于瘫痪。朝廷在东北的盛京将军辖区、吉林将军辖区、黑龙江将军辖区设置了长春直隶厅、伯都讷直隶厅、图昌厅、新民厅、呼兰直隶厅等政区厅，专门管理流民涌入所形成的旗民杂处之地。这些厅主要分布在西段柳条边和北段柳条边的盛京和吉林地区。

光绪年间，朝廷因财政日益枯竭空虚，改变了原有对蒙古的封禁政策，实行招垦政策，招募内地无地或少地的农民到蒙古地区，以期增加财政收入。光绪二十八年（1902年），朝廷任命贻谷为督办蒙旗垦务大臣，令其在内蒙古西部的乌兰察布、伊克昭二盟和察哈尔八旗游牧地丈放蒙地，推行垦务。随着开垦的推进，民政厅规模不断扩大。从光绪二十九年（1903年）开始，在归化城土默特地、乌兰察布盟地、察哈尔右翼旗地、鄂尔多斯左翼中旗地设置了兴和直隶厅、武川直隶厅、五原直隶厅、陶林直隶厅、东胜直隶厅等诸多政区厅，使清朝在口外设置的政区厅达到12个。因12个厅均在山西右玉杀虎口外，便常称其为"口外十二厅"。"口外十二厅"包括归化厅、萨拉齐厅、清水河厅、托克托厅、和林格尔厅、宁远厅、丰镇厅、武川直隶厅、五原直隶厅、陶林直隶厅、兴和直隶厅、东胜直隶厅。光绪年间，朝廷先后在奉天将军辖区、吉林省设置了凤凰直隶厅、延吉直隶厅、绥芬直隶厅等政区厅，以管理旗人或前来垦荒的汉人。

朝廷对蒙古地开垦力度大、内地农民向蒙古地区和东北地区移民大量集中之时，往往也是这些地区设置政区厅的高峰时期。朝廷借助政区厅来解决旗民杂处之地的管理问题。这些政区厅的主要职责是加强对流入汉民的管理，将流民转化成为固定人口，协调和处理好汉民和旗民的关系。雍乾时期，在口外、关外所设的政区厅以理事通判、理事同知为主政官，其主要职责是审理旗民的交涉、诉讼事件。光绪时期所设的政区厅以抚民同知、抚民通判为主政官，其职责使命是管理辖区内的一切旗民政务。总之，清廷设置了许多以管控因流民涌入而形成的旗民杂处之地为职责的政区厅。

　　3. 加强对僻远之地的管控

　　在地理距离、地形等因素的影响下，僻远之地往往是朝廷势力难以深入的地区。如前文论述，清代许多政区厅的空间分布具有边缘性特征，许多政区厅位于远离省治、府治的僻远地区。下面以位于江西省边界的莲花厅、定南厅、虔南厅、铜鼓厅为例，阐述政区厅所具有的管控管理僻远之地的职责。

　　江西地区以山地为主，耕地面积小，但随着经济社会的发展和人丁的兴盛，从明代中后期开始，出现了"土狭民稠""田寡民稠"的现象。人地矛盾逐渐成为困扰当地社会发展的突出问题。此外，江西地区赋税较重，百姓负担太重，"物料夫差，百端催迫，至不能存，而窜徙于他乡，或商贩于别省，或投入势要，为奴仆、佃仆，民之逃亡，此其故也"[①]。明代成化、弘治时期以来，许多当地人迫于生存压力，离开故土，脱离原有里甲体制的束缚，成了流民。不少流民迁往湖广地区谋生，也有一些流民流向省内山区地带开垦土地。没有外迁的人口还要分摊流民产生的"派粮编差"，负担更重。这样就产生了恶性循环，导致流民人口越来越多。涌入山地的流民积少成多，逐渐成聚，盗弊多发，难以管控，成为朝廷眼中的一股社会不安力量。清顺治年间，江西地区发生了金声桓、王得仁反清起义。动荡不安的社会形势，造成百姓流离失所、土地荒芜，使地方社会秩序走向混乱。流向山区的流民往往搭棚而居，被称为"棚民"。清廷不得不招徕大量福建、广东等地人口到赣东北、赣西北、赣南进行垦种，恢复生产，形成了流寓人口和土著人口杂处的局面以及土客矛盾冲突现象。至乾隆年间，山区开垦空间已经不大，人地矛盾更为尖锐。有些地方强盗频发，难以控制。于是，从乾隆八年（1743 年）

---

① （明）钱琦：《设县事宜》，载《明经世文编》，卷二百六十三。

起，朝廷在江西省设置了 4 个散厅，这些散厅的职责便是管理僻远之地（见图 6-1）。

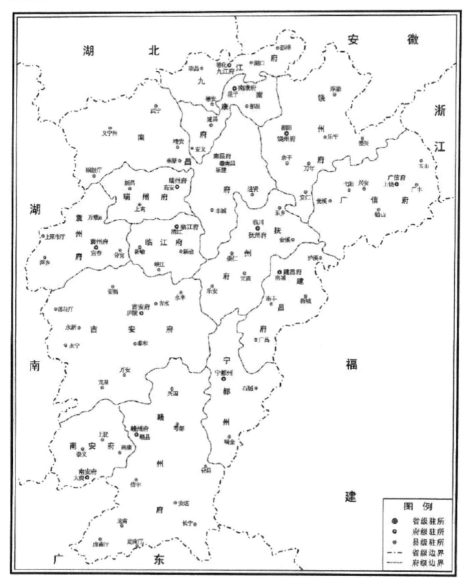

图 6-1　清末江西省政区图 [1]

① 地图来源于傅林祥、林涓、任玉雪、王卫东：《中国行政区划通史（清代卷）》，复旦大学出版社，2013 年。

乾隆八年（1743 年），因江西吉安府莲花桥地方离县僻远、政务烦琐，砻西地区位于江西省吉安府永新县西，距县城二百余里，地接湖南省，地形上是典型的山区，由于交通不便，民风犷悍，居民抗粮拒捕，永新县知县鞭长莫及，难以管理，于是朝廷设置了莲花厅，专门管理这些远离府治、难以治理的僻远之地。乾隆三十八年（1773 年）设立的定南厅，是依照莲花厅之例而设，同样具有管控僻远之地的职责。《定南县改厅疏》曰："窃照地方有险易之不同，繁简有今音之各异。若地处岩疆，非卑官所能威慑，必须量为变通，方能有济。……查江西莲花厅即系因其繁剧，移设厅员，以为控制，因有厅员，不惟体制优崇，可以慑服岩疆，而且历任箱升之员，究非初任之县令可比。择其精明强干之员以之治理，自能转蛮野为驯良。"[1] 光绪二十九年（1903 年），将赣州府分防观音阁通判改为虔南厅抚民通判，设虔南厅"以资治理"。宣统二年（1910 年），将南昌府义宁州的铜鼓营废除，改置铜鼓厅。这两个政区厅也都具有管控僻远之地的职责。

第二节　政区厅的运行情况

清代名臣陈宏谋曾言："今天下无一事不设衙门，无一衙门不设官"，"有是事始设是官，官因事而设，事即待官以理者也"[2]。历代王朝设衙设官，皆是以官统事，以事隶官。本节将对政区厅的职官设置、衙署机构及其运行效果展开研究。

一、职官与组织机构设置灵活多样、文武兼备

散厅与散州、县等级相同，皆为基层政区。直隶厅与府、直隶州等级相同，皆为中层政区。在研究清代政区厅的职官、衙署机构时，将其与府、直隶州、散州、县进行比较，以便深入把握其一般性和特殊性。

---

① （清）海成：《定南县改厅疏》，乾隆《定南厅志》卷一，清乾隆四十四年刻本。
② 陈宏谋：《从政遗规》，卷上，《明职》，《官旅书集成》第三册，黄山书社，1997 年。

（一）清末官制改革以前的政区厅职官与组织机构

清末官制改革以前，各府设知府一人，掌管全府政务。清初知府为正四品，乾隆二十八年（1763 年）以后知府为从四品。府设佐贰官同知、通判。同知为正五品，在公文里成为"丞"，尊称司马。通判为正六品，尊称"别驾"。府同知、通判量事置员，如事简则不设同知、通判，事繁则设同知或通判 1～4 人。据光绪《清会典》卷五记载，清代共设府佐贰官同知 110 人、通判 88 人。清代之府在同知、通判以下还设置推官、理事官等属官。康熙六年（1667 年），废除推官，府内还设有统称为"三班六房"的衙役。三班指皂班、壮班、快班，都是衙役。站堂、呵道、门卫、传案、催科等，分属于皂班、壮班。快班始为传递公文而设，后以缉捕罪犯为主，故又称为捕快。六房指吏房、户房、礼房、兵房、刑房、工房。六房的办事人员都是吏，也称书办，无品级。清代府的衙署机构一般设有经历司、司狱司和照磨所，各府依事之繁简酌置。经历司是知府衙门内掌管出纳文移诸事的机构，设经历一人，秩正八品。外府设经历之制始于明。府经历司尚有设知事者，其职掌同经历，秩正九品。外府设知事之制始于元代，明清因之。照磨所是府衙门内掌勘磨卷宗等事的机构，设照磨一人，秩从九品。府设照磨所之制始于明。司狱司为府衙内掌察理狱囚诸事的机构，设司狱一人，秩从九品。外府设司狱之制始于金，明清因之。各府除上述衙门机构外，府之所属机构还有宣课司、税课司、府仓、茶引批验所、府驿、府医学、阴阳学、僧纲司及道纪司等，专司分管其责，这些机构普遍设大使，品阶为从九品或不入流。知府衙门所属各机构中，还设有典吏若干人，另设有撰典一人。

清代之直隶州和散州均以知州为正印官。直隶州设知州一人（正五品）、散州设知州一人（从五品）。直隶州下设佐贰官州同（从六品）和州判（从七品），无定额。散州下设佐贰官州同（从六品）和州判（从七品），无定额。州同、州判设撰典一人，协助其处理政务。直隶州和散州的属官有吏目（从九品）、巡检（从九品）、驿丞（未入流）、闸官（从九品）、税课司大使（从九品）等。直隶州和散州也设有"三班六房"之衙役。直隶州和散州一般设有巡检司、课税司、阴阳学、医学、僧正司、道正司等诸多机构。巡检司设巡检（从九品），一般派驻至关隘之地，专司捕盗。直隶州和散州都设吏目、撰典，处理官署内务和刑狱之事。

清代之县以知县（正七品）为正印官。京县知县地位特殊，为正六品。据《清朝通典》记载，知县执掌"平徭役，听治讼、兴教化、历风俗，凡养民、祀神、贡士、读法，皆躬亲厥职而勤理之"。知县下设佐贰官县丞（正八品）和主簿（正九品）。知县的属官有巡检（从九品）、典史（未入流）、驿丞、闸官、税课司大使、河泊所大使等。县也设有"三班六房"之衙役。县一般设巡检司、课税司、河泊所、阴阳学、医学、僧会司、道会司等机构，这些机构所设职官的品级与管辖政务与州相同。县还设有典史（未入流），负责监察狱囚之事。

直隶厅、散厅的主政官为同知或通判。作为主政官的同知、通判的品阶和知府佐贰官同知、通判一样，分别为正五品、正六品。和其他地方政区一样，政区厅的主政官集行政、财政、司法权于一身。通过对全体政区厅正印官的统计，我们发现政区厅主官以同知为主、通判为辅。有些政区厅，如靖逆直隶厅、清江厅，正印官先是同知后改为通判；也有些政区厅，如大关厅、思茅厅，正印官先是通判后改为同知；还有些政区厅，如八沟直隶厅、乌鲁木齐厅的正印官，既有同知又有通判。

康熙时期政区厅的主政官同知、通判均是由知府佐贰官同知、通判改任而来，雍正以后政区厅的主政官同知、通判的来源得到了扩展，员外郎、主事、中书、小京官、笔帖式等职官也可以改任为理事同知、通判。雍正十一年（1733 年），规定理事同知有管理民人、办理刑名之责，必得通晓汉文律例之人，方能胜任，应令各部、理藩院将满洲、蒙古员外郎、主事内通晓汉文者遴选引见补授。光绪年间又提出理事同知、通判的遴选问题。光绪十年（1884 年），吏部议定理事同知、通判，无论内地、边地，吏部行文内阁各衙门，令该堂官于京察一等之中书、小京官、笔帖式内，将通晓汉文兼通翻译者保送[1]。这些都表明，清廷很重视政区厅主政官的选拔，被委任为同知、通判者往往是具有较强胜任力和一定为官经验之人。

作为政区厅正印官的同知，按照官衔可以分为三类：民政类同知、少数

---

[1] 嘉庆《大清会典事例》卷四十三，《吏部·满洲遴选》。

民族类同知、边防类同知。民政类同知包括理事同知、粮捕同知、理土督查捕同知、清军饷捕同知、理民督捕同知、抚民同知、抚民理番同知等。少数民族类同知包括抚民理番同知、抚番同知、理番同知、绥瑶同知、理苗同知、抚夷同知、分防抚彝同知。边防类同知包括分防抚彝同知、分防同知、抚边同知、海防同知、海防清军同知等。其中，抚民理番同知既属于民政类同知，又属于少数民族类同知；分防抚彝同知既属于少数民族类同知，又属于边防类同知。设理事同知的政区厅有归化城厅、热河直隶厅、吉林直隶厅、绥化直隶厅、伊犁直隶厅等，这些厅位于东北的吉林、黑龙江或位于西北的甘肃（后改隶新疆）或位于华北的直隶和山西，都是旗民杂处之地。设粮捕同知的有围场厅。设理土督查捕同知的有明江厅。设清军饷捕同知的有玉环直隶厅。设理民督捕同知的有江北厅。设抚民同知的有潼关厅、新民厅等。有些厅的抚民同知兼理事衔，例如陶林直隶厅、库尔喀喇乌苏直隶厅、黑水直隶厅等，这些厅位于山西、新疆、黑龙江的旗民杂处之地。设抚民理番同知的有基隆厅。设抚番同知的有洮州厅。设理番同知的有杂谷厅和杂谷厅。设绥瑶同知的有连山直隶厅。设理苗同知的有安化厅、百色直隶厅、古州厅等。设抚夷同知的有中甸厅。设分防抚彝同知的有安平厅。设分防同知的有滨江直隶厅、东宁厅、呢吗口厅等。设抚边同知的有丹噶尔厅。设海防同知的有金州厅、设海防清军同知的有川沙厅。

作为政区厅正印官的通判，按照官衔可以分为两类：民政类通判、少数民族类通判。民政类通判包括理事通判、总理民屯政务通判、抚民通判。少数民族类通判包括抚夷通判、理苗通判。设理事通判的厅有塔子沟直隶厅、和林格尔厅、岫岩厅、长春直隶厅等，这些厅都是位于旗民杂处之地。设总理民屯政务通判的有奇台直隶厅。设抚民通判的有仪封厅、砖坪厅、化平川直隶厅、凤凰直隶厅、喀喇沙尔直隶厅、靖湖厅等。有些厅的抚民通判加理事同知衔，例如海龙厅、双城直隶厅。设抚夷通判的维西厅、中甸厅等。设理苗通判的有清江厅、下江厅等。当政区厅同时设同知、通判时，往往是职衔较高的同知占主导地位。例如，八沟直隶厅在设立之初只有通判没有同知，通判掌管厅事。至雍正十年（1732年）添设同知，于是同知成为该厅的最高长官。乾隆二十五年（1760年）五月设乌鲁木齐厅，"设同知一员管理地方，通判一员收放粮饷"。

随着地区开发的深入和人丁的增多，有些政区厅的正印官从通判改为同知，以加强对当地的控制。例如，乾隆五十五年（1790 年）三月，因凤凰厅通判被苗民视为末弁，不听弹压，故改为同知[①]。处于中越贡使正道的龙州厅，水路交通的日趋完善，成为清军向南出境和转运军粮的基地和重要的中越互市之地，因此乾隆五十六年（1791 年）将通判改为同知，"紧接安南地界，现在开关通市，稽查商民，所关尤重。通判职分较小，难资弹压。查浔州府同知附郡事简，应请改为通判。龙州通判，改为同知"[②]。不管是同知还是通判，清代晚期的政区厅的主政官的官衔大多趋向于"抚民"。

主政官同知、通判配备亲标千总、把总的政区厅不在少数。例如，古州厅设有把总，"所设同知通判，专驻苗疆，有绥理地方、缉捕奸顽之责，不可护卫无人。应照湖南乾凤二厅之例，于同驻之官兵内，各拨给把总一员，兵一百名，以为亲标"。其他例子还有：龙胜厅设把总、外委各一，标兵百名；台拱厅、八寨厅等均设亲标千总一员；都江厅、丹江厅、清江厅各设亲标把总一员等。清代绿营兵以"镇"为基本单位，作为全国各大镇戍区的基础。各镇绿营兵按协、标、营、汛编制，设总兵一员作为主将。总兵及其上级的提督、巡抚、总督都有直属亲兵，称为标。副将统辖之绿营兵称协，参将、游击、都司、守备统辖之绿营兵称营，绿营兵千总、把总、外委统辖之绿营兵称汛。标、协管辖一至五营不等。每营的人数少则二三百人，多则六七百人。营以下分若干汛，每汛数人至数十人不等。这些政区厅的主政官同知、通判配备副将、亲标千总、把总、外委千总、外委把总等武官，与清代绿营兵制度较好地融合起来，增强了政区厅管控地方的能力。

政区厅由于其长官由府的佐贰官发展而来，故基本上不设佐贰官，只有极少数政区厅设佐贰官。例如，雍正十二年（1734 年）十二月，在归化城厅设和林格尔协理通判、托克托协理通判、萨拉齐协理通判，辅佐归化城直隶同知处理政务。乾隆元年（1736 年），又在归化城直隶厅添设善岱协理通判、清水河协理通判这两个佐贰官。嘉庆十六年（1811 年）十月，在台湾淡水厅

---

① 《清高宗实录》卷一千三百五十一，乾隆五十五年三月丙申。
② 《清高宗实录》卷一千三百八十八，乾隆五十六年十月丙辰。

境内兰阳平原的噶玛兰城设通判、县丞、巡检各一员，管理当地民人①。道光三年（1823年），循化厅添主簿，改隶甘肃省西宁府②。同治九年（1870年），"改广东新设阳江直隶州知州为直隶同知、州判为县丞、学正为教谕、吏目为司狱"。由此可知，政区厅的佐贰官包括协理通判、县丞、主簿等官职。这些佐贰官的职责和其他政区的佐贰官一样，负责协助主政官处理政务。乾隆二十五年（1760年），归化城厅裁善岱协理通判和昆都伦协理通判，其余协理通判改为理事通判，由佐贰官转变成为各自管辖政区厅的正印官。

政区厅属官种类丰富，有经历、知事、照磨、巡检、吏目、训导、驿丞、千总、把总等。例如，雍正九年（1731年）所置的永绥厅配备了首领官——经历，这是在《清实录》中首次出现政区厅的首领官。嘉庆十六年（1811年）三月，设普洱府他郎厅知事。乾隆二十二年（1757年）十一月，因洮州厅番民杂处，命案繁多，遂在该厅增设照磨一员，兼司狱事③。此外，江北厅、雷波厅、马边厅各设有照磨一名，越嶲厅、盐边厅、峨边厅各设有经历一名，城口厅设有经历、照磨各一名。松潘、理番、石砫、打箭炉等直隶厅亦均设有照磨一员。巡检和吏目是政区厅的首领官。早在康熙年间所设的乾州厅便设立了杂务官巡检，"户部等衙门议覆，湖广总督喻成龙疏言：红苗归化，应将辰沅靖道移驻镇筸，添设同知、通判、巡检、吏目等员，专理苗务，皆归辰沅靖道统辖。嗣后武职不许干预。苗犯轻罪者、听土官发落。犯命盗重罪者、土官拏解道厅、审明拟罪。五寨司土官、应听厅官管辖"。又如，乾隆二十九年（1764年）五月，哈密厅增设巡检④。乾隆三十二年（1767年）七月，龙州厅添设吏目，"应将该吏目移驻龙州，为通判首领，专司狱务"。城口厅设训导、照磨各一员，永绥厅设有经历、巡检各一员，伊犁厅设巡检二员，陕西留坝厅设驿丞一员。光绪时期设置的镇边直隶厅设了上改心巡检和下改心巡检，直隶厅和散厅也设有"三班六房"之衙役。

清代政区厅的衙署种类丰富且具有文武并举的特征。直隶厅和散厅设有

---

① 《清仁宗实录》卷二百四十九，嘉庆十六年十月壬戌。

② 《清宣宗实录》卷五十三，道光三年六月乙丑。

③ 《清高宗实录》卷五百五十，乾隆二十二年十一月辛丑。

④ 《清高宗实录》卷七百一十一，乾隆二十九年五月丁卯。

同知署、县丞署、经历司、照磨所、司狱司、巡检署、守营署等衙署机构，分别设有县丞、经历、照磨、司狱、巡检等属官。例如，据《淅川厅志》记载，该政区厅设置了儒学教谕署、县丞署、照磨署、副将署、荆关左营都司署、荆关城守营署、西坪汛千总署、李官桥汛千总署、淅川城把首营把总署、杨家垭汛把总署。据《百色厅志》记载，该政区厅理苗同知署、百色巡检署、照磨署、右江镇署、中营游击署、左营都司署、守备署等衙署。"百色始于同治七年，同知姚翔之禀奏留莘字营在厅巡防，……。十年署同知麦文震履任，实存陆勇二百名，易营名曰镇西。光绪元年，同知杨廷玙更其名曰永靖。五年，同知陈如金奉缴裁去其半，尚留百名，改为亲兵。"①

清代府、州、厅、县的职官设置情况和衙署设置情况如表 6-1 和表 6-2 所示。

表 6-1 清代府、州、厅、县职官设置情况统计表

政区类型	职官设置		
	主政官	佐贰官	其他职官
府	知府（从四品）	同知（正五品）通判（正六品）	经历（正八品）、知事（正九品）、司狱（从九品）、照磨（从九品）等
直隶州	知州（正五品）	州同（从六品）州判（从七品）	吏目（从九品）、巡检（从九品）等
直隶厅	同知（正五品）通判（正六品）	协理通判（正六品）县丞（正八品）主簿（正九品）	经历（正八品）、知事（正九品）、照磨（从九品）、吏目（从九品）、巡检（从九品）、守备（正五品）、千总（正六品）、把总（正七品）、外委千总（正八品）、外委把总（正九品）等
散州	知州（从五品）	州同（从六品）州判（从七品）	吏目（从九品）、巡检（从九品）等
散厅	同知（正五品）通判（正六品）	协理通判（正六品）县丞（正八品）主簿（正九品）	经历（正八品）、知事（正九品）、照磨（从九品）、吏目（从九品）、巡检（从九品）、（正五品）、千总（正六品）、把总（正七品）、外委千总（正八品）、外委把总（正九品）等
县	知县（正七品）	县丞（正八品）主簿（正九品）	巡检（从九品）、典史（未入流）等

① （清）陈如金修，（清）华本松纂：《百色厅志》，清光绪十七年刊本，成文出版社，1967 年，第 75 页。

表 6-2　清代府、州、厅、县衙署设置情况统计表

政区类型	衙署
府	府衙、经历司、司狱司、照磨所、宣课司、税课司、府仓、茶引批验所、府驿、府医学、阴阳学、僧纲司、道纪司等
直隶州	州署、巡检司、课税司、阴阳学、医学、僧正司、道正司等
直隶厅	同知署、县丞署、经历司、照磨所、司狱司、巡检署、守营署等
散州	州署、巡检司、课税司、阴阳学、医学、僧正司、道正司等
散厅	同知署、县丞署、经历司、照磨所、司狱司、巡检署、守营署等
县	县衙、巡检司、课税司、河泊所、阴阳学、医学、僧会司、道会司等

由于许多政区厅设置在偏远紧要之地，在治理地方时往往需要发挥巡检的力量，因而政区厅中的巡检往往有自己独立的办公机构——巡检署。例如，康熙时所设的乾州厅和凤凰厅便设有巡检署。"巡检署在城西土垣内，康熙四十三年揖买民屋栖止。"[①]巡检署多设立在远离厅治而又难以弹压之地。海疆要地的政区厅多设有海防设施。

（二）清末官制改革形势下的政区厅职官与组织机构

鸦片战争以后，清代社会发生了显著变化。随着帝国主义势力的入侵，清廷对外交涉事宜与日俱增。钦差大臣、五口通商大臣（办理通商政务大臣）、北洋大臣等官员便是清廷应对外交政务而设置的。在洋务运动的刺激和推动下，新兴经济获得了发展。地方上积极发展新兴经济，设立农工商总局、矿务总公司等管理新兴经济的机构以及教养局、卫生局、巡警局等民政类机构。外国资本的渗入打乱了原有的封建经济秩序，使地方绅商势力快速发展。一些地方绅商或多或少地参与到地方管理中来，有些管理机构出现"官督绅办"的现象，甚至发动建立地方自治组织"会议"，谋求更多的地方自治权利。有些地方势力还有外国势力的扶持。他们大兴"练洋操"、造利器、开矿藏、办军工之风，由原先的防营变为练军。地方武装势力逐渐发展成为清廷难以掌控的力量。光绪二十九年（1903 年）以后，朝廷连续成立财政处、练兵处、税务处，期望加强朝廷对财政、税收、军事的掌控，不过对地方的节

---

① 乾隆《乾州志》卷二，《稀见中国地方志丛刊》，中国书店，1992 年，第 40 册，第 1095 页。

制和影响程度并不尽如人意。光绪三十二年（1906年），朝廷宣布"仿行宪政"，将行政改革作为预备立宪的基础。光绪三十三年（1907年）五月，朝廷颁布了"各省官制通则"。官职改革内容非常丰富，将兵部改为陆军部，将绿营兵改为巡警，东北建省，各省设布政司、提学司、提法司、巡警道、劝业道，各省设立陆军警察队，各省巡防各营和杂项队伍改为巡防队，厅、州、县设置新的佐治官员等。

清末新官制规定，各州、厅、县设置警务长一员，官秩六品，在巡警道和地方主政官的双重管理监督下，督率本地各区的区官办理警务、消防、户籍、卫生、缮建等事宜，下设巡官、巡长、巡警若干；各州、厅、县设置劝业员一员，参用本地士绅，在劝业道和地方主政官的双重管理监督下，掌握本地实业、交通等政务；各州、厅、县设置典狱员、主计员、视学员等官员，协助主政官处理地方政务；各州、厅、县裁撤巡检；各州、厅、县分期设立地方自治机构议事会、董事会。

综上所述，清末官制改革以前，政区厅在设置职官和衙署机构方面既具有普遍性，又具有特殊性。就普遍性而言，政区厅和其他地方政区一样，配备了主政官、佐贰官以及各类署官，有三班六房的衙役以及经历司、照磨所、司狱司、巡检署等衙署机构，具备"以官统事，以事隶官"的共同特征。就特殊性而言，政区厅职官和衙署机构设置具有"形式多样、文武兼备"的特性。政区厅是唯一具有同知、通判两种主政官类型的政区，散厅的同知、通判和直隶厅的同知、通判具有对等的品秩。同知、通判官衔种类相对丰富，并配备亲标千总、把总等武官，与清代绿营兵制度融合。清代巡抚、道员以及作为政区厅主政官的同知、通判均可以兼管军政，是清代自上而下整合地方军政关系的重要力量。协理通判、县丞、主簿等佐贰官所占分量较轻，而巡检及其衙署巡检署的分量则较为突出。清末官制改革形势下，政区厅职官设置主政官依然是同知、通判，不过其他署官和衙署机构变化较大。警务长取代巡检成为厅内地方治安的核心力量，劝业员、议事会、董事会的设置则代表着地方实业管理的需要和自治需求的增长。清末政区厅职官设置的变化，体现了新兴经济的发展和地方自治的增强。

二、运行效果良好，基本达到了设立政区的目的

中国历史上的政区厅运行效果良好，具体体现在以下五个方面。

（一）高效地履行政区的一般行政职责

政区厅主政官从知府佐贰官发展而来，具有足够的弹压地方的资质和威望，并且其品阶较高，具有较强的弹压地方能力，特别是直隶厅上报公务径达道台，地方管理效能更为突出。清代政区厅之下设有堡、乡、都、图等地域单元，也有里甲、保甲等专门的行政组织。乡的作用主要是划定地界，里是进行行政管理的单元。凭借其突出的地方控制力，清代政区厅在堡、乡、都、图等基层地域范围内高效地履行了编审人丁、处理刑名钱谷政务、安盗息民、教化百姓等日常行政职责。例如，广西省百色直隶厅"光绪二年改土归流，仍按照土司旧章核计升科，计田二千五百四十四埠四十二地，征地粮银一千一十七两六钱一分七厘。……改流以后编查保甲。光绪八年（1882年）按计厅治厢内户七百九十九、口两千八百八十，厢外户二千二百五十一、口九千四百六十六"①。又如，乾隆二十年（1755年），经浙江巡抚阮元奏请设置玉环直隶厅的厅学，"温州府学训导改为玉环厅学训导专司督"，可见对玉环直隶厅厅学重视程度颇高。乾隆三十二年（1767年），朝廷免其澎湖厅县、府两试，仍附入台湾学额，"湖数十年来，只有生员七人。今蒙列宪恩准就澎童试，儒林踊跃。以故列名黉序者，四考增进一十三人"②。嘉庆十七年（1812年），"设立海口厅学，并设学额四名"③。道光二十一年（1841年），将定海县升为定海直隶厅之后，因英国占领定海县期间该地士民等公愤同仇，设法制敌，洵属深明大义，有勇知方，故此礼部议准将文童五名之外增设三名作为厅学定额十八名，以资激励④。南澳厅澳内童生县府两试就近听同知代考分

---

① （清）陈如金：《百色厅志》，《中国方志丛书》，成文出版社，1967年。
② 《澎湖纪略》卷四《文事记》，远流出版公司，2004年，第112页。
③ 中国第一历史档案馆编，《光绪朝朱批奏折汇编》，第104辑，第850折，中华书局，1996年，第983页。
④ 钦差大臣穆彰阿：《奏为遵旨会议浙江定海善后章程等事》，中国第一历史档案馆藏道光朝录副奏折，道光二十六年六月二十六日，档案号：03-2986-041。

录径送各学政，使考生免去渡海之辛劳。这些例子表明政区厅在教化百姓方面也具有较高的行政效能。

（二）推进疆土的全面政区化，拓展朝廷实质控制区

自古以来，中央王朝的疆域往往包括直接管控疆土和间接管控疆土两种类型。中原王朝统治者在"内服"（中心地区）进行直接管控，对直属地区之外"外服"（边缘地区）则由中原王朝册封这些地方首领进行统治。朝廷在直接管控的疆土具有完全管辖权，而在间接管控之地的管辖权则大打折扣。中原王朝的势力深入不到间接管控地区，这些地区赋税也不会交到中原王朝。自古以来，中原王朝一直努力将间接管控之地转化为直接管控，但是很多土司地不归朝廷直接管控。此外，明代普设军事性的组织——卫所，绝大多数卫所不理民政，不是政区。入清后，朝廷大量裁并卫所，大规模进行"改土归流"，推进卫所、土司的政区化。在这一过程中，有些地区不具备设州、县条件或设州、县难以弹压，成为清代推行疆土政区化的难题。

政区厅的出现，使清廷有效地解决了疆土全面政区化的难题，在卫所地、土司地等类型疆域实现了难以完成的政区化转型目标。政区厅可以说是清代统治者将卫所地和土司地纳入郡县制这种统一的行政区划体系的重要法宝。政区厅凭借其简便务实又具有强大弹压能力的优势，帮助朝廷解决了这个难题，实现其疆土的全面政区化，扩大纳税人口和直接管辖土地的面积，进一步拓展了朝廷的实质统治区。

（三）充实和巩固边防

一方面，清廷在西北、西南以及东北所设的边防厅，吸引内地流民到边地，组织和管理当地民众的生产生活，有效地充实了边地的人口和兵源，将朝廷势力延伸至边疆，为充实和巩固边防作出贡献。例如，新疆的伊犁直隶厅、库车直隶厅、乌什直隶厅、英吉沙尔直隶厅、塔尔巴哈台直隶厅等一系列政区厅有效地构筑了西北边防体系，保障着边疆的安全；云南的镇边抚夷直隶厅、龙陵厅、个旧厅等政区厅守护着中越、中缅边境的安全；黑龙江的瑷珲直隶厅、呼伦直隶厅、凤凰直隶厅保卫着中朝、中俄边疆的安全。另一

方面，清廷在海疆要地设置的澎湖厅、定海直隶厅、南澳厅等政区厅促进了海岛兵民数量的增长，将朝廷的势力范围拓展到更为广阔的海域，增强了朝廷的海防力量，保障着海疆的安全。

（四）加强了难管之地的管控力度

不论是少数民族聚居之地，还是流民汇聚之地，抑或是僻远之地，清代政区厅都增强了对这些难管之地的管控力度。可以明显看出政区厅对于增强少数民族地区管辖力度方面具有显著作用。以循化厅为例，当百姓或部落之间发生矛盾无法解决时，他们都会不约而同地控于循化厅而听其裁决。对此，青海档案馆馆藏的循化厅档案资料中有多处记载。例如，双朋部落与岗察部落之间曾为争夺草山发生冲突。此次纠纷，因循化厅及时出面制止而没有造成较大规模的冲突。嘉庆以后，清政府于循化、贵德两处沿黄河一带实行驻军与巡哨相结合的制度，依靠军事的强制力控制黄河以南各藏族部落渡河北上[①]。就流民汇聚之地的政区厅的行政效能而言，因流民涌入旗地而设置的政区厅最具代表性。朝廷借助政区厅这一新政政区，实现"旗民兼治"，有效地处理了旗民杂处问题。清代以前长城以北地区多被游牧民族占据，清代初期虽然解除了蒙古诸部的威胁，但是以盟旗制管理该地，终归控制力不强。以口北三厅为典型的政区厅群体在农牧交错之地的设立，将长城以北部分地区最终纳入了内地行政区划，使这些地区的管理方式由粗放走向精细，有效地深化了朝廷对农牧交错带的治理。就僻远之地的政区厅管理效能而言，政区厅同样加强了对当地的管控力度。江西省莲花厅、定南厅、虔南厅、铜鼓厅的设置与运行既是流民逐渐转化为编户齐民的过程，也是国家控制力不断向新开发山区延伸的结果，有效地遏制了山区匪盗作恶，维持了山区的社会秩序，为山区的开发和发展提供了有力保障。

（五）促进了地域开发和地方经济文化的发展

政区厅在土司地、卫所地、旗人居住地、新辟地的出现及推广，促进了地域开发。朝廷在公开招垦地、流民集中的山区、新辟的疆土以及海岛等区

---

① 宁宇：《清代循化厅管理体制研究》，辽宁大学硕士学位论文，2009 年。

域设厅，使这些地区成为政区得到开发，提高了国土的利用效率。例如，沿海边防类政区厅劝课农桑，管理捕鱼晒盐造船等渔业生产。定海直隶厅吸引了江浙闽粤渔民前来捕鱼，于是该厅制定了相应的管理政策，改变了海岛的面貌，促进了海岛的开发和发展。此外，伴随着政区厅的设立与发展，少数民族地区、偏远地区等地的经济也获得了发展。一些政区厅成为主流文化传入边地的媒介，特别是有些政区厅发展成为省会，成为地方经济文化重地。例如，乌鲁木齐建城初设厅设官府屯重兵，很快即因关内官员、驻军、垦民、商人、流放人员和新疆区域内各种流动人口等移民的到来，出现多民族杂居、经济发展、文化融合的局面①。又如，雍乾时期在东三盟地区设置了八沟直隶厅、塔子沟直隶厅、乌兰哈达直隶厅和三座塔直隶厅来管理这些地区蒙汉之间的交涉事件和蒙汉政务，经过几十年的发展，至乾隆四十三年（1778 年），这些地区"民生富庶，且耕农蕃殖，市肆殷阗，其秀民并蒸蒸向化，弦诵相闻"②。可见，清代政区厅的设置促进了地域开发和地方经济社会的发展。

综上所述，我们认为政区厅运行效果显著，较好地行使了其行政职责，对于实现统治者的治国目的而言基本上是成功和有效的，基本上达到了设置政区厅的目的。相对于府、州、县而言，政区厅在推进疆土全面政区化、充实和巩固边防、加强难管之地的管控力度等方面的职责比较突出。不过，政区厅未从根本上处理民族矛盾，对少数民族地区的严格管控在一定程度上阻碍各民族的融合。尤其是多民族聚居的某些政区厅采取"以番制番""抑此扶彼"的治理方式，难免会激化少数民族之间以及少数民族与汉族之间的矛盾。此外，在牧地、山地等地区鼓励并推进垦种，不利于畜牧业的发展，破坏了牧地、山地的生态环境。

政区厅的运行效果受到多种因素的影响：第一，政区厅的运行效果受到统治者施政理念的影响。统治者设置或变更政区，其背后的主导因素是统治者的治国理念、民族政策以及边疆战略。清代统治者设置政区厅的主要目的是管理民政政务、弹压少数民族、维护边疆稳定，进而巩固其统治地位。政

---

① 马天卓：《清代厅城的类型与特点研究》，《西南大学学报（社会科学版）》，2011 年第 1 期。

② 《清高宗实录》卷一千零四十八，乾隆四十三年正月乙亥，中华书局，1986 年，第 10 页。

区厅施政时贯彻的是服务于朝廷统治地方的理念，这使得政区厅比较重视地方管控而相对轻视地方发展。第二，政区厅的运行效果受到历史和地理因素的影响。就历史因素而言，政区厅会对历史进行一定的传承。以江西省莲花厅为例，该厅是从安福县、永新县析置而来。在设置政区厅之前，该地的漕运由这两县分管；设置政区厅之后，其漕运事宜依然尊重历史传统，依然由安福县、永新县分管，这样就不如由厅官自己管辖更为有效。就地理环境而言，政区厅的运行与地理环境息息相关。政区厅常辖有边疆之地、政区边界之地、交通要冲之地、僻远山区等，这些地理区位增加了治理难度，阻碍地方经济文化的发展。第三，政区厅的运行效果受到国外势力的干扰。嘉庆以来，包括沙俄、英国、法国等在内的国外势力入侵清朝，从边疆到内地，包括北京城都曾被外国势力攻陷。一方面，国外干扰势力是边防厅产生和发展的外在动力，当外部干扰势力强大时，朝廷会因此鼓励垦荒，在厅地推行"移民实边"，从而促进厅的发展壮大。另一方面，边疆危机加剧时又是阻碍政区厅良性运行的因素。外国势力侵占厅地，会对当地经济社会造成破坏性影响，妨碍政区厅的正常运行。总之，清代政区厅的运行效果受到统治者施政理念与目的、历史地理、国外干涉势力等因素的影响，总体上取决于它是否契合统治者的施政理念与目的，是否能够顺应地方形势的变化。

本 章 小 结

中国历史上的政区厅具有编审人丁、处理刑名钱谷政务、安盗息民、教化百姓等一般职责，同时又具有管理边疆紧要之地、对外巩固边防和管理难管之地、对内加强管控的特殊职责。有些政区厅具有某项特殊职责，如定南厅具有管理僻远之地的职责；也有些政区厅具有多项特殊职责，例如，东北地区的凤凰厅、兴京厅等既具有管理汉民与少数民族杂处的难管之地的职责，又具有管理内陆边疆的职责。具有巩固内陆边疆要地边防职责的政区厅数量较多，大多设于光绪以后，广泛分布于东北三省、甘肃、新疆、云南、广西等地；具有巩固海疆要地边防职责的政区厅数量相对较少，多设于雍正和道光时期，分布于浙江、福建、广东、奉天等省，是朝廷充实和加强海防的重要力量；具有管控少数民族聚居之地职责的政区厅多设于雍正和乾隆时期，主要分布于湖南、贵州、云南等地；具有管控流民汇聚之地职责的政区厅多设于雍正时期和光绪时期，分布于直隶省和东北三省；具有管控僻远之地职责的政区厅主要分布于山区。

通过对府、厅、州、县职责进行比较，可以发现这些政区都具有编审人丁、处理刑名钱谷政务、安盗息民、教化百姓等一般职责，但是政区厅具有的管理边疆紧要之地、对外巩固边防和管理难管之地、对内加强管控等相对特殊的职责，这些职责在府、州、县等政区体现得不太明显。政区厅的特殊职责使其具有独特价值，是其存在和发展的内在驱动力。

政区厅在设置职官和衙署机构方面既具有普遍性，又具有特殊性。清代政区厅在具体职官和衙署机构的设置方面和其他任何政区不完全一样。相对而言，政区厅在职官和衙署机构设置方面更为灵活多样，且文武兼备。它是唯一具有同知、通判两种主政官类型的政区，散厅的同知、通判和直隶厅的同知、通判，具有对等的品秩。同知、通判官衔种类相对丰富。协理通判、县丞、主簿等佐贰官所占分量较轻，而巡检及其衙署巡检署的分量则较为突出。政区厅还配备亲标千总、把总等武官，文武兼备，与清代绿营兵制度相融合。

政区厅较好地履行了政区的一般行政职责，并推进疆土的全面政区化，拓展朝廷实质控制区，充实和巩固边防，加强了难管之地的管控力度，促进了地域开发和地方经济文化的发展。对于实现统治者的治国目的而言，中国历史上政区厅的设置总体上是成功的、有效的，基本上达到了设置目的。正是因为政区厅有其特定的价值，且运行效果良好，它才能持续二百多年。政区厅的运行效果受到统治者施政理念与目的、历史地理因素、国外干涉势力等因素的影响，总体上取决于它是否契合统治者的施政理念与目的，是否能够顺应地方形势的变化。

结　　语

　　政区厅萌芽于明代，正式出现并兴盛于清代，消亡于民国初期。它是伴随着明清时期同知、通判身份和职责的转变而逐渐出现的。明初继承了宋元以来职官设置的传统，委任同知、通判以知府佐贰官身份驻于府城，协助知府处理政务；明中后期为了应对内忧外患的局势，将一些同知、通判以知府佐贰官的身份派驻到地方分管当地某项政务，导致部分同知、通判辖地出现了表示地域意义的地域厅；清前期因全面推行疆土的政区化，将一些同知、通判派驻到地方以主政官身份专管该地全部政务或刑名钱谷等核心政务，这些由同知、通判管辖之地就成了政区厅。

　　政区厅的出现是一个渐进的历史过程，是明清两代统治者对其疆域管理方式不断完善的结果。明代中期以来内忧外患的局势，使同知、通判成为管控地方局势的新兴力量。清前期卫所和土司的政区化，催生由同知、通判专管的新政区。清代在沿袭明代旧制的基础上，在地方设置了散厅、直隶厅这两种新的政区，从而形成了"省－府、直隶州、直隶厅－散厅、散州、县"三级行政区划体系。散厅与州、县同级；直隶厅与直隶州、府同级；散厅可隶属于府、直隶厅；直隶厅可下辖散州、散厅、县，亦可不辖基层政区。康熙二十六年（1687 年），政区厅正式出现。康雍乾时期，政区厅快速发展成为清代定制；嘉道咸时期，政区厅平稳发展；同光宣时期，政区厅规模走向顶峰；民国时期，政区厅快速消亡。中国历史上累计设置过 207 个政区厅。大多数政区厅存在时间较长，表明政区厅是一种常规的政区，而不是作为设置府、州、县的过渡方式，它成规模、成体系且具有持续发展的生命力。政区厅设置演变具有五个特征：第一，名称非常稳定；第二，辖地来源由单一走向多元；第三，设立数量起伏明显；第四，裁撤去向从分散走向集中；第五，层级、隶属关系相对稳定。政区厅设置演变的影响因素包括卫所和土司的政区化，朝廷对职官数量的控制，国防形势的变化，地理位置与交通条件，土地开垦与流民、游民的聚集，地方社会动乱，地方政区的行政效能问题，地方经济社会的发展等。

政区厅的时间分布特征是清代呈现总体上升态势，至宣统朝达到顶峰，于民国时期快速消亡；经历起步期、成长期、平稳期、高潮期、消亡期五个阶段。清代政区厅空间分布具有三个特征。第一，遍布于大多数省份，分布范围具有广泛性。第二，分布密集区与稀疏区形成鲜明对比，分布结构呈现不均衡性。政区厅分布密集区和稀疏区以山西、直隶省境内长城—太行山—巫山—雪峰山—南岭（广西境内山段）一线为分界线。该分界线以北以西大多为高原、高山地形，是政区厅分布密集区域；以南以东大多为丘陵、平原地形，是政区厅分布稀疏区。第三，集中分布于边界地带，分布位置体现边缘性。政区厅集中分布的边界地带包括内陆国界、海岸线、省界等。

政区厅不仅具有编审人丁、处理刑名钱谷政务、安盗息民、教化百姓等一般职能，同时又具有管理边疆紧要之地、对外巩固边防和管理难管之地、对内加强管控的特殊职能。当某些地区产生加强边防、处理民族间矛盾、弹压地方等迫切需求时，清代统治者会考虑通过设立政区厅来管控这些地区。政区厅在设置职官和衙署机构方面既具有普遍性，又具有"灵活多样、文武兼备"的特性。政区厅是唯一具有同知、通判两种主政官类型的政区。同知、通判官衔种类相对丰富，并配备千总、把总等武官，与清代绿营兵制度相融合。清代巡抚、道员以及作为政区厅主政官的同知、通判均可以兼管军政，是清代自上而下整合地方军政关系的重要力量。政区厅运行效果良好，不仅较好地履行了政区的一般行政职责，而且推进了疆土的全面政区化，拓展朝廷实质控制区，充实和巩固边防，加强了难管之地的管控力度，促进了地域开发和地方经济文化的发展。因此，政区厅对于实现统治者的治国目的而言是成功的和有效的，基本上达到了设置目的。政区厅的运行效果受到统治者施政理念与目的、历史地理因素、国外干涉势力等因素的影响，总体上取决于它是否契合统治者的施政理念与目的，是否能够顺应地方形势的变化。政区厅作为统治者治土理民的行政手段，其存在和发展主要取决于统治者在不同形势下的治国需求。

府、州、厅、县之间具有较大差异。首先，从出现时间看，政区厅出现的时间要明显晚于府、州、县等政区。县出现的时间最早，始于春秋楚文王时期。州出现于东汉末年汉灵帝时期。直隶州出现于元代。重要的州由行省直接管辖，称为直隶州，与路、府并列，将由路、府管辖的州，称为散州。府出现于唐代。散厅和直隶厅出现于清代。其次，从设置规模上看，清代政区厅的规模偏小。散厅数量不如散州，更不如县，直隶厅数量不如直隶州和府。《清会典》（光绪朝）记载，全国共设府 185 个、直隶厅 34 个、直隶州 73 个、属州 145 个、散厅 78 个、县 1314 个（台湾 3 府 1 州 11 县未载入）[①]。政区厅与道的关系可以表述为两个方面：第一，道和厅都具有兼管军政、统整军政关系的职权。清代巡抚、道、厅均具备兼管军政、统整军政关系的职权，而府、州、县则只具备行政职权。第二，道和厅存在一定的隶属关系。直隶厅和道存在直接的隶属关系，而散厅和道不存在直接的隶属关系，部分散厅和道存在间接的隶属关系。清代散厅长官同知、通判和道员没有直接的政务隶属关系。清代直隶厅长官同知、通判往往是隶属于道员的管辖范围。和府、州、县相比，政区厅具有三方面特殊性：一是空间分布具有边缘性。清代府厅、州、县分布具有广泛性和不均衡性，但是只有政区厅具有典型的"边缘性"分布特征；二是具有管理难管之地的职责；三是职官与机构设置具有"灵活多样、文武兼备"的特征。

中国历史上政区厅的设置主要在封建社会晚期和近代社会前期，突出反映了统治者在借助行政区划变革应对从古代封建社会晚期到近代社会这一历史性变革方面的实践尝试。统治者积极改革行政区划，因时制宜、因地制宜地设置和调整政区厅，借助这种特殊的政区来深化朝廷对边地、难治之地等特殊地区的治理，起到了良好的管控效果，丰富了古代行政区划制度，实现了不同形势下对于不同类型的疆土的直接管控，将朝廷权力渗透到一般州、县难以有效控制的地方社会，有利于多民族国家的统一、边疆的安宁以及地

① 光绪《清会典》，卷四。

方的稳定与发展，积累了可供后世参考的地方行政区划改革实践经验。当代我国地方政区由省（自治区、直辖市、特别行政区）、市（自治州）、县（自治县、县级市）、乡（镇、民族乡）等构成。国务院印发了《行政区划管理条例》，民政部印发了《行政区划管理条例实施办法》，构建了新时代行政区划管理制度，为各地优化行政区划提供了制度性保障。现阶段我国行政区划的调整主要涉及市、县、市辖区，具体形式有县改区、市改区、县改市、镇改市、市辖区重组、县市合并、新设市、新设区等，其中较为常见的是县改区。无论哪种形式的行政区划改革，都要符合国家安全与发展的战略需求与规划要求，满足地方经济、社会、生态发展的需要。在改革过程中应重点关注城市群和国家重点战略地区的政区优化问题。可借鉴政区厅设置经验，派高级别干部管辖边疆地区、深度经济不发达地区、重点生态保护区、少数民族地区，因地制宜，差异化地赋予地方政区的职权，最大化地发挥地方政区在政权归属、行政管理、公共服务、经济发展、空间治理、资源配置等方面的功能，加强重点边境地区的安全管理与对外合作，促进民族地区、生态脆弱区、深度经济不发达地区的可持续发展，推进新型城镇化建设，推动形成优势互补、高质量发展区域经济布局，促进区域协调发展。

参 考 文 献

一、历史文献

[1]《明实录》，台湾"中央研究院"历史语言研究所影印本，1962 年。

[2]《清圣祖实录》，中华书局，1985 年。

[3]《清世宗实录》，中华书局，1985 年。

[4]《清高宗实录》，中华书局，1985 年。

[5]《清仁宗实录》，中华书局，1986 年。

[6]《清宣宗实录》，中华书局，1986 年。

[7]《清文宗实录》，中华书局，1986 年。

[8]《清穆宗实录》，中华书局，1987 年。

[9]《清德宗实录》，中华书局，1987 年。

[10]《宣统政纪》，中华书局，1987 年。

[11] 蒋良骐辑：《东华录》，林树惠、傅贵九点校，中华书局，1980 年。

[12] 张廷玉等编纂：《明史》，中华书局点校本，1974 年。

[13] 李贤、彭时等撰：《明一统志》，台湾商务印书馆，1986 年。

[14] 赵尔巽等纂修：《清史稿》，中华书局点校本，1976 年。

[15] 嘉庆《清会典》，《近代中国史料丛刊三编》本，台北文海山版社，1991 年。

[16] 光绪《清会典》，中华书局影印本，1991 年。

[17] 刘锦藻：《清文献通考》，浙江古籍出版社，1988 年。

[18] 张廷玉：《清朝文献通考》，浙江古籍出版社，1988 年。

[19] 刘锦藻：《清朝续文献通考》，浙江古籍出版社，2000 年。

[20] 嘉庆《大清会典事例》，《近代中国史料丛刊》，台北文海出版社，1991 年。

[21] 光绪《大清会典事例》，中华书局影印本，1991 年。

[22] 田涛、郑秦点校：《大清律例》，法律出版社，1999 年。

[23] 上海商务印书馆编译所：《大清新法令》，商务印书馆，2011 年。

[24] 中国第一历史档案馆：《雍正朝汉文朱批奏折汇编》，江苏古籍出版社，1989 年。

[25] 中国第一历史档案馆：《光绪朝朱批奏折》，中华书局，1996 年。

[26] 故宫博物院编：《宫中档雍正朝奏折》，故宫博物院，1977 年。

[27] 《世宗宪皇帝朱批谕旨》，《四库全书》本。

[28] 黑龙江省档案馆：《黑龙江设治》，黑龙江省档案馆，1985 年。

[29] 吉林省档案馆：《清代吉林档案史料选编》（上谕奏折），吉林省档案馆，1983 年。

[30] 吴丰培：《赵尔丰川边奏牍》，四川民族出版社，1984 年。

[31] 杨雍建：《抚黔奏疏》，《近代中国史料丛刊续编》第三十三辑，台北文海出版社，1976 年。

[32] 台湾“中央研究院”历史语言研究所：《明清史料》丙编，第十册，北京图书馆出版社，2008 年。

[33] 陈子龙编：《明经世文编》，中华书局，1962 年。

[34] 贺长龄辑：《清朝经世文编》：台北文海出版社，1972 年。

[35] 台湾“中央研究院”历史语言研究所：《明清档案》，联经出版事业公司，1986 年，第 24 册，第 B13491 页。

[36] 顾炎武：《天下郡国利病书》，上海古籍出版社，2012 年。

[37] 丁度等编：《集韵》，上海古籍出版社，1985 年。

[38] 陈宏谋：《培远堂偶存稿》，中华书局，1992 年。

[39] 陈康棋：《郎潜纪闻初笔二笔三笔》，中华书局，1984 年。

[40] 穆彰阿、潘锡恩等纂修：《大清一统志》，上海古籍出版社，2008 年。

[41] 曹申吉修，潘驯等纂：《贵州通志》（康熙朝），康熙十二年（1673）刻本。

[42] 蔡毓荣等修，钱受祺等纂：《四川总志》（康熙朝），清康熙十二年序

刊本。

[43] 唐执玉修：《畿辅通志》（雍正朝），清乾隆刻本。

[44] 尹继善修：《云南通志》（雍正朝），清乾隆刻本。

[45] 黄廷桂等修，张晋生纂：《四川通志》（雍正朝），清雍正十一年刻本。

[46] 金鉷等修：《广西通志》（雍正朝），台湾商务印书馆，1986 年。

[47] 乾隆官修：《清朝通志》（乾隆朝），浙江古籍出版社，2000 年。

[48] 鄂尔泰等修、靖道谟等纂：《贵州通志》（乾隆朝），四库全书本。

[49] 四川省方志办编：《四川通志》（嘉庆朝），国家图书馆出版社，2015 年。

[50] 王轩、杨笃纂修：《山西通志》（光绪朝），中华书局，1990 年。

[51] 唐忠民：《黑龙江志稿》，黑龙江出版社，1992 年。

[52] 曹抡彬纂修，雅安市地方志办公室校注：《雅州府志》（乾隆朝），四川人
民出版社，2006 年。

[53] 王梦庚修，寇宗撰：《重庆府志》（道光朝），清道光二十三年刻本。

[54] 周作楫辑：《贵阳府志》（道光朝），贵州人民出版社，2005 年。

[55] 常恩总纂：《安顺府志》（咸丰朝），贵州人民出版社，2007 年。

[56] 鄂尔泰、张廷玉、庆桂：《顺天府志》（光绪朝），北京古籍出版社，
1987 年。

[57] 海龙府劝学所修纂：《海龙府乡土志》（光绪朝），吉林省图书馆，1960 年。

[58] 汪元絅修，田而穟纂：《岷州志》（康熙朝），清康熙四十一年刻本。

[59] 王玮纂修：《乾州志》（乾隆朝），清乾隆四年刊本。

[60] 辜培源等修，曹永贤等纂：《盐源县志》（光绪朝），清光绪二十年刻本。

[61] 曹允源、李根源：《民国吴县志》（清末民初），苏州文新公司，1933 年。

[62] 李宗锽等修，李仙根等纂：《峨边县志》（民国），民国四年铅印本。

[63] 张耀东、李属春：《兴京县志》（民国），民国二十五年铅印本。

[64] 屏山县志编纂委员会：《屏山县志》（民国），四川人民出版社，1998 年。

[65] 谭吉璁纂修：《康熙延绥镇志》（康熙朝），上海古籍出版社，2012 年。

[66] 张坦熊纂修：《特开玉环志》（雍正朝），雍正十年刻本。

[67] 和珅、梁国治：《钦定热河志》（乾隆朝），天津古籍出版社，2002 年。

[68] 宋敏学修，袁斯恭纂：《叙永厅志》（康熙朝），海南出版社，2001 年。

[69] 刘垲修，吴蒲纂：《续修蒙化直隶厅志》（乾隆朝），清乾隆五十五年刻本。

[70] 王粤麟、曹维祺纂修：《普安直隶厅志》（乾隆朝），贵州省图书馆馆藏。

[71] 段汝霖等纂修：《永绥厅志》（乾隆朝），成文出版社，1984 年。

[72] 朱亨衍：《乾隆盐茶厅志》（乾隆朝），宁夏人民出版社，2007 年。

[73] 李其昌纂修：《莲花厅志》（乾隆朝），清乾隆二十五年刻本。

[74] 万友正、黄家鼎：《马巷厅志》（乾隆朝），清光绪十九年重刊本。

[75] 黄可润纂修：《口北三厅志》（乾隆朝），清乾隆二十三年刻本

[76] 朱昕、刘霖纂修：《定南厅志》（乾隆朝），清乾隆四十四年刻本。

[77] 薛凝度修，吴文林纂：《云霄厅志》（嘉庆朝），民国二十一年铅字重印本。

[78] 钱鹤年修，董诏纂：《汉阴厅志》（嘉庆朝），清嘉庆二十三年刻本。

[79] 向淮修，王森文纂：《续修潼关厅志》（嘉庆朝），清嘉庆二十二年刻本。

[80] 李本源撰：《循化厅志》（道光朝），清道光二十四年钞本。

[81] 林一铭修，焦世官纂：《宁陕厅志》（道光朝），清道光九年刻本。

[82] 陈熙晋纂修：《仁怀直隶厅志》（道光朝），清道光二十一年刻本。

[83] 萧管纂：《松桃厅志》（道光朝），清道光十六松高书院刻本。

[84] 黄应培修，孙均铨纂：《凤凰厅志》（道光朝），清道光四年刻本，岳麓书社，2011 年。

[85] 贺仲瑊修，蒋湘南纂：《留坝厅志》（道光朝），清道光二十二年刻本。

[86] 周诚之纂：《龙胜厅志》（道光朝），清道光二十六年好古堂刻本。

[87] 福珠朗阿、宋煊、黄云衢：《江北厅志》（道光朝），清道光二十四年刻本。

[88] 赖勋修，黄锡光纂：《定南厅志》（道光朝），清道光五年刻本。

[89] 龚耿光纂：《佛冈厅志》（咸丰朝），清咸丰元年刻本。

[90] 托明撰：《和林格尔厅志》（咸丰朝），清咸丰二年刊本。

[91] 徐光第纂修：《淅川厅志》（咸丰朝），清咸丰十年刊本。

[92] 陈淑均纂：《续修台湾府噶玛兰厅志》（咸丰朝），清咸丰二年续修刻本。

[93] 杨浚纂：《淡水厅志》（同治朝），清同治十年刊本。

[94] 王大枚修，黄正琅纂：《定南厅志》（同治朝），清同治十一年刻本。

[95] 杜冠英修，吕鸿焘纂：《玉环厅志》（光绪朝），清光绪六年刻本。

[96] 陈如金修，华本松纂：《百色厅志》（光绪朝），清光绪十七年刊本。

[97] 陈方瀛修，俞樾纂：《川沙厅志》（光绪朝），清光绪五年刊本。

[98] 余修凤撰：《定远厅志》（光绪朝），清光绪五年刊本。

[99] 史致训纂修：《定海厅志》（光绪朝）：上海古籍出版社，2011 年。

[100] 万有正纂修：《马巷厅志》（光绪朝），清光绪补刊本。

[101] 林豪纂辑：《澎湖厅志》（光绪朝），大通书局有限公司，1995 年。

[102] 包永昌纂：《洮州厅志》（光绪朝），清光绪刻本。

[103] 姚学镜纂修：《五原厅志稿》（光绪朝），内蒙古自治区图书馆藏。

[104] 薛德履修，张见田纂：《辉南厅志》（宣统朝），清宣统二年石印本。

二、学术著作

[1] 赵泉澄：《清代地理沿革表》，北京：中华书局，1955 年。

[2] 和宁：《回疆通志》，台北：台北文海出版社，1965 年。

[3] 祁韵士：《西陲要略》，台北：成文出版社，1968 年。

[4] 吴承湜：《近六十年全国郡县增建志要》，台北：鼎文书局，1979 年。

[5] 钱实甫：《清代职官年表》，北京：中华书局，1980 年。

[6] 吴丰培：《赵尔丰川边奏牍》，成都：四川民族出版社，1984 年。

[7] 杨正泰：《中国历史地理要籍介绍》，成都：四川人民出版社，1988 年。

[8] 王育民：《中国历史地理概论（上、下）》，北京：人民教育出版社，1988 年。

[9] 辞海编辑委员会：《辞海》，上海：上海辞书出版社，1989 年。

[10] 彭雨新：《清代土地开垦史》，北京：农业出版社，1990 年。

[11] 许正文：《中国历代政区划分与管理沿革》，西安：陕西师范大学出版社，1990 年。

[12] 牛平汉：《清代政区沿革综表》，北京：中国地图出版社，1990 年。

[13] 中国大百科全书编委会：《中国大百科全书：政治学》，北京：中国大百科全书出版社，1992 年。

[14] 张明庚、张明聚：《中国历史行政区划（公元前 221—公元 1991 年）》，北京：中国华侨出版社，1996 年。

[15] 云南省澜沧拉祜族自治县志编纂委员会：《澜沧拉祜族自治县志》，昆明：云南人民出版社，1996 年。

[16] 刘君德：《中国行政区划的理论与实践》，上海：华东师范大学出版社，1996 年。

[17] 周振鹤：《地方行政制度志》，上海：上海人民出版社，1998 年。

[18] 顾颉刚、史念海：《中国疆域沿革史》，北京：商务印书馆，1999 年。

[19] 中国人民大学清史研究所：《清史编年》，北京：中国人民大学出版社，2000 年。

[20] 赵荣、杨正泰：《中国地理学史（清代）》，北京：商务印书馆，2005 年。

[21] 黄仁宇：《中国大历史》，北京：生活·读书·新知三联书店，2007 年。

[22] 王成组：《中国地理学史（先秦至明代）》，北京：商务印书馆，2007 年。

[23] 傅林祥、郑宝恒：《中国行政区划通史（中华民国卷）》，上海：复旦大学出版社，2007 年。

[24] 营口市史志办公室《营口县志》再版编辑委员会：《营口县志》，沈阳：辽宁民族出版社，2008 年。

[25] 周振鹤：《体国经野之道——中国行政区划沿革》，上海：上海书店出版社，2009 年。

[26] 蓝勇：《中国历史地理》，北京：高等教育出版社，2010 年。

[27] 白寿彝：《中国通史纲要（上、下）》，北京：中国友谊出版公司，2012 年。

[28] 傅林祥、林涓、任玉雪、王卫东：《中国行政区划通史（清代卷）》，上海：复旦大学出版社，2013 年。

[29] 邹逸麟：《中国历史地理概述（第三版）》，上海：上海教育出版社，2013 年。

[30] 刘立强、刘海洋、韩钢：《盛京典制备考》，北京：科学出版社，2016 年。

三、论文

（一）期刊论文

[1] 田志和：《嫩江下游蒙地开发与大赉、安达、肇州三厅的设置》，《黑龙江文物丛刊》，1982 年第 1 期。

[2] 石澗：《从一方清代铜印看马边厅的设置》，《四川文物》，1984 年第 2 期。

[3] 陆方：《黑龙江呼兰厅建于何时？》，《社会科学战线》，1984 年第 2 期。

[4] 潘洪钢：《乾隆朝四川杂谷厅改土归屯述略》，《中南民族大学学报（人文社会科学版）》，1987 年 4 月。

[5] 顾诚：《卫所制度在清代的变革》，《北京师范大学（社会科学版）》，1988 年第 2 期。

[6] 吴善中：《客民·游勇·盐枭——近代长江中下游、运河流域会党崛起背景新探》，《扬州大学学报（人文社会科学版）》，1990 年第 5 期。

[7] 米寿祺：《盐茶厅概说》，《固原师专学报》，1992 年第 3 期。

[8] 李三谋：《清代土地贸易关系初探》，《农业考古》，1996 年第 1 期。

[9] 真水康树：《清代"直隶厅"与"散厅"的"定制"化及其明代起源》，《北京大学学报（哲学社会科学版）》，1996 年第 3 期。

[10] 宫宝利：《清代游民问题探析》，《南开学报》，1998 年第 4 期。

[11] 周振鹤：《行政区划史研究的基本概念与学术用语刍议》，《复旦学报（社会科学版）》，2001 年第 3 期。

[12] 张晓虹：《清代移民与陕西汉水流域民间风俗的嬗变》，《中国历史地理论丛》，2002 年第 3 辑。

[13] 周相卿：《清代黔东南新辟苗疆六厅地区的法律控制》，《法学研究》，2003 年第 6 期。

[14] 古琳晖：《清代台湾行政区划变迁考略》，《台湾研究》，2005 年第 2 期。

[15] 傅林祥：《清代抚民厅制度形成过程初探》，《中国历史地理论丛》，2007 年第 1 期。

[16] 李国强：《海岛与中国海疆史的研究》，《云南师范大学学报（哲学壮会

科学版）》，2010 年第 3 期。

[17] 张振国：《清代道、府、厅、州、县等级制度的确定》，《明清论丛》，
2011 年第 1 期。

[18] 马天卓：《清代厅城的类型与特点研究》，《西南大学学报（社会科学
版）》，2011 年第 1 期。

[19] 席会东：《清代厅制初探》，《中国历史学会史学集刊》，2011 年第 43 期。

[20] 杨红伟：《沙沟总管设置与清代循化厅所辖藏区族群政策》，《史学月刊》，
2012 年第 12 期。

[21] 杨红伟、欧麦高：《清代甘肃省循化厅歇家研究》，《青海民族研究》，
2013 年第 24 期。

[22] 胡恒：《厅制起源及其在清代的演变》，《文史》，2013 年第 2 期。

[23] 祝太：《清代浙江省行政区划变动的海防因素》，《求索》，2015 年第 3 期。

[24] 吴秀红：《论清代贵德厅社会管理效能》，《黑龙江史志》，2015 年第 5 期。

[25] 卢绪友：《清代昌图厅主事官沿革辩》，《兰台世界》，2015 年第 7 期。

[26] 李稳稳：《清代乡约制度在甘肃循化厅的推行》，《青海民族研究》，2016
年第 1 期。

[27] 段宏广、王海虹、张海涛：《清代口北三厅与察哈尔都统设置史料疏证》，
《山西青年》，2016 年第 2 期。

[28] 叶江英：《清代福建云霄厅设置时间考辨——兼谈州县征收钱粮时间在清
代政区研究中的作用》，《历史地理》，2017 年第 1 期。

[29] 鲁靖康：《吐鲁番、哈密二厅"咸丰五年升直隶厅说"辨误》，《历史档
案》，2017 年第 2 期。

[30] 罗权：《清代四川巴县匪患的类型、分布及应对》，《西南交通大学学报
（社会科学版）》，2017 年第 3 期。

[31] 李稳稳：《清代甘肃循化厅乡约职能探析》，《历史档案》，2017 年第 3 期。

[32] 许隽超：《清末滨江厅同知何厚琦生平家世考》，《黑龙江档案》，2017 年
第 5 期。

[33] 彭陟焱、陈昱彤：《清代嘉绒地区"厅"的设置及其影响》，《黔南民族
师范学院学报》，2018 年第 5 期。

[34] 鲁靖康：《清代厅制再探——以新疆为例的考察》，《西域研究》，2019 年第 2 期。

[35] 王硕：《清代西宁府厅级政区设立因素探析》，《兰州教育学院学报》，2019 年第 6 期。

[36] 郑维宽：《清代广西政治进程中的政区演变探析——以道、直隶厅州为中心》，《广西地方志》，2020 年第 5 期。

[37] 段伟：《清代政区名演化个案研究：从杂谷厅到理番厅》，《历史地理研究》，2020 年第 3 期。

[38] 王启明：《清代西北边疆厅的历史嬗变——以吐鲁番为例》，《中国边疆史地研究》，2020 年第 2 期。

[39] 彭南生、苗虹瑞：《光绪朝循化厅田赋征收与民众负担》，《青海民族研究》，2020 年第 2 期。

[40] 屈斌：《"厅"与清代中期甘边番地治理政策的演变》，《中国历史地理论丛》，2022 年第 1 期。

[41] 胡恒：《从理事到抚民：清代归绥地区厅制变迁新探》，《清史研究》，2022 年第 2 期。

（二）学位论文

[1] 吴正心：《清代厅制研究》，台湾中正大学历史研究所硕士学位论文，1995 年。

[2] 任玉雪：《清代东北地方行政制度研究》，复旦大学博士学位论文，2003 年。

[3] 林涓：《清代行政区划变迁研究》，复旦大学博士学位论文，2004 年。

[4] 赵国峰：《清代东北地方厅研究》，东北师范大学硕士学位论文，2005 年。

[5] 史卫东：《省制以来统县政区发展研究》，华东师范大学博士学位论文，2006 年。

[6] 樊双：《清末察哈尔口北三厅垦务研究——1902—1908》，河北大学硕士学位论文，2008 年。

[7] 宁宇：《清代循化厅管理体制研究》，辽宁大学硕士学位论文，2009 年。

[8] 朱美兰：《清代漕运与地方社会——以江西省莲花厅为中心》，南昌大学硕

士学位论文，2009 年。

[9] 郭岩伟：《清代前期口北三厅地区政区体制研究》，复旦大学硕士学位论文，2011 年。

[10] 阿不来提·艾合买提：《清代吐鲁番厅研究》，新疆师范大学硕士学位论文，2011 年。

[11] 王惠：《由厅到县——晚清民国时期清水河县行政建置演变与社会变迁研究》，内蒙古大学硕士学位论文，2013 年。

[12] 张宁：《清末镇边厅的设置与西南边疆》，复旦大学硕士学位论文，2013 年。

[13] 米龙：《清代循化厅藏区乡老角色研究》，兰州大学硕士学位论文，2014 年。

[14] 牟翔：《清代理事同知研究》，中国政法大学硕士论文，2015 年。

[15] 李稳稳：《清代甘肃循化厅乡约研究》，兰州大学硕士学位论文，2015 年。

[16] 赵丽君：《光绪朝循化厅驿递系统研究》，兰州大学硕士学位论文，2019 年。

附录：清代政区厅设置简况表

序号	厅名	设立时间	隶属	名称、层级、隶属关系的变更	裁撤（含复置）情况
1	南笼厅	康熙二十六年	贵州省安庆军民府	—	雍正五年裁，改置南笼府
2	乾州厅	康熙四十三年	湖南省辰州府	嘉庆元年升为乾州直隶厅，改隶湖南省辰沅永靖道	民国二年被裁，改置乾县
3	凤凰厅	康熙四十三年	湖南省辰州府	嘉庆元年升为凤凰直隶厅，改隶湖南省辰沅永靖道	民国二年被裁，改置凤凰县
4	靖逆直隶厅	康熙五十七年	甘肃省肃州道	雍正十年改隶甘肃省安西道	乾隆二十四年裁，改置玉门县
5	柳沟直隶厅	康熙五十七年	甘肃省肃州道		雍正二年裁，并入安西直隶厅
6	归化城厅	雍正元年	山西省大同府	乾隆六年升为归化城直隶厅，改隶山西省归绥道	民国元年被裁，改置归化县
7	热河直隶厅	雍正元年	直隶省霸昌道	—	雍正十一年裁，改置承德直隶州；乾隆七年复置；乾隆四十三年裁，改置承德府
8	张家口直隶厅	雍正二年	直隶省口北道	—	民国二年被裁，改置张北县
9	安西直隶厅	雍正二年	甘肃省安肃道	雍正七年安肃道改名甘肃道	乾隆二十四年裁，改置安西府
10	靖远厅	雍正二年	甘肃省巩昌府	—	雍正八年裁，改置靖远县
11	五嶂厅	雍正二年	云南省广西府	—	乾隆四十一年裁，改置五嶂州
12	威远直隶厅	雍正三年	云南省迤东道	雍正十三年降为威远厅，改隶云南省镇沅府；乾隆三十五年二月改隶云南省普洱府	民国二年被裁，改置威远县

（续表）

序号	厅名	设立时间	隶属	名称、层级、隶属关系的变更	裁撤（含复置）情况
13	盐茶厅	雍正四年	甘肃省平凉府	—	乾隆八年裁，并入固原州；乾隆十三年复置；同治十三年裁，改置海域县
14	黔彭厅	雍正四年	四川省重庆府	雍正十一年升为黔彭直隶厅，改隶四川省川东道	乾隆元年裁，改置酉阳直隶州
15	叙永厅	雍正五年	四川省叙州府	雍正八年升为叙永直隶厅，改隶四川省川南永宁道	光绪三十四年裁，改置永宁直隶州
16	复州厅	雍正五年	盛京将军辖区奉天府		雍正十一年裁，改置复州
17	澎湖厅	雍正五年	福建省台湾府	光绪十一年改隶台湾省台湾府（光绪十三年改名台湾省台南府）	光绪二十一年割让日本。1945年，恢复对台湾行使主权时保留澎湖厅，当年裁撤，改置澎湖县
18	维西厅	雍正五年	云南省鹤庆军民府	乾隆二十一年改隶云南省丽江府	民国二年被裁，改置维西县
19	长寨厅	雍正五年	贵州省贵阳府	—	光绪六年裁，改置长寨州
20	大关厅	雍正六年	云南省乌蒙府	雍正九年改隶云南省昭通府	民国二年被裁，改置大关县
21	玉环直隶厅	雍正六年	浙江省	—	民国元年被裁，改置玉环县
22	思茅厅	雍正七年	云南省普洱府	—	民国二年被裁，改置思茅县
23	攸乐厅	雍正七年	云南省普洱府	—	雍正十三年裁，并入思茅厅
24	八沟直隶厅	雍正七年	直隶省霸昌道	乾隆四年改隶直隶省热河道	乾隆四十三年裁，改置平泉州
25	清江厅	雍正七年	贵州省镇远府	—	民国二年被裁，改置清江县
26	八寨厅	雍正七年	贵州省都匀府	—	民国二年被裁，改置八寨县
27	丹江厅	雍正七年	贵州省都匀府	—	民国二年被裁，改置丹江县
28	古州厅	雍正七年	贵州省黎平府	—	民国二年被裁，改置榕江县
29	龙州厅	雍正七年	广西省太平府	—	民国元年被裁，改置龙州县

序号	厅名	设立时间	隶属	名称、层级、隶属关系的变更	裁撤（含复置）情况
30	建武厅	雍正八年	四川省叙州府	—	乾隆元年裁，并入兴文县、屏山县
31	归化厅	雍正八年	贵州省安顺府	—	民国二年被裁，改置归化县
32	鲁甸厅	雍正九年	云南省昭通府	—	民国二年被裁，改置鲁甸县
33	永绥厅	雍正九年	湖南省辰州府	嘉庆元年升为永绥直隶厅，改隶湖南省辰沅永靖道	民国二年被裁，改置永绥县
34	淡水厅	雍正九年	福建省台湾府	—	光绪元年裁，改新竹县
35	郎岱厅	雍正九年	贵州省安顺府	—	民国二年被裁，改置郎岱县
36	松潘厅	雍正九年	四川省龙安府	乾隆二十五年升为松潘直隶厅，改隶四川省松潘道（嘉庆二十五年改名为龙绵茂道）	民国三年被裁，改置松潘县
37	多伦诺尔直隶厅	雍正十年	直隶省口北道	—	民国二年被裁，改置多伦县
38	打箭炉厅	雍正十年	四川省雅州府	光绪二十九年升为打箭炉直隶厅，改隶四川省建昌上南道	光绪三十四年裁，改置康定府
39	南澳厅	雍正十年	广东省潮州府		民国元年被裁，改置南澳县
40	他郎厅	雍正十年	云南省元江府	乾隆三十五年二月改隶云南省普洱府	民国二年被裁，改置他郎县
41	水城厅	雍正十年	贵州省大定府	—	民国二年被裁，改置水城县
42	松桃厅	雍正十年	贵州省铜仁府	嘉庆二年升为松桃直隶厅，改隶贵州省贵东道	民国二年被裁，改置松桃县
43	都江厅	雍正十年	贵州省都匀府		民国二年被裁，改置都江县
44	佛山直隶厅	雍正十一年	广东省广州府		雍正十二年裁，改置广州府佛山分府
45	明江厅	雍正十一年	广西省太平府	—	宣统二年裁，并入凭祥厅
46	独石口直隶厅	雍正十二年	直隶省口北道	—	民国二年被裁，改置独石县
47	台拱厅	雍正十二年	贵州省镇远府	—	民国二年被裁，改置台拱县
48	四旗直隶厅	乾隆元年	直隶省霸昌道	乾隆四年改隶直隶省热河道	乾隆四十三年裁，改置丰宁县

（续表）

序号	厅名	设立时间	隶属	名称、层级、隶属关系的变更	裁撤（含复置）情况
49	仁怀厅	乾隆三年	贵州省遵义府	乾隆四十一年升为仁怀直隶厅，改隶贵州省贵西道；道光二十二年改隶贵州省贵平石仁粮储道；光绪三十四年降为赤水厅，改隶贵州省遵义府	民国二年被裁，改置赤水县
50	塔子沟直隶厅	乾隆五年	直隶省霸昌道	乾隆四年改隶直隶省热河道	乾隆四十三年裁，改置建昌县
51	龙胜厅	乾隆六年	广西省桂林府	—	民国元年被裁，改置龙胜县
52	哈喇河屯直隶厅	乾隆七年	直隶省热河道	—	乾隆四十三年裁，改置滦平县
53	莲花厅	乾隆八年	江西省吉安府	—	民国元年被裁，改置莲花县
54	摆羊戎厅	乾隆八年	甘肃省西宁府	乾隆三十四年更名为巴燕戎格厅	民国二年被裁，改置巴戎县
55	吉林直隶厅	乾隆十二年	吉林将军辖区		光绪八年裁，改置吉林府
56	潼关厅	乾隆十二年	陕西省同州府		民国二年被裁，改置潼关县
57	缅宁厅	乾隆十二年	云南省顺宁府		民国二年被裁，改置缅宁县
58	洮州厅	乾隆十四年	甘肃省巩昌府	—	民国二年被裁，改置临潭县
59	丰镇厅	乾隆十五年	山西省大同府	光绪十年升为丰镇直隶厅，改隶山西省归绥道	民国元年被裁，改置丰镇县
60	宁远厅	乾隆十五年	山西省朔平府	光绪十年升为宁远直隶厅，改隶山西省归绥道	民国元年被裁，改置宁远县
61	抚彝厅	乾隆十六年	甘肃省甘州府	—	民国二年被裁，改置抚彝县
62	杂谷厅	乾隆十七年	四川省龙安府	乾隆二十五年升为杂谷直隶厅，改隶四川省松茂道；嘉庆八年改为理番直隶厅	民国三年被裁，改置理番县
63	中甸厅	乾隆二十二年	云南省丽江府	—	民国二年被裁，改置中甸县
64	江北厅	乾隆二十三年	四川省重庆府	—	民国二年被裁，改置江北县
65	巴里坤直隶厅	乾隆二十四年	甘肃省安西道	—	乾隆三十八年裁，改置镇西府

（续表）

序号	厅名	设立时间	隶属	名称、层级、隶属关系的变更	裁撤（含复置）情况
66	哈密直隶厅	乾隆二十四年	甘肃省安西道	乾隆三十八年降为哈密厅，改隶甘肃省镇西府；乾隆四十九年升为哈密直隶厅，改隶甘肃省安肃道	民国二年被裁，改置哈密县
67	东路直隶厅	乾隆二十四年	直隶省顺天府	—	民国三年被裁
68	南路直隶厅	乾隆二十四年	直隶省顺天府	—	民国三年被裁
69	西路直隶厅	乾隆二十四年	直隶省顺天府	—	民国三年被裁
70	北路直隶厅	乾隆二十四年	直隶省顺天府	—	民国三年被裁
71	和林格尔厅	乾隆二十五年	山西省归化城直隶厅	乾隆二十九年升为和林格尔直隶厅，改隶山西省归绥道	民国元年被裁，改置和林格尔县
72	萨拉齐厅	乾隆二十五年	山西省归化城直隶厅	乾隆二十九年升为萨拉齐直隶厅，改隶山西省归绥道	民国元年被裁，改置萨拉齐县
73	托克托厅	乾隆二十五年	山西省归化城直隶厅	乾隆二十九年升为托克托直隶厅，改隶山西省归绥道	民国元年被裁，改置托克托县
74	清水河厅	乾隆二十五年	山西省归化城直隶厅	乾隆二十九年升为清水河直隶厅，改隶山西省归绥道	民国元年被裁，改置清水河厅
75	乌鲁木齐直隶厅	乾隆二十五年	甘肃省哈密兵备道	—	乾隆三十八年裁，改置迪化州
76	石砫厅	乾隆二十六年（1761年）	四川省夔州府	乾隆二十七年升为石砫直隶厅，改隶四川省川东道	民国二年被裁，改置石砫县
77	越巂厅	乾隆二十六年	四川省宁远府	—	民国三年被裁，改置越巂县
78	雷波厅	乾隆二十六年	四川省保宁府	—	民国三年被裁，改置雷波县
79	循化厅	乾隆二十七年	甘肃省兰州府	—	民国二年被裁，改置循化县
80	昌吉厅	乾隆二十八年	甘肃省乌鲁木齐直隶厅	—	乾隆三十八年裁，改置昌吉州

（续表）

序号	厅名	设立时间	隶属	名称、层级、隶属关系的变更	裁撤（含复置）情况
81	伊犁直隶厅	乾隆二十九年	甘肃省	光绪十年改隶新疆省	光绪十四年裁，改置伊犁府
82	马边厅	乾隆二十九年	四川省叙州府	—	民国三年被裁，改置马边县
83	留坝厅	乾隆三十年	陕西省汉中府	—	民国二年被裁，改置留坝县
84	小镇安厅	乾隆三十一年	广西省镇安府	—	光绪十二年裁，改置镇边县
85	太湖厅	乾隆三十二年	江苏省苏州府	—	民国元年被裁，并入吴县
86	海门直隶厅	乾隆三十三年	江苏省常镇通海道	—	民国元年被裁，改置海门县
87	龙陵厅	乾隆三十五年	云南省永昌府	—	民国二年被裁，改置龙陵县
88	景东直隶厅	乾隆三十五年	云南省迤西道	—	民国二年被裁，改置景东县
89	蒙化直隶厅	乾隆三十五年	云南省迤西道	—	民国二年被裁，改置蒙化县
90	永北直隶厅	乾隆三十五年	云南省迤西道	—	民国二年被裁，改置永北县
91	下江厅	乾隆三十五年	贵州省黎平府	—	民国二年被裁，改置下江县
92	辟展直隶厅	乾隆三十六年	甘肃省镇迪道	乾隆三十八年降为辟展厅，改隶甘肃省镇西府；乾隆四十四年六月，升为吐鲁番直隶厅，改隶甘肃省镇迪道	民国二年被裁，改置吐鲁番县
93	奇台直隶厅	乾隆三十七年	甘肃省镇迪道	乾隆三十八年降为奇台厅，改隶甘肃省镇西府	乾隆四十一年裁，改置奇台县
94	定南厅	乾隆三十八年	江西省赣州府	—	民国元年被裁，改置定南县
95	乌兰达哈直隶厅	乾隆三十九年	直隶省热河道	—	乾隆四十三年裁，改置赤峰县
96	三座塔直隶厅	乾隆三十九年	直隶省热河道	—	乾隆四十三年裁，改置朝阳县
97	马巷厅	乾隆三十九年	福建省泉州府	—	民国元年被裁，改置马巷县
98	阿尔古直隶厅	乾隆四十一年	四川省松茂道	—	乾隆四十四年裁，并入美诺直隶厅

序号	厅名	设立时间	隶属	名称、层级、隶属关系的变更	裁撤（含复置）情况
99	美诺直隶厅	乾隆四十一年	四川省松茂道	乾隆四十八年更名为懋功屯务直隶厅；嘉庆二十五年松茂道改名成龙绵茂道	民国三年被裁，改置懋功县
100	岫岩厅	乾隆四十一年	盛京将军辖区奉天府	—	光绪三年裁，改置岫岩州
101	兴京厅	乾隆四十一年	盛京将军辖区奉天府	光绪三年升为兴京直隶厅，改隶盛京将军辖区东边道（光绪三十三年改名为奉天省东边道）；宣统元年改隶奉天省兴凤道	宣统三年裁，改置兴京府
102	孝义厅	乾隆四十七年	陕西省西安府	—	民国二年被裁，改置孝义县
103	五郎关厅	乾隆四十七年	陕西省西安府	嘉庆五年改名为宁陕厅	民国二年被裁，改置宁陕县
104	仪封厅	乾隆四十九年	河南省开封府	—	道光四年裁，并入兰阳县
105	汉阴厅	乾隆五十四年	陕西省兴安府	—	民国二年被裁，改置汉阴县
106	贵德厅	乾隆五十六年	甘肃省西宁府	—	民国二年被裁，改置贵德县
107	云霄厅	嘉庆三年	福建省漳州府	—	民国二年被裁，改置云霄县
108	长春直隶厅	嘉庆五年	吉林将军辖区吉林副都统辖区	—	光绪十五年裁，改置长春府
109	太平直隶厅	嘉庆六年	四川省川东道	—	道光元年裁，改置太平县
110	定远厅	嘉庆七年	陕西省汉中府	—	民国二年被裁，改置定远县
111	川沙厅	嘉庆十年	江苏省松江府	—	民国元年被裁，改置川沙县
112	昌图厅	嘉庆十一年	盛京将军辖区奉天府	—	光绪三年裁，改置昌图府
113	峨边厅	嘉庆十三年	四川省嘉定府	—	民国三年被裁，改置峨边县

序号	厅名	设立时间	隶属	名称、层级、隶属关系的变更	裁撤（含复置）情况
114	伯都讷直隶厅	嘉庆十五年	吉林将军辖区西北道路	—	光绪三十二年裁，改置新城府
115	噶玛兰厅	嘉庆十六年	福建省台湾府	—	光绪元年裁，改置宜兰县
116	佛冈直隶厅	嘉庆十六年	广东省广东粮驿道	光绪三十一年改隶广东省广肇罗道	民国三年被裁，改置佛冈县
117	巧家厅	嘉庆十六年	云南省东川府	—	民国二年被裁，改置巧家县
118	普安直隶厅	嘉庆十六年	贵州省贵西道	光绪三十四年降为盘州厅，改隶贵州省兴义府	民国二年被裁，改置盘县
119	新民厅	嘉庆十八年	盛京将军辖区奉天府	—	光绪二十八年裁，改置新民府
120	连山直隶厅	嘉庆二十一年	广东省南韶连道	—	民国元年被裁，改置连山县
121	晃州直隶厅	嘉庆二十二年	湖南省辰沅永靖道	—	民国二年被裁，改置晃县
122	安平厅	嘉庆二十四年	云南省开化府	—	民国二年被裁，改置安平县
123	腾越直隶厅	嘉庆二十五年	云南省迤西道	道光二年降为腾越厅，改隶云南省永昌府	民国二年被裁，改置腾冲县
124	城口厅	道光元年	四川省绥定府	—	民国二年被裁，改置城口县
125	古丈坪厅	道光二年	湖南省永顺府	—	民国二年被裁，改置古丈县
126	石浦厅	道光三年	浙江省宁波府	—	民国元年被裁，改置南田县
127	砖坪厅	道光三年	陕西省兴安府	—	民国二年被裁，改置砖坪县
128	佛坪厅	道光四年	陕西省汉中府	—	民国二年被裁，改置佛坪县
129	丹噶尔厅	道光十年	甘肃省西宁府	—	民国二年被裁，改置湟源县
130	淅川厅	道光十二年	河南省南阳府	光绪三十一年升为淅川直隶厅，改隶河南省南汝光淅道	民国二年被裁，改置淅川县
131	镇沅直隶厅	道光二十年	云南省迤南道	—	民国二年被裁，改置镇沅县
132	金州厅	道光二十三年	盛京将军辖区奉天府	光绪三十三年所隶的盛京将军辖区奉天府改名为奉天省奉天府	民国二年被裁，改置金县

（续表）

序号	厅名	设立时间	隶属	名称、层级、隶属关系的变更	裁撤（含复置）情况
133	定海直隶厅	道光二十三年	浙江省宁绍台道	—	民国元年被裁，改置定海县
134	镇西直隶厅	咸丰五年	甘肃省镇迪道	光绪十年改隶新疆省镇迪道	民国二年被裁，改置镇西县
135	呼兰直隶厅	同治元年	黑龙江将军辖区	—	光绪三十年裁，改置呼兰府
136	赤溪直隶厅	同治七年	广东省广东粮驿道	光绪三十一年改隶广东省广肇罗道	民国元年被裁，改置赤溪县
137	那马厅	同治八年	广西省思恩府	—	民国元年被裁，改置那马县
138	阳江直隶厅	同治九年	广东省肇阳罗道	光绪三十一年改隶广东省高雷阳道	光绪三十二年裁，改置阳江直隶州
139	化平川直隶厅	同治十年	甘肃省平庆泾固化道	—	民国二年被裁，改置化平县
140	宁灵厅	同治十一年	甘肃省宁夏府	—	民国二年被裁，改置金积县
141	围场厅	光绪二年	直隶省承德府	—	民国二年被裁，改置围场县
142	百色直隶厅	光绪元年	广西省右江道	光绪四年改隶广西省左江道	民国元年被裁，改置百色县
143	凤凰直隶厅	光绪三年	盛京将军辖区东边道	光绪三十三年所隶的盛京将军辖区东边道改名为奉天省东边道；宣统元年改隶奉天省兴凤道	民国二年被裁，改置凤城县
144	海龙厅	光绪六年	盛京将军辖区奉天府	—	光绪二十八年裁，改置海龙府
145	罗斛厅	光绪六年	贵州省贵阳府	—	民国二年被裁，改置罗斛县
146	五常直隶厅	光绪七年	吉林将军辖区	光绪三十三年所隶的吉林将军辖区改名为吉林省	宣统元年裁，改置五常府
147	宾州厅	光绪七年	吉林将军辖区阿勒楚喀副都统辖区	光绪二十八年升为宾州直隶厅，改隶吉林将军辖区；光绪三十三年改隶吉林省	宣统元年裁，改置宾州府
148	双城直隶厅	光绪八年	吉林将军辖区	光绪三十三年所隶的吉林将军辖区改名为吉林省	宣统元年裁，改置双城府

序号	厅名	设立时间	隶属	名称、层级、隶属关系的变更	裁撤（含复置）情况
149	喀喇沙尔直隶厅	光绪八年	甘肃省阿克苏道	光绪十年改隶新疆省阿克苏道	光绪二十五年裁，改置焉耆府
150	库车直隶厅	光绪八年	甘肃省阿克苏道	光绪十年改隶新疆省阿克苏道	光绪二十八年裁，改置库车直隶州
151	玛喇巴什直隶厅	光绪八年	甘肃省喀什噶尔道	光绪十年改隶新疆省喀什噶尔道	光绪二十八年裁，改置巴楚州
152	乌什直隶厅	光绪八年	甘肃省阿克苏道	光绪十年改隶新疆省阿克苏道	民国二年被裁，改置乌什县
153	英吉沙尔直隶厅	光绪八年	甘肃省喀什噶尔道	光绪十年改隶新疆省喀什噶尔道	民国二年被裁，改置英吉沙尔县
154	埔里社厅	光绪十年	福建省台湾府	光绪十一年改隶台湾省台湾府；光绪十三年改隶台湾省新台湾府	光绪二十一年割让日本，并被撤
155	绥化直隶厅	光绪十一年	黑龙江将军辖区	—	光绪三十年裁，改置绥化府
156	库尔喀喇乌苏直隶厅	光绪十二年	新疆省镇迪道	—	民国二年被裁，改置乌苏县
157	基隆厅	光绪十三年	台湾省台北府	—	光绪二十一年割让日本，并被撤
158	精河直隶厅	光绪十四年	新疆省伊塔道	—	民国二年被裁，改置精河县
159	塔尔巴哈台直隶厅	光绪十四年	新疆省伊塔道	—	民国二年被裁，改置塔城县
160	镇边抚彝直隶厅	光绪十四年	云南省迤南道	—	民国二年被裁，改置镇边县
161	上思直隶厅	光绪十八年	广西省太平思顺道	—	民国元年被裁，改置上思府
162	南洲直隶厅	光绪二十年	湖南省岳常澧道	—	民国二年被裁，改置南县
163	夏口厅	光绪二十五年	湖北省汉阳府	—	民国元年被裁，改置夏口县
164	富州厅	光绪二十六年	云南省广南府	—	民国二年被裁，改置富州县
165	延吉直隶厅	光绪二十八年	吉林将军辖区	光绪三十三年所隶的吉林将军辖区改名为吉林省	宣统元年裁，改置延吉府

（续表）

序号	厅名	设立时间	隶属	名称、层级、隶属关系的变更	裁撤（含复置）情况
166	绥芬直隶厅	光绪二十八年	吉林将军辖区	光绪三十三年所隶的吉林将军辖区改名为吉林省	宣统元年裁，改置绥芬府
167	陶林直隶厅	光绪二十八年	山西省归绥道	—	民国元年被裁，改置陶林县
168	兴和直隶厅	光绪二十八年	山西省归绥道	—	民国元年被裁，改置兴和县
169	武川直隶厅	光绪二十八年	山西省归绥道	—	民国元年被裁，改置武川县
170	五原直隶厅	光绪二十八年	山西省归绥道	—	民国元年被裁，改置五原县
171	蒲犁厅	光绪二十八年	新疆省莎车府	—	民国二年被裁，改置蒲犁县
172	虔南厅	光绪二十九年	江西省赣州府	—	民国元年被裁，改置虔南县
173	鹤峰直隶厅	光绪三十年	湖北省施鹤道	—	民国元年被裁，改置鹤峰县
174	黑水直隶厅	光绪三十年	黑龙江将军辖区	光绪三十三年所隶的黑龙江将军辖区改名为黑龙江省	光绪三十四年裁，改置龙江府
175	海伦直隶厅	光绪三十年	黑龙江将军辖区兴东道	光绪三十三年所隶的黑龙江将军辖区改名为黑龙江省	光绪三十四年裁，改置海伦府
176	大赉直隶厅	光绪三十年	黑龙江将军辖区	光绪三十三年所隶的黑龙江将军辖区改名为黑龙江省	民国二年被裁，改置大赉县
177	太平厅	光绪三十年	江苏省镇江府	—	民国元年被裁，改置太平县
178	肇州直隶厅	光绪三十一年	黑龙江将军辖区	光绪三十三年所隶的黑龙江将军辖区改名为黑龙江省	民国二年被裁，改置肇州县
179	安达直隶厅	光绪三十一年	黑龙江将军辖区	光绪三十三年所隶的黑龙江将军辖区改名为黑龙江省	民国二年被裁，改置安达县
180	安化厅	光绪三十一年	广西省庆远府	—	民国元年被裁，改置安化县
181	法库直隶厅	光绪三十二年	盛京将军辖区	光绪三十三年所隶的盛京将军辖区改名为奉天省	民国二年被裁，改置法库县
182	江家屯厅	光绪三十二年	盛京将军辖区锦州府	光绪三十二年改名为锦西厅	民国二年被裁，改置锦西县
183	庄河直隶厅	光绪三十二年	盛京将军辖区东边道	宣统元年改隶盛京将军辖区兴凤道	民国二年被裁，改置庄河县

（续表）

序号	厅名	设立时间	隶属	名称、层级、隶属关系的变更	裁撤（含复置）情况
184	盘山厅	光绪三十二年	盛京将军辖区锦州府	光绪三十三年所隶的盛京将军辖区锦州府改名为奉天省锦州府	民国二年被裁，改置盘山县
185	靖湖厅	光绪三十二年	江苏省苏州府	—	宣统三年裁，并入太湖厅
186	中渡厅	光绪三十二年	广西省桂林府	—	民国元年被裁，改置中渡县
187	东胜直隶厅	光绪三十三年	山西省归绥道	—	民国元年被裁，改置东胜县
188	理化厅	光绪三十三年	四川省康定府	—	民国元年被裁，改置理化府
189	三坝厅	光绪三十三年	四川省巴安府	—	民国二年被裁，改置义敦县
190	信都厅	光绪三十四年	广西省平乐府	—	民国元年被裁，改置信都县
191	瑷珲直隶厅	光绪三十四年	黑龙江省瑷珲道	—	民国二年被裁，改置瑷珲县
192	呼伦直隶厅	光绪三十四年	黑龙江省呼伦道	—	民国元年被呼伦贝尔地方"自治政府"废除
193	营口直隶厅	宣统元年	奉天省锦新营口道		民国二年被裁，改置营口县
194	辉南直隶厅	宣统元年	奉天省临长海道	—	民国二年被裁，改置辉南县
195	滨江直隶厅	宣统元年	吉林省西北道路	—	民国元年被裁，改置滨江县
196	东宁厅	宣统元年	吉林省绥芬府	—	民国元年被裁，改置东宁县
197	珲春直隶厅	宣统元年	吉林省东南路道	—	民国元年被裁，改置珲春
198	榆树直隶厅	宣统元年	吉林省西北路道	—	民国元年被裁，改置榆树县
199	呢吗口厅	宣统元年	吉林省密山府	宣统二年改名为虎林厅	民国元年被裁，改置虎林县
200	南田厅	宣统元年	浙江省宁波府	—	民国元年被裁，改置南田县
201	盐边厅	宣统元年	四川省宁远府	—	民国二年被裁，改置盐边县
202	讷河直隶厅	宣统二年	黑龙江省	—	民国二年被裁，改置讷河县
203	铜鼓厅	宣统二年	江西省南昌府	—	民国元年被裁，改置铜鼓县

（续表）

序号	厅名	设立时间	隶属	名称、层级、隶属关系的变更	裁撤（含复置）情况
204	凭祥厅	宣统二年	广西省太平府	—	民国元年被裁，改置凭祥县
205	个旧厅	宣统三年	云南省临安府	—	民国二年被裁，改置个旧县
206	台东厅	1945年	台湾省	—	1945年恢复对台湾行使主权时保留台东厅，当年裁撤，改置台东县
207	花莲港厅	1945年	台湾省	—	1945年恢复对台湾行使主权时保留花莲港厅，当年裁撤，改置花莲县

后　记

中国历史地理学是一门融合了历史学和地理学的交叉学科。本人具有一定的历史地理学专业背景，努力将历史学思维方式和地理学思维方式结合起来，寻找历史地理学研究的规律与方法，力求实现系统地构建中国历史上政区厅的理论成果这一研究初衷。庆幸的是，本研究最终顺利完成，在中国历史上政区厅研究领域取得了一些预期研究成果。

本研究得到了中国历史地理和清史研究专家宫宝利教授的精心指导。在此对宫教授的指导和帮助致以衷心的感谢。本书既需要浩瀚的历史文献作为史料源泉，又离不开众多现当代学者的研究基础。以吴正心的《清代厅制研究》，真水康树的《清代"直隶厅"与"散厅"的"定制"化及其明代起源》，席会东的《清代厅制初探》，胡恒的《厅制起源及其在清代的演变》，傅林祥、郑宝恒的《中国行政区划通史（中华民国卷）》，傅林祥、林涓、任玉雪、王卫东的《中国行政区划通史（清代卷）》等学术成果为代表的优秀成果为本书研究提供了诸多研究思路与基础。在此，向开展政区厅相关研究的广大学者表示感谢！

在研究过程中，燕山大学出版社王宁编辑在校对文稿方面付出了辛勤的劳动，提出了许多宝贵的意见。在此，向王编辑表示衷心的感谢！我校在读研究生郭雨宁、郭冰冰同学通读书稿，协助检查书稿的格式与表述问题，在此一并表示感谢！

寥寥之语、方寸之言，难以尽表谢意。初步探索、水平有限，难免存在瑕疵。我深知本书可能有一些考虑不够周全、内容不够妥当、表述不够精准之处，望各位读者见谅，并不吝赐教。今后，本人将持续关注相关研究的进展，不断推进和完善政区厅的研究。